W0263052

Bert Eichhorn · Björn Heinze
Gerrit Tamm · Ralph Schuhmann

# Internetrecht im E-Commerce

Springer Vieweg

Bert Eichhorn
Contractual Management Institute Berlin
SRH Hochschule Berlin
Berlin, Deutschland

Gerrit Tamm
Institute of Information Systems
SRH Hochschule Berlin
Berlin, Deutschland

Björn Heinze
Rechtsanwaltskanzlei Heinze
Berlin, Deutschland

Ralph Schuhmann
Contractual Management Institute Berlin
Ernst-Abbe-Hochschule Jena
Jena, Deutschland

ISSN 1439-5428
Xpert.press
ISBN 978-3-662-45307-0          ISBN 978-3-662-45308-7   (eBook)
DOI 10.1007/978-3-662-45308-7

Die Deutsche Nationalbibliothek verzeichnet diese Publikation in der Deutschen Nationalbibliografie; detaillierte bibliografische Daten sind im Internet über http://dnb.d-nb.de abrufbar.

Springer Vieweg


Springer-Verlag GmbH Berlin Heidelberg ist Teil der Fachverlagsgruppe Springer Science+Business Media
(www.springer.com)

# Vorwort

Das Internet dominiert längst einen Großteil der privaten und beruflichen Lebensbereiche. Es ist zugleich Verheißung und Bedrohung, wie jeder neue technische Entwicklungssprung. Der Einzelne und die Gesellschaft sind somit gefordert, sich zu diesem Medium und seinem Potenzial zu positionieren. Dies geschieht durch die Entwicklung neuer Formen der Kommunikation, der sozialen Organisation, durch neue ethische Wertesysteme und im Konfliktfeld menschlicher und wirtschaftlicher Interessen eben auch mit Hilfe neuer staatlich gesetzter Verhaltensnormen – durch Recht. Kaum ein Lebensbereich erfährt so viel rechtliche Aufmerksamkeit wie das Internet.

Zu diesem Prozess möchten wir, die Autoren, mit dem vorliegenden Werk beitragen. Aus Wissenschaft und Praxis, aus Informationstechnologie und Recht beleuchten wir die jüngsten Entwicklungen im Recht des Internet und des E-Commerce.

Unser Buch ist gedacht als Wegweiser für Unternehmer und Verbraucher, für Praktiker und Studierende. Technische und rechtliche Kenntnisse setzt es nicht voraus. Für den Einsteiger erläutert es die Grundlagen des Internetrechts und verdeutlicht sie anhand von Beispielen. Für den Praktiker liefert es rechtliche Hintergrundinformationen und analysiert die bedeutsamsten Tools und Techniken des Internets aus rechtlicher Sicht. Die Rechtslage ist bis August 2015 berücksichtigt.

Unser besonderer Dank gilt Frank Wittig, Doktorand und wissenschaftlicher Mitarbeiter an der SRH Hochschule Berlin, der mit seiner umsichtigen Art zahlreiche Anregungen für die formale und inhaltliche Gestaltung des Buches gegeben hat.

| | |
|---|---|
| Berlin, Deutschland | Bert Eichhorn |
| Oktober 2015 | Björn Heinze |
| | Gerrit Tamm |
| | Ralph Schuhmann |

# Inhaltsverzeichnis

| | |
|---|---|
| a.A. | anderer Ansicht |
| a.a.O. | am angegebenen Ort |
| a.E. | am Ende |
| a.F. | alte Fassung |
| ABGB | Gesetz zur Reglung des Rechts der Allegemeinen Geschäftsbedingungen |
| Abl. | Amtsblatt |
| AEU-Vertrag | Vertrag über die Arbeitsweise der Europäischen Union |
| AGB | Allgemeine Geschäftsbedingungen |
| Art. | Artikel |
| Aufl. | Auflage |
| B2B | Business-to-Business |
| B2C | Business-to-Consumer |
| BCR | Binding Corporate Rules |
| BDSG | Bundesdatenschutzgesetz |
| BGB | Bürgerliches Gesetzbuch |
| BGBl. | Bundesgesetzblatt |
| BGH | Bundesgerichtshof |
| BGHZ | Bundesgerichtshof, Entscheidungen in Zivilsachen |
| BT-Drs. | Bundestagsdrucksache |
| BVerfG | Bundesverfassungsgericht |
| BVerfGE | Bundesverfassungsgerichts, Entscheidungen in Zivilsachen |
| BYOD | Bring your own device |
| C | Communication |
| c.i.c. | *culpa in contrahendo*, dt.: Verschulden bei Vertragsschluss |
| CC | Creative Commons |
| CD | Compact Disc |
| CD-ROM | Compact Disc Read-Only Memory |
| CMMV | Clearing-Stellung Multimedia der Verwertungsgesellschaft für Urheber- und Leistungsschutzrechte GmbH |
| CR | Computer und Recht |

| | |
|---|---|
| DS-GVO | Datenschutz Grundverordnung |
| DVD | Digital Versatile Disc |
| EDV | Electronische Datenverarbeitung |
| EG | Europäische Gemeinschaft |
| EGBGB | Einführungsgesetz zum Bürgerlichen Gesetzbuch |
| EGG | Gesetz über rechtliche Rahmenbedingungen für den elektronischen Geschäftsverkehr |
| eIDAS-VO | Verordnung über die elektronsiche Identifizierung und Vertrauensdienste für elektronsiche Transaktionen im Binnenmarkt, VO (EU) Nr. 910/2014 |
| E-Mail | Electronic Mail |
| EMP | Elektronischer Marktplatz |
| endg. | endgültig |
| EU | Europäische Union |
| EuGVVO | Verordnung über die gerichtliche Zuständigkeit und die Anerkennung und Vollstreckung von gerichtlichen Entscheidungen in Zivil- und Handelssachen, Nr. 1215/2012; auch Brüssel I-Verordnung |
| EWR | Europäischer Wirtschaftsraum |
| FTP | File Transfer Protocol |
| GEMA | Gesellschaft für musikalische Aufführungs- und mechanische Vervielfältigungsrechte |
| GG | Grundgesetz |
| GmbH | Gesellschaft mit beschränkter Haftung |
| GPL | General Public License |
| GrS | Großer Senat |
| GRUR | Gewerblicher Rechtsschutz und Urheberrecht |
| GWB | Gesetz gegen Wettbewerbsbeschränkungen |
| http | Hypertext Transfer Protocol |
| i.V.m. | in Verbindung mit |
| InfoSoc | Directive 2001/29/EC of the European Parliament and of the Council of 22 May 2001 on the harmonisation of certain aspects of copyright and related rights in the information society (Information Society Directive) |
| IPR | Internationales Privatrecht |
| IuKDG | Informations- und Kommunikationsgesetz |
| JuschG | Jugendschutzgesetz |
| KOM | EU-Kommission |
| KUG | Gesetz betreffend das Urheberrecht an Werken der bildenden Künste und der Photographie (Kunsturheberrechtsgesetz) |
| L | Legislation |
| m.w.N | mit weiteren Nachweisen |
| M2M | Machine-to-Machine |
| MarkenG | Gesetz über den Schutz von Marken und sonstigen Kennzeichen (Markengesetz) |

| | |
|---|---|
| MDStV | Mediendienste-Staatsvertrag |
| MMR | Multimedia-Gesetz |
| n.F. | neue Fassung |
| NFC | Near Field Communication |
| NJW | Neue Juristische Wochenschrift |
| NJW-RR | Neue Juristische Wochenschrift – Rechtssprechungsreport |
| OLG | Oberlandesgericht |
| OVG | Oberverwaltungsgericht |
| OWiG | Gesetz über Ordnungswidrigkeiten |
| RAM | Random Access Memory |
| RDV | Recht der Datenverarbeitung |
| RGSt | Reichsgericht, amtliche Sammlung der RG-Rechtssprechung in Strafsachen |
| RGZ | Reichsgericht, amtliche Sammlung der RG-Rechtssprechung in Zivilsachen |
| Rn. | Randnummer |
| RR | Rechtssprechungsreport |
| RStV | Rundfunk-Staatsvertrag |
| SigG | Signaturgesetz |
| *sui generis* | *sui generis*, dt. eigener Art |
| st. Rspr. | ständige Rechtssprechung |
| StGB | Strafgesetzbuch |
| StPO | Strafprozessordnung |
| TDG | Teledienstgesetz |
| TKG | Telekommunikationsgesetz |
| TMG | Telemediengesetz |
| TTIP | Transatlantic Trade and Investment Partnership |
| TV | Television |
| UKlaG | Unterlassungsklagengesetz |
| UN | United Nations |
| UrhG | Urheberrechtsgesetz |
| UrhWahrnG | Urheberrechtswahrnehmungsgesetz |
| URL | Uniform Resource Locator |
| UWG | Gesetz gegen den unlauteren Wettbewerb |
| VG | Verwaltungsgericht |
| VG | Verwertungsgesellschaften (z. B. VG Wort) |
| vzbv | Verbraucherzentrale Bundesverband e.V. |
| WahrnG | Gesetz zur Wahrnehmung von Urheberrechten und verwandten Schutzrechten |
| WRP | Wettbewerb in Recht und Praxis |
| ZBT | Zentrale Bibliothekstantiemen |
| ZPO | Zivilprozessordnung |
| ZUM | Zeitschrift für Urheber- und Medienrecht |

# Abbildungsverzeichnis

# Tabellenverzeichnis

# Einführung

## 1.1 Das Internet: Stand und Entwicklungstendenzen

Die technologische Innovation im Bereich der Mikroelektronik und die Möglichkeit der Digitalisierung jeder Information haben seit den 90er-Jahren Märkte geschaffen, auf denen über das Internet digitale Leistungen überall verfügbar sind. Viele institutionelle, inhaltliche und geografische Grenzen sind gefallen, und die Vertragspartner begegnen sich nicht mehr persönlich, sondern nur noch technisch identifizierbar im virtuellen Raum. Angeboten werden Dienstleistungen wie die digitale Bestellung von Waren, Internet-Telefonie oder digitaler Medienkonsum, wie z. B. Apple iTunes und Amazon Prime. Das Internet hat damit Abläufe im realen Raum und in der zwischenmenschlichen Kommunikation nachhaltig verändert; es dringt immer mehr in alle alltäglichen Lebensbereiche ein. Daraus entstanden ist das **„Internet der Dienste"**, welches für die Nutzung von webbasierten Softwareanwendungen[1] (z. B. Apps für mobile Endgeräte oder Software-as-a-Service-Angebote, d. h. u. a. Miete der Software statt Kauf) steht. Dienste, welche ursprünglich durch lokal installierte Programme unterstützt wurden, können heute über webbasierte Anwendungen genutzt oder hybrid ergänzt werden. Dazu erforderlich sind nur der Zugang zum Internet sowie ein Browser.

Hinzugekommen ist in den letzten Jahren eine elektronische Vernetzung von physischen Objekten (z. B. Gegenstände aus Alltag, Berufswelt und Freizeit) mithilfe von Mobilen Endgeräten, Computerprozessoren, Sensoren, Funknetzen und Internet, was als **„Internet der Dinge"**[2] bezeichnet wird; dies ermöglicht z. B. im privaten Lebensbereich, dass die Heizungsanlage zu Hause nach einem Urlaub direkt vom Taxi aus gestartet werden kann.

Die Konzepte „Internet der Dienste" und „Internet der Dinge" beginnen zunehmend zu verschmelzen (siehe Abb. 1.1). Ihre Verbindung stellt das **„Internet der Zukunft"** dar.

---

[1] Tamm / Günther, Webbasierende Dienste: Technologien, Märkte und Geschäftsmodelle, 2015.

[2] Tamm / Tribowski, Informatik im Fokus – RFiD, 2010

© Springer-Verlag Berlin Heidelberg 2016
B. Eichhorn et al., *Internetrecht im E-Commerce*, Xpert.press,
DOI 10.1007/978-3-662-45308-7_1

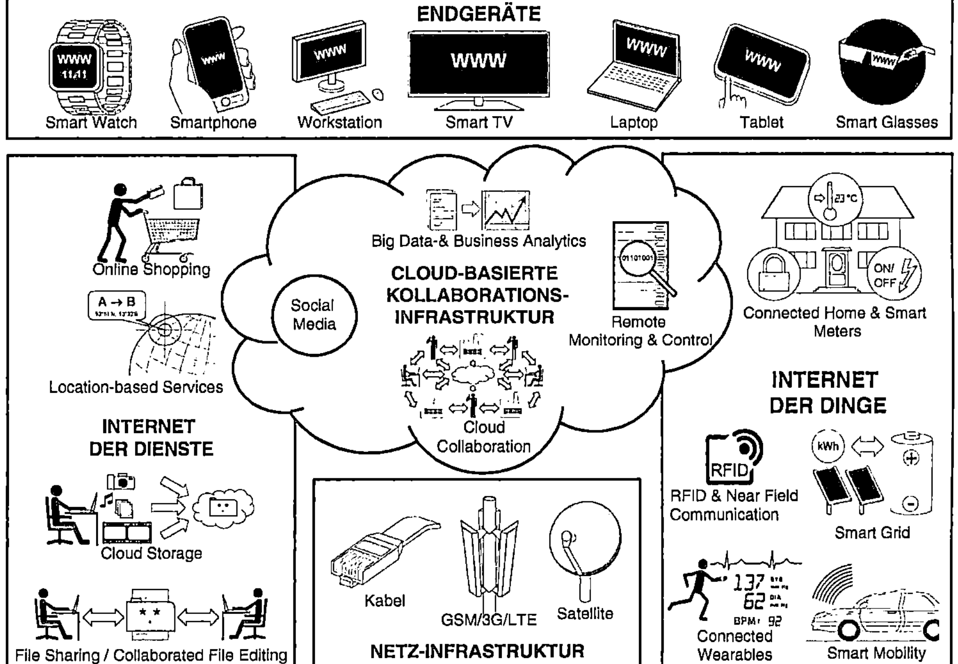


**Abb. 1.1** Verknüpfung des „Internets der Dienste" und des „Internets der Dinge" (Quelle: Frank Wittig)

Sie eröffnet für alle angeschlossenen Beteiligten die Möglichkeit zur Realisierung einer Vielzahl interessanter Nutzenpotentiale. Insbesondere ortsbezogene Dienste auf Basis der Interaktion im realen Raum verändern aktuell die Berufswelt, den Alltag und das zwischenmenschliche Miteinander; man denke nur an Ortungsdienste (z.B. Google Maps), Smart Home, autonome Softwareagenten (z.B. E-Bay Einkaufsagenten), Smart Mobility (z.B. Drive Now) und Wearables (z.B. Smart Watch). Das Internet bietet somit völlig neue Möglichkeiten, das Zusammenarbeiten und -leben zu gestalten. Dabei nehmen Kollaborationslösungen wie Social-Media (Facebook), Sharing-Plattformen (Youtube, Dropbox, Instagram) oder Crowdsourcing (Wikipedia) eine zentrale Position ein. Auch lassen sich Identifizierungs- und Sensornetze von ganz unterschiedlichen Zielgruppen (Unternehmen, öffentlichen Einrichtungen, Endkonsumenten) für jeweils andersgeartete Dienste gemeinsam nutzten. Eine Windmessstation kann z.B. für Kitesurfer, Windkraftanlagenbetreiber und für den Luftverkehr gleichermaßen Daten bereitstellen. Die Anwendungen (Apps) für die Nutzergruppen sind jeweils unterschiedlich, verwenden aber dieselben Daten und dieselben Sensoren und ermöglichen somit eine Nutzenmaximierung mithilfe des „Internet der Dinge".

Für das „Internet der Zukunft" sind Dienste der Datenauswertung (Business Intelligence) bedeutsam, welche riesige Datenmengen (Big Data) als Grundlage der Berechnungen nutzen. Unbekannte Datenmuster werden mithilfe der Business Intelligence entdeckt und können nutzenbringend sowohl für die Prozessoptimierung im Business als auch im

Privatleben eingesetzt werden. Hier können selbstlernende und sich kontinuierlich optimierende Systeme automatisch, d.h. ohne unmittelbares menschliches Zutun erforderliche Maßnahmen ergreifen, z.B. wenn in einem Container mit verderblichen Waren die Gefahr besteht, dass die kritische Temperatur über- oder unterschritten wird oder wenn eine „Maschine" bei einem Ersatzteilbedarf eigenständig die erforderlichen Bestellvorgänge vornimmt. Auch das Unterhalten einer solchen Infrastruktur lässt sich dadurch optimieren: Betreiben, Konfigurieren und Anpassen der erforderlichen Prozesse wird durch so genannte Remote Management System (z.B. Team Viewer) oder durch ein cloudbasierte Business-Intelligence-Systeme (Google Analytics) möglich.

Die Abb. 1.1 visualisiert die beschriebene Verknüpfung des „Internets der Dienste" und des „Internets der Dinge" durch eine cloudbasierte Kollaborations-Infrastruktur.

## 1.2   Gegenstand und Konzept des Buches

Das vorliegende Buch möchte das technische, wirtschaftliche und gesellschaftliche Phänomen des Internets rechtlich erschließen. Es will den Nutzern wie den Anbietern von Leistungen im Netz zeigen, was ihre Rechte, Pflichten und Verantwortlichkeiten sind, welche spezifischen rechtlichen Risiken sie eingehen und wie sie diese vermeiden oder zumindest abmildern können.

Das „Internet der Dinge" und das „Internet der Dienste" bergen **vielfältige rechtliche Herausforderungen**. Nicht alle lassen sich zurzeit sicher handhaben. Dies liegt zum einen an der Komplexität des Internets, zum anderen an der beträchtlichen Dynamik seiner technischen, wirtschaftlichen und rechtlichen Entwicklung. Zudem folgt das Recht den technischen und kommerziellen Entwicklungen stets mit einer gewissen Verzögerung. So ist für zahlreiche Bereiche die Gesetzgebung stark im Fluss oder es wird noch diskutiert, ob eigenständige gesetzliche Regelungen erforderlich sind. Zwar kann gegenwärtig ein Großteil der Rechtsfragen, die das Web 2.0 aufwirft, hinlänglich sicher beantwortet werden, für die vergleichsweise jungen Bereiche des Web 3.0 bzw. der Industrie 4.0 ist dies jedoch nicht der Fall. Immerhin zeichnen sich für einige der rechtlichen Probleme, die aus der Verbindung des „Internets der Dinge" und des „Internets der Dienste" entstehen, zumindest in Umrissen Lösungen ab; dies gilt beispielsweise für die Themenkomplexe Big Data und Vertragsschluss Mensch-Maschine bzw. Maschine-Maschine.

Der **Schwerpunkt der Ausführungen** dieses Buches liegt jedoch auf dem „Internet der Dienste". Es bestimmt heute das Angebot und die Nutzung des Internets. Rechtlich führt es zu einer neuen Qualität von Rechtsfragen, zumal es im Vergleich zu den klassischen elektronischen Dienstleistungen der Telekommunikation und des Rundfunks eine eigenständige gesetzliche Regelung erfahren hat.

Mit dem vorliegenden Buch werden **Internet-Recht und Recht des E-Commerce** verbunden. Eine reine Betrachtung des E-Commerce macht aus Sicht des Verbraucherschutzes sicherlich Sinn. Für den Anbieter solcher Leistungen, den Unternehmer, führt sie jedoch zu einer künstlichen Fragmentierung eines einheitlichen Lebens- bzw. Geschäftsbereiches.

Für den Unternehmer ist neben der B2C-Dimension die B2B-Dimension ebenso bedeutsam, weil er wirtschaftlich mit beiden konfrontiert ist. So werden die meisten Unternehmer, die Leistungen für einen Verbraucher anbieten (B2C), ihre Websites von anderen Unternehmern hosten und pflegen lassen oder Leistungen des Webvertising oder der Suchmaschinenoptimierung in Anspruch nehmen, so dass sie ebenso mit Fragen des B2B konfrontiert sind.

Für das Internet als virtuelles weltweites Kommunikationsnetz können rechtliche Regelungen nur effektiv sein, wenn sie über die nationalen Prägungen, Interessen und Kompetenzen hinausgehen. Obwohl das Internet- und das E-Commerce-Recht innerhalb der Europäischen Union mittlerweile stark harmonisiert sind, werden beide Materien noch immer in hohem Maße durch nationales Recht geprägt. Die folgenden Ausführungen gehen folglich von einer **Anwendbarkeit des deutschen Rechtes** aus, d. h. sowohl Anbieter als auch Nutzer agieren in Deutschland. Darüber hinaus wird jedoch an den relevanten Stellen auf die rechtliche Behandlung grenzüberschreitender Fragestellungen eingegangen.

## 1.3 Begrifflichkeiten

Dass Juristen eine eigene Sprache haben, dürfte hinlänglich bekannt sein. Nichts anderes aber gilt für Ingenieure und die Geschäftswelt. Die folgenden Ausführungen versuchen, zwischen den sprachlichen Erwartungen dieser unterschiedlichen Adressatengruppen einen vernünftigen Ausgleich zu finden. Dabei erscheint es häufig sinnvoll, an der juristischen Ausdrucksweise festzuhalten, da dies die für eine rechtliche Behandlung relevante Sprache nicht nur der Juristen sondern auch der Gerichte und des Gesetzgebers ist. Häufig werden daher Begriffe verwendet, die in der Branche selbst etwas antiquiert anmuten mögen.

Weiter ist darauf hinzuweisen, dass das Begriffspaar Anbieter/Nutzer im Rahmen dieses Buches parallel zu dem Begriffspaar Unternehmer/Verbraucher verwendet wird. Die Begriffe Unternehmer und Verbraucher findet sich zwar nicht im Internetrecht, soweit das Telemediengesetz (TMG) betroffenen ist, spielen jedoch im Bürgerlichen Gesetzbuch (BGB) im Rahmen des Verbraucherschutzes eine zentrale Rolle.

## 1.4 Gang der Darstellung

Die Behandlung des Internetrechts erfolgt vorliegend nicht problemzentriert, sondern anhand der verschiedenen das Internetrecht prägenden **Rechtsmaterien**. Damit lässt sich die ansonsten kaum handhabbare Komplexität reduzieren.

Entsprechend werden im nächsten Kap. 2 (Verträge im Netz) die Rechtsbeziehungen des Anbieters von Leistungen im Internet mit dem Nutzer einerseits und mit seinen Dienstleistern andererseits dargestellt. Das dritte Kapitel befasst sich mit der zivil- und strafrechtlichen Haftung des Anbieters und des Nutzers für eigene oder fremde Inhalte im Internet (Verantwortlichkeit im Netz) unter Berücksichtigung domain- und markenrechtlicher Fragestellungen. Im Kap. 4 (Datenschutzrecht) wird der Schutz personenbezogener Daten erläutert, die im Zusammenhang mit Leistungen im E-Commerce erhoben, verarbeitet oder genutzt werden. Das fünfte Kapitel befasst sich mit dem Schutz von Leistungsergebnissen (Urheberrecht). Das abschließende Kap. 6 (Wettbewerbsrecht) konzentriert sich auf den fairen Umgang im Wettbewerb der Anbieter untereinander und mit den Auswirkungen des Wettbewerbs auf die Nutzer.

## 1.5   Der Ausgangsfall

Zur Verdeutlichung der theoretischen Ausführungen werden diese jeweils anhand eines Beispielsunternehmens und dessen Aktivitäten im Zusammenhang mit dem Internet erläutert:

### Ausgangsfall

Die A-GmbH, ein Reisebüro in Berlin, will im Internet mit Hilfe eines neuen Geschäftsmodells einen mobilen App-Stadtführer mit Augmented Reality Funktion und weiteren digitalen Dienstleistungen in deutscher, französischer und englischer Sprache anbieten. Ihre bisherigen Geschäfte (Reisen, Verkauf von Software, CDs, DVDs, Büchern etc.) will sie auch über das Internet abwickeln.

Bevor der Geschäftsführer G der A-GmbH endgültige Entscheidungen trifft, möchte er im Vorfeld die mit diesen geschäftlichen Aktivitäten zusammenhängenden Fragen abklären. Vor allem will er wissen, welche rechtlichen Spielräume ihm hierfür offenstehen, welche Verantwortlichkeiten die A-GmbH eventuell treffen und welche Konsequenzen sie bei einem Rechtsverstoß zu gegenwärtigen hat. Die Fragen stehen insbesondere in Zusammenhang mit seinen Kunden (in erster Linie Verbraucher aber auch Unternehmer) im In- und Ausland.

Die verschiedenen, den Geschäftsführer G interessierenden Sachverhalte werden in den jeweiligen Kapiteln besprochen. Zur Beantwortung dieser Fragen konsultiert er einen Rechtsanwalt. Hätte er stattdessen auf dieses Buch zurückgegriffen, wäre es ihn deutlich billiger gekommen.

Zu Beginn eines jeden Kapitels wird dieser Ausgangsfall jeweils auf die verschiedenen, im Zusammenhang mit der jeweiligen Rechtsmaterie auftretenden Fragen zugeschnitten.

Im **Ausgangsfall** möchte die A-GmbH ihren digitalen Stadtführer als CD über den Buchhandel sowie zum Download von ihren Websites vertreiben. Zudem beabsichtigt sie, rund um den digitalen Stadtführer verschiedene Apps für mobile Endgeräte z. T. entgeltlich, z. T. unentgeltlich zum Download anzubieten. Dabei handelt es sich insbesondere um eine virtuelle Stadtführung und ein Location- und Geschäfte-Guides. Außerdem beabsichtigt sie, in einem Sozialen Netzwerk eine eigene Seite anzulegen, auf der sie ihre Leistungen anbieten und die sie entsprechend zu den eigenen Websites verlinken möchte.

Die A-GmbH will nun wissen, wie der Vertragsschluss über das Internet genau erfolgt. Zudem interessiert sie, welche Pflichten für sie aus diesen Verträgen resultieren und inwieweit sie diese über AGB selbst ausgestalten kann.

Weiter wünscht sie Auskunft darüber, ob es einen Unterschied macht, ob ihre Leistungen über ein stationäres oder ein mobiles Endgerät bestellt werden.

Schließlich fragt sie, ob sich an der rechtlichen Situation etwas ändert, wenn Kunden aus dem Ausland ihre Leistungen in Anspruch nehmen.

Rechte, die – natürliche oder juristische – Personen gegen andere Personen geltend machen können, beruhen entweder auf Vertrag oder auf Gesetz. Vertragliche Rechte werden durch die Vertragsparteien geschaffen (in der Regel durch Vertrag, § 311 I BGB) und ebenfalls inhaltlich ausgestaltet. Insofern handelt es sich um von den Parteien geschaffenes Recht, im Gegensatz zu dem vom Gesetzgeber geschaffenen staatlichen Gesetzesrecht. Das für das Internet im Allgemeinen und den E-Commerce im Besonderen relevante staatliche Recht wird in den folgenden Kap. 2, 3, 4, 5 und 6 behandelt.

© Springer-Verlag Berlin Heidelberg 2016
B. Eichhorn et al., *Internetrecht im E-Commerce*, Xpert.press,
DOI 10.1007/978-3-662-45308-7_2

Das (gesetzliche) Vertragsrecht ist im Bürgerlichen Gesetzbuch (BGB)[1] und für Kaufleute im Handelsgesetzbuch (HGB)[2] geregelt. Beide folgen dem Grundsatz der Vertragsfreiheit. Er besagt, dass die Vertragsparteien selbst bestimmen können, ob, mit wem und mit welchem Inhalt sie einen Vertrag schließen wollen.

Neben der Parteivereinbarung haben die Regelungen des gesetzlichen Vertragsrechts primär eine ergänzende Funktion, d. h. sie greifen nur, wenn die Parteien einen relevanten Punkt nicht – oder nicht wirksam – geregelt haben. Dies kann sich auf das Zustandekommen des Rechtsgeschäftes wie auch auf seinen Inhalt beziehen. Für das Internet- und das E-Commerce-Recht ergeben sich hier keine dogmatischen Besonderheiten. Allerdings zeigen sich aufgrund der spezifischen Gegebenheiten in diesen Bereichen zahlreiche eigene Ausprägungen, die einer besonderen rechtlichen Beurteilung bedürfen.

Allerdings birgt der Grundsatz der Vertragsfreiheit für die Privaten auch Risiken, die sie dann konsequenter Weise auch zu tragen haben. Das Gesetz zieht nur wenige Grenzlinien, jenseits derer die Rechtsordnung eine Vereinbarung der Parteien nicht anerkennt (sog. zwingendes Recht). Vorschriften des zwingenden Rechts sind z. B. die §§ 134 und 138 BGB (verbotene und sittenwidrige Verträge).

Darüber hinaus sieht der Gesetzgeber das Erfordernis, einen Privaten vor den rechtlichen Konsequenzen seines Handelns zu schützen, wenn er u. a. mangels Wissens oder Erkenntnismöglichkeiten benachteiligt ist (sog. Verbraucherschutzrecht) oder er keine ausreichende Verhandlungsmacht hat, um seine Interessen gegenüber dem Geschäftspartner angemessen zum Tragen zu bringen (sog. AGB-Recht). Beide Rechtsmaterien sind für das Internet- und das E-Commerce-Recht bedeutsam und zeigen hier z. T. besondere Ausprägungen.

**Vorschau** In diesem Unterpunkt werden zunächst die Vertragsverhältnisse und die Vertragsbeteiligten im elektronischen Geschäftsverkehr vorgestellt (Abschn. 2.1). Sodann werden die Besonderheiten beim Vertragsschluss im Netz betrachtet (Abschn. 2.2) und die Frage des Inhalts- und damit der Typisierung – von Verträgen behandelt (Abschn. 2.3). Es folgen eine kurze Darstellung der Besonderheiten beim M-Commerce (Abschn. 2.4) und schließlich ein Blick auf das Internationale Vertragsrecht (Abschn. 2.5).

## 2.1    Vertragsverhältnisse und Vertragsbeteiligte

Alle wirtschaftlichen Transaktionen im Internet werden durch Verträge ausgelöst und insoweit auch inhaltlich gestaltet.

Um die Vorgänge im elektronischen Geschäftsverkehr rechtlich zutreffend erfassen zu können, bedarf es vorab einer genaueren Betrachtung, wie die jeweiligen Geschäftsmodelle vertraglich abgebildet werden (Abschn. 2.1.1) und wie die verschiedenen Arten von Beteiligten gesetzlich zu qualifizieren sind (Abschn. 2.1.2).

---

[1] http://www.gesetze-im-internet.de/bgb/

[2] http://www.gesetze-im-internet.de/hgb/

## 2.1.1  Vertragsverhältnisse im Internet

Die im Internet anzutreffenden Geschäftsmodelle stellen zunächst einheitliche, wirtschaftlich-technische Konstruktionen dar. In rechtlicher Hinsicht werden sie durch Verträge erfasst, d. h. durch in der Regel bipolare Rechtsbeziehungen zwischen zwei Beteiligten, den sog. Vertragspartnern oder Vertragsparteien. Das tatsächlich einheitliche Geschäftsmodell wird dadurch rechtlich in eine Mehrzahl von Vertragsbeziehungen aufgelöst. Diese können unterschiedliche Geschäftsgegenstände oder Beteiligte haben, zu abweichenden Zeitpunkten beginnen oder enden und vertraglich unterschiedlich zu typisieren sein. Rechte und Pflichten bestehen nur zwischen den Vertragsparteien im Rahmen ihrer jeweiligen Vertragsbeziehung.

Die Auflösung der Geschäftsmodelle in die diversen Vertragsbeziehungen wird nachfolgend für die im E-Commerce besonders bedeutsamen Erscheinungen Online-Shop und Elektronischer Marktplatz kurz skizziert. Auf sie wird nachfolgend verschiedentlich zurückgekommen.

Zu beachten ist, dass beide Geschäftsmodelle häufig auch andere als die hier zugrunde gelegten Ausprägungen aufweisen.

▷ Der **Online-Shop** ist eine Form des Versandhandels, bei der auf einer elektronischen Plattform ein Hersteller, Händler oder Dienstleister im Internet Produkte oder Dienste anbietet. Abbildung 2.1 zeigt die verschiedenen geschäftlichen Aktivitäten und den jeweils zugrunde liegenden Vertrag.

▷ Der Kaufvertrag, der hier als Beispiel gewählt wurde, kommt bei diesem Konzept zwischen dem Shop-Betreiber und dem Kunden zustande. Für den Versand der Ware schließt der Shop-Betreiber mit einem Versanddienstleister einen Versandvertrag ab, der rechtlich als Werkvertrag zu qualifizieren ist. Will der Kunde per Kreditkarte zahlen, erfolgt dies im Rahmen des von ihm mit einem Kartenausgeber geschlossenen Geschäftsbesorgungsvertrages gemäß §§ 675 ff. BGB. Der Shop-Betreiber ermöglicht die Zahlung durch den Kunden auf Basis eines Akzeptanzvertrages mit einem Acquirer.

▷ Der **elektronische Marktplatz** (EMP oder virtueller Marktplatz) unterscheidet sich dadurch vom Online-Shop, dass der Betreiber rechtlich nicht an der geschäftlichen Transaktion beteiligt ist, sondern sie nur technisch und organisatorisch unterstützt. Elektronische Marktplätze finden sich vornehmlich im C2C-Bereich (z. B. eBay, Ricardo; Amazon verkauft zudem auch eigene Produkte auf dem Marktplatz) und im B2B-Bereich. Die Rechtsbeziehungen bei einer Transaktion auf einem elektronischen Marktplatz sind in Abb. 2.2 dargestellt.

▷ Die rechtliche Konstruktion der Bezahlung ebenso wie des Versands der Ware unterscheidet sich bei diesem Geschäftsmodell grundsätzlich nicht von den bei Online-Shops anzutreffenden Lösungen.

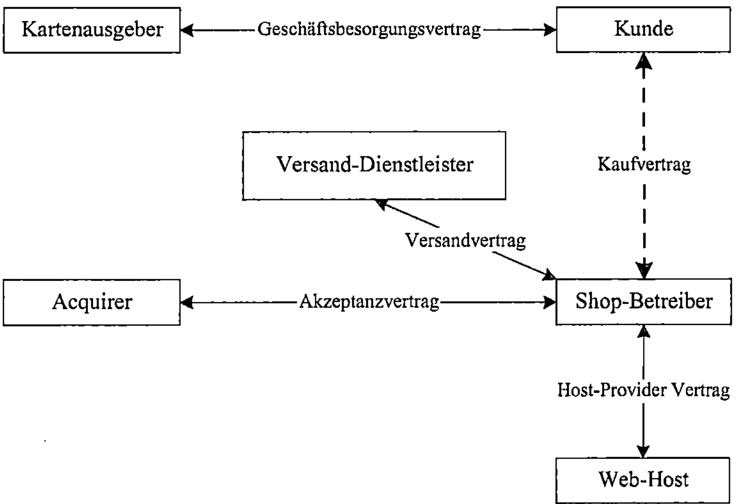

**Abb. 2.1**  Vertragsbeziehungen bei Geschäften im Online-Shop

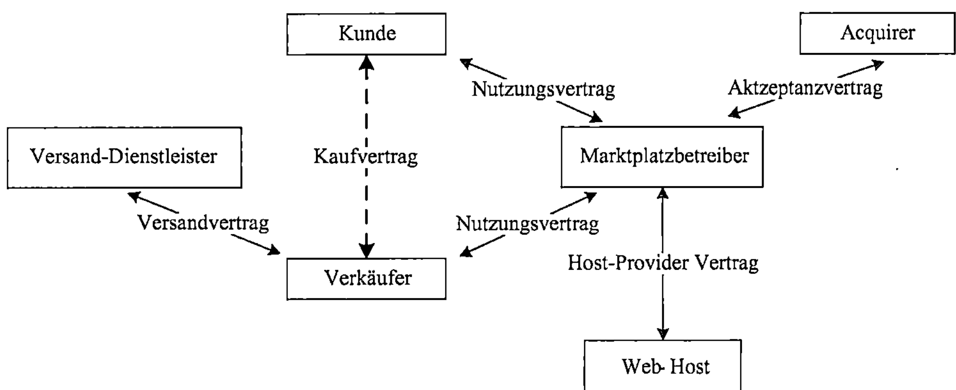

**Abb. 2.2**  Vertragsbeziehungen bei Geschäften auf dem elektronischen Marktplatz

▷ Der hier wieder beispielhaft gewählte Kaufvertrag wird zwischen Verkäufer und Kunde geschlossen. Der Marktplatzbetreiber stellt den Vertragsparteien nur die für ihre Transaktion erforderliche technische und organisatorische Infrastruktur zur Verfügung. Dies erfolgt nach der Registrierung des Nutzers, mit der zwischen Marktplatzbetreiber und Verkäufer bzw. zwischen Marktplatzbetreiber und Kunde jeweils ein Nutzungsvertrag zustande kommt.

## 2.1.2  Qualifizierung der Vertragsbeteiligten

Das in BGB und HGB geregelte Vertragsrecht erfasst nicht alle Rechtssubjekte und Rechtsgeschäfte in derselben Weise. Aus diesem Grund ist es notwendig, insbesondere zwischen Unternehmer, Verbraucher, Verbrauchervertag und Kaufmann zu unterscheiden.

▷ Als **Verbraucher** bezeichnet § 13 BGB jede natürliche Person, die ein Rechtsgeschäft zu Zwecken abschließt, die überwiegend weder ihrer gewerblichen noch ihrer selbständigen beruflichen Tätigkeit zugerechnet werden können. Die Abgrenzung zum Unternehmer erfolgt dabei nach persönlichen, funktionalen und sachlichen Kriterien. So kann nur eine natürliche Person Verbraucher sein und der Zweck des Rechtsgeschäfts muss an die Privatheit der Verbraucherrolle anknüpfen.[3]

▷ **Unternehmer** ist nach § 14 I BGB eine natürliche oder juristische Person oder rechtsfähige Personengesellschaft, die bei Abschluss eines Rechtsgeschäfts in Ausübung ihrer gewerblichen oder selbständigen beruflichen Tätigkeit handelt. Der Begriff der gewerblichen Tätigkeit umfasst dabei jedes planmäßige Anbieten von Waren und Dienstleistungen gegen Entgelt.[4]

Für den E-Commerce war die Frage der Unternehmereigenschaft häufiger Anlass zu gerichtlichen Auseinandersetzungen. Zu ihrer Beantwortung orientiert sich die Rechtsprechung vor allem an folgenden Kriterien:

– Anzahl und Häufigkeit der Geschäfte;
– Angebot gleichartiger Waren;
– Professioneller Auftritt oder Werbebeschreibungen;
– Unterhalten eines eBay-Shops;
– Registrierung als PowerSeller;
– Anzahl der Bewertungen.

Zu beachten ist, dass die unternehmerische Tätigkeit nicht nur zivilrechtlich von Bedeutung ist. Bei einer laufenden Veräußerung von Gegenständen in erheblichem Umfang liegt u. U. auch eine umsatzsteuerliche Tätigkeit vor.[5]

▷ Ein **Verbrauchervertrag** ist gemäß § 310 III BGB ein Vertrag zwischen einem Verbraucher gemäß § 13 BGB und einem Unternehmer gemäß § 14 BGB. Er findet sich folglich in der B2C-Situation. Nicht als Verbrauchervertrag zu qualifizieren sind somit Verträge zwischen zwei Unternehmern (B2B) oder zwei Verbrauchern (C2C).

---

[3] MüKoBGB/Micklitz, BGB § 13 Rn. 8.
[4] BeckOK BGB/Bamberger, BGB § 14.
[5] BFH, MMR 2012, 523.

Da das Verbraucherrecht nur auf Verbraucherverträge – also auf Rechtsbeziehungen zwischen einem Verbraucher und einem Unternehmer – zur Anwendung kommt, erhält die Frage zentrale Bedeutung, ob dem privaten Käufer ein unternehmerischer oder ein privater Verkäufer gegenübersteht.

▷ **Kaufmann** ist insbesondere gemäß § 1 HGB derjenige, der einen Gewerbebetrieb führt, der nach Art und Umfang einen in kaufmännischer Weise eingerichteten Geschäftsbetrieb erfordert. Auf kaufmännische Rechtsgeschäfte kommen die Vorschriften des HGB zur Anwendung. Zu beachten ist, dass der Begriff des Kaufmanns nicht identisch ist mit dem des Unternehmers.

Im **Ausgangsfall** betreibt die A-GmbH einen Online-Shop. Sie ist Unternehmer im Sinne von § 14 BGB und zugleich Kaufmann gemäß § 5 HGB. Bei den Kunden der A-GmbH wird es sich in aller Regel um Verbraucher handeln, so dass insoweit ein Verbrauchergeschäft (B2C) vorliegt.

Vereinzelt werden jedoch auch Unternehmer die Leistungen der A-GmbH in Anspruch nehmen. In diesen B2B-Situationen kommt neben dem BGB das HGB zur Anwendung. Dasselbe gilt, soweit die A-GmbH Leistungen von anderen Unternehmern bezieht, z. B. von einem Host-Provider für ihre Websites.

## 2.2　Vertragsschluss im Internet

Für den elektronischen Geschäftsverkehr ist der Vertragsschluss ein zentrales Thema. Es geht dabei um Verträge, die über das Internet abgeschlossen werden. Anders als bei den noch zu besprechenden Vertragsinhalten bei Rechtsgeschäften im Internet oder zur Nutzung des Internets geht es hier nur um die **Frage des „Ob"**, d. h. ob Rechte und Pflichten für die Beteiligten entstanden sind. Die Frage des „Was", also welche Rechte und Pflichten nun konkret bestehen, wird im nächsten Unterpunkt Abschn. 2.3 erörtert.

Für den Vertragsschluss selbst spielt es keine Rolle, was Gegenstand eines Geschäfts ist (z. B. ein Kauf oder Dienstleistung), ob es sich um eine elektronische oder eine sonstige Sache handelt (z. B. Software oder Buch) und ob die Leistung online oder offline erbracht wird. Der Vertrag kommt rechtlich immer in derselben Weise zustande.

Obwohl beim E-Commerce typischerweise der Vertragsschluss im Mittelpunkt des Interesses steht, sind die folgenden Ausführungen in der Sache ebenso auf **einseitige Rechtsgeschäfte** anwendbar, also z. B. auf Kündigungs-, Rücktritts-, Widerrufs- oder Anfechtungserklärungen. Hier stellen sich häufig Fragen des Zugangs der Willenserklärungen, der Rechtzeitigkeit und der Beweisbarkeit.

Relevant für den Vertragsschluss im E-Commerce ist somit allein, ob und ggf. inwieweit Fernkommunikationsmittel für die Geschäftsanbahnung eingesetzt werden. Sofern dies der Fall ist und ein Fernabsatzvertrag im Sinne des § 312c BGB vorliegt, sieht der

Gesetzgeber nämlich weitreichende Widerrufsrechte für den beteiligten Verbraucher und umfangreiche Informationspflichten des unternehmerischen Verkäufers vor.

Widerrufsrecht und Informationspflichten bestehen für bestimmte Verbrauchergeschäfte auch außerhalb des elektronischen Geschäftsverkehrs, für den E-Commerce sind sie jedoch besonders ausgeprägt. Für den Unternehmer, der ein auf elektronischen Medien basierendes Vertriebs- oder Dienstleistungssystem unterhält, sind sie ausgesprochen aufwändig und mit gewissen Risiken verbunden.

**Vorschau** Letztlich geht es in dem vorliegenden Unterpunkt um Fragen der rechtsverbindlichen digitalen Kommunikation und die gesetzgeberische Reaktion auf die mit ihr verbundenen Gefahren. Die Ausführungen konzentrieren sich auf das wirksame Zustandekommen des Vertrages auf elektronischem Wege (Abschn. 2.2.1) unter besonderer Berücksichtigung des Vertragsschlusses bei Versteigerung) (Abschn. 2.2.2), den nachträglichen Wegfall des Vertrages durch Anfechtung oder Widerruf (Abschn. 2.2.2) sowie auf die Informationspflichten des Unternehmers (Abschn. 2.2.3).

### 2.2.1 Willenserklärungen und Vertragsschluss

Ein Vertrag kommt zustande, wenn der eine Vertragspartner nach § 145 BGB den Abschluss des Vertrages anträgt (Antrag, häufig auch Angebot genannt) und der andere Vertragspartner diesen Antrag nach § 147 BGB annimmt (Annahme). Beide Geschäftshandlungen sind rechtlich als Willenserklärungen zu qualifizieren.

Unter einer **Willenserklärung** wird die Äußerung des Willens eines Menschen verstanden, der auf die Herbeiführung einer bestimmten rechtlichen Folge gerichtet ist, d. h. auf die Begründung, inhaltliche Änderung oder Beendigung eines privaten Rechtsverhältnisses abzielt.[6]

Die Erklärung dieses rechtsgeschäftlichen Willens kann auch bei nicht gleichzeitiger körperlicher Anwesenheit von Erklärendem und Erklärungsempfänger erfolgen (sog. **Willenserklärung unter Abwesenden**). Hierher zählen auch die über das Internet übermittelten Willenserklärungen. Elektronische Willenserklärungen werden somit digital übertragen, die zugrundeliegende Willensbildung muss jedoch stets durch einen Menschen erfolgen.

Nachfolgend werden die wichtigsten in diesem Zusammenhang auftretenden Rechtsfragen erörtert, nämlich ob eine im Internet vorgenommene Äußerung eine Willenserklärung ist, wann die unter Abwesenden gemachten Willenserklärungen wirksam wird bzw. zugeht und wie die Authentizität der vertragsschließenden Parteien festgestellt werden kann. Letzteres betrifft die Problematik der digitalen Signatur.

#### 2.2.1.1 Invitatio ad offerendum

Eine Willenserklärung liegt nur vor, wenn der Erklärende sich durch seine Willensäußerung unmittelbar rechtlich binden will (sog. Rechtsbindungswille). Ob ein derartiger

---

[6] BGH, NJW 2001, 290.

**Rechtsbindungswille** vorliegt, muss durch Auslegung ermittelt werden. Hierfür ist der objektive Verständnishorizont des Empfängers der Erklärung maßgeblich.

Im Vorfeld von Geschäften haben Erklärungen häufig nicht diesen bindenden Charakter. Sie sollen das Geschäft noch nicht rechtlich verbindlich zum Entstehen bringen, sondern den Geschäftsabschluss nur anbahnen. Als sog. *invitatio ad offerendum* sind sie als bloße Aufforderung zu interpretieren, ein bindendes Angebot zu unterbreiten. Dies gilt sowohl für den Sofortkauf als auch für die Internet-Versteigerung.

## Sofortkauf

Das Anbieten einer Ware im Internet zum Sofortkauf stellt noch **keinen bindenden Antrag** im Sinne von § 145 BGB dar. In der Präsentation von Waren auf der Website liegt vielmehr nur die Aufforderung an den Internet-Nutzer, selbst ein bindendes Vertragsangebot zu machen. Auch außerhalb des Internets entspricht eine solche Präsentation des Leistungsangebotes lediglich einer *invitatio ad offerendum*, z. B. wenn Waren in einem Katalog angeboten oder in einem Schaufenster ausgestellt werden.

Im **Ausgangsfall** kommt der Kaufvertrag über den digitalen Stadtführer somit erst zustande, wenn die A-GmbH den Reiseführer für den konkreten Kunden zum Download freischaltet. Hierin liegt konkludent die Annahmeerklärung der A-GmbH, welche zum Vertragsschluss führt. Die reine Bestätigung des Eingangs der Kundenbestellung ist hingegen noch keine Annahmeerklärung.

Das Angebot des digitalen Stadtführers auf der Website stellt somit eine rechtlich unerhebliche *invitatio ad offerendum* dar, die Bestellung des Kunden ist der Antrag.

Somit gibt erst der Nutzer des Website-Angebotes mit einer Bestellung über das Internet (z. B. durch „Abschicken" der vom Unternehmer zur Verfügung gestellten, ausgefüllten Bildschirmseite mit den Bestelldaten) objektiv einen **verbindlichen Antrag** ab. Der erforderliche subjektive Wille zum Vertragsabschluss über das Internet kommt z. B. im dem Anklicken des Bestell-Buttons (vgl. dazu unter Abschn. 2.1.3) oder in dem mehrfachen Anklicken zum Abschicken der ausgefüllten Bildschirmmaske zum Ausdruck. Dieses bindende Vertragsangebot kann der Unternehmer annehmen, wodurch der Vertrag zustande kommt. Er kann es jedoch ebenso ablehnen, etwa wenn er die Ware schon anderweitig veräußert hat.

## Internet-Versteigerung

Die invitatio-Problematik stellt sich in der gleichen Weise für Versteigerungen im Internet. Diese können auf unterschiedlichen Geschäftsmodellen basieren, die jeweils in den allgemeinen Geschäftsbedingungen **(AGB) des Auktionshauses** festgelegt sind.

Für die im C2C-Verkehr heute dominierende Vorwärtsversteigerung (z. B. bei eBay, Ricardo etc.) vertritt der BGH seit seiner Ricardo-Entscheidung[7] in ständiger

---

[7] BGH, NJW 2002, 363.

Rechtsprechung, dass in dem Freischalten der Angebotsseite das Angebot des Verkäufers liegt, den Vertrag mit demjenigen abzuschließen, der innerhalb der Laufzeit der Auktion das höchste Gebot abgibt. Das Freigeben der Ware im Netz zur Versteigerung ist somit eine Willenserklärung und nicht eine bloße invitatio. Der Vertrag kommt dann mit dem Höchstbietenden zustande, überbotene Gebote werden unwirksam.

Die Vorwärtsversteigerung ist genau genommen keine Versteigerung im Sinne des Gesetzes, sondern der Abschluss eines Kaufvertrages gegen Höchstgebot. Diese Form des Vertragsschlusses folgt also **nicht den Regeln des § 156 BGB**, nach dem bei Versteigerungen der Antrag in dem Gebot des Bieters und die Annahme im Zuschlag des Versteigerers liegen.

Wohl gemerkt ist ein solches, den Regeln des § 156 BGB folgendes Geschäftsmodell auch im Internet möglich, wenn die AGB des Auktionshauses dies vorsehen:

So erfolgt bei Internetauktionen der Vertragsschluss mitunter durch eine **spätere Annahmeerklärung** des Einlieferers.

Beim **Verkauf gegen Höchstgebot** werden die Gebote nicht nacheinander in aufsteigender Höhe abgegeben, sondern verschiedene Personen legen gleichzeitig und unabhängig voneinander Angebote vor. Der Vertrag kommt dann nicht durch den Zuschlag eines Versteigerers, sondern durch die Annahmeerklärung des Verkäufers zustande.

Von § 156 BGB erfasst werden Internetauktionen, deren **Gesamtdauer nicht limitiert** ist und bei denen der Zuschlag auf ein Höchstgebot erteilt wird, wenn dieses Gebot nicht innerhalb einer bestimmten Zeit oder zu einem fest bestimmten Zeitpunkt überboten wird. Es kommt insoweit nur auf die Endgültigkeit des Zuschlags gem. § 156 S. 1 BGB an.

### 2.2.1.2 Willenserklärungen von „Maschinen"?

Wie unter Abschn. 2.2.1 gesehen, können nur Menschen Willenserklärungen abgeben, denn nur diese sind in der Lage, einen Willen zu bilden. Mittlerweile erfolgt die Abgabe von Willenserklärungen jedoch häufig automatisiert, ohne dass ein Mensch an dem Vorgang unmittelbar beteiligt ist (z. B. im Internet bei Buchungsportalen für Hotels, dem Auto-Reply und Rekrutierungssystemen oder im Kontext der Industrie 4.0 bei unternehmensübergreifenden M2M (Machine-to-Machine)-Systemen). Dies wirft die Frage auf, ob und gegebenenfalls wie Verträge auf diesem Weg zustande kommen.

Dass automatisiert abgegebene Willenserklärungen wirksam sind, ist heute allgemein anerkannt. Auch der Gesetzgeber geht davon aus, wie § 6a BDSG zeigt. Grundlage ist das Konzept des „**Menschen hinter der Maschine**", wonach die „Maschine" letztlich nur tue, wozu sie ein Mensch eingerichtet hat.

Schon der Vertragsschluss bei der Nutzung von **Warenautomaten** wurde in der Weise rechtlich konstruiert, dass der Automatenbetreiber durch das Aufstellen und Befüllen des Automaten das Angebot zum Abschluss des Kaufvertrages – quasi auf Vorrat – an einen unbestimmten Personenkreis abgibt. Der zweite Vertragspartner konkretisiert sich dann durch das bestimmungsgemäße Bedienen des Automaten.

Entsprechend ist die Argumentation bei computergenerierten Willenserklärungen, den sog. **Computererklärungen** oder automatisierten Willenserklärungen. Eine Computererklärung ist eine Willenserklärung, die von einem Computer automatisiert erstellt und digital übermittelt wird. Erklärender ist jedoch nicht der Computer, sondern derjenige, der das System betreibt. Denn der Computer führt letztlich nur die Befehle aus, die ihm durch die Programmierung von einem Menschen erteilt wurden.

Mit Fortschreiten der Softwaretechnologie tritt der Mensch immer stärker in den Hintergrund, da automatisierte Entscheidungen durch zeitlich weit vorgelagerte abstrakte Programmiervorgänge angelegt werden. Für „intelligente Maschinen" wird daher diskutiert, ob ihnen als so genannten **autonomen Softwareagenten** eine eigene Rechtspersönlichkeit zuzusprechen ist. Softwareagenten sind Programme, die unabhängig von weiteren Eingriffen des Menschen (autonom) für diesen bestimmte Aktionen ausführen. Im E-Commerce sind es meist Programme, die das Internet nach Informationen durchsuchen oder als Selling Agent oder Shopping Agent Verträge aushandeln.

Auch wenn bei vollautomatischen Willenserklärungen der Einfluss des Menschen auf die konkrete Geschäftssituation immer mittelbarer wird, bleibt die Autonomie der „Maschine" in Anbetracht der immer noch menschengemachten Vorgaben begrenzt. Anders mag dies zu beurteilen sein, wenn „Maschinen" in einem Maße zu selbstlernenden Systemen werden (Stichwort **„künstliche Intelligenz"**), dass sich die Verbindung zwischen der Einrichtung des Systems und dessen Aktionen nicht mehr direkt herstellen lässt. Für die nähere Zukunft ist dies jedoch nicht zu erkennen.

Auch die Rechtsprechung hält an der auf den Menschen ausgerichteten Konzeption der Willenserklärung fest. Für den Fall eines Flugbuchungssystems hat der BGH[8] entschieden, dass für die **Auslegung einer Willenserklärung** bei der vollautomatischen Verarbeitung nicht von dem Verständnis des automatisierten Systems sondern von dem eines menschlichen Adressaten auszugehen sei. In dem zu entscheidenden Fall hatte das Buchungssystem ein Angebot angenommen, bei dem der Kunde in das Feld „Passagier" der Buchungsmaske „noch unbekannt" eingetragen hatte. Dies geschah, obwohl die Buchungsmaske den Hinweis enthielt, dass eine Namensänderung nach erfolgter Buchung nicht mehr möglich sei. Der BGH hat hier das Zustandekommen des Vertrages wegen eines offenen Einigungsmangels gemäß § 154 I S. 1 BGB abgelehnt. Zwar habe das System den Antrag – für „Mr. Noch unbekannt" – formal angenommen, vom objektiven Verständnishorizont eines menschlichen Empfängers aus gesehen sei jedoch keine Einigung über die zu befördernde Person erzielt worden.

### 2.2.1.3 Wirksamwerden einer elektronischen Willenserklärung

Für elektronisch abgegebene Willenserklärungen stellen sich zwei grundlegende Rechtsfragen: (1.) Wann ist die Willenserklärung wirksam geworden? und (2.) Ist ihr Zugang beweisbar?

---

[8] BGH, NJW 2013, 598.

## Abgabe und Zugang

Willenserklärungen unter Anwesenden werden mit ihrer Abgabe sofort wirksam, während Willenserklärungen unter Abwesenden nach § 130 I BGB erst in dem Zeitpunkt wirksam werden, in welchem sie dem Empfänger der Erklärung zugegangen sind.

Im Bereich der elektronischen Kommunikation ist die **Abgrenzung von Willenserklärungen unter Anwesenden und unter Abwesenden** mitunter schwierig. Willenserklärungen am Telefon sind unter Anwesenden abgegeben, während Telefax-Willenserklärungen unter Abwesenden vorgenommen werden. Beim Internet wird z. B. die E-Mail regelmäßig entsprechend dem Telefax eine Willenserklärung unter Abwesenden sein, denn es handelt sich um keine unmittelbare Kommunikation, da kein Dialog in der Form erfolgt, dass die Beteiligten umgehend reagieren können. Die Grenzen sind hier aber fließend. Willenserklärungen, die per Internettelefonie abgegeben werden, sind unter Anwesenden abgegeben.[9]

Beim Vertragsschluss über das Internet liegen also in der Regel Willenserklärungen unter Abwesenden vor. Sie werden, wie erwähnt, nach § 130 I BGB erst in dem Zeitpunkt wirksam, in welchem sie dem Empfänger zugehen. Dies ist der Fall, wenn (1.) die Willenserklärung in den **Machtbereich des Empfängers** gelangt und (2.) der Empfänger eine zumutbare Möglichkeit der Kenntnisnahme hat.

Bei einer E-Mail ist die erste Voraussetzung gegeben, wenn die E-Mail auf dem Account (Mailbox-System) des Providers gespeichert ist und abgerufen werden kann. Hinsichtlich der zweiten Voraussetzung, der **zumutbaren Kenntnisnahmemöglichkeit,** ist zwischen geschäftlichen und privaten Empfängern zu unterscheiden. Von Geschäftsleuten kann die regelmäßige Kontrolle ihres elektronischen Posteingangs erwartet werden. Nachrichten, die während der Geschäftszeit abrufbar sind, gelten als sofort zugegangen. Mitteilungen, die außerhalb der Geschäftszeiten eingehen, gelten als mit Öffnung des Geschäfts am nächsten Tag zur Kenntnis genommen. Bei Privatpersonen wird man davon ausgehen können, dass sie zumindest einmal täglich ihren Posteingang durchsehen. Mangels üblicher Abfragezeiten gelten Nachrichten bei diesen Empfängern als am Tag nach der Abrufbarkeit eingegangen. Bei automatisierter Bestellannahme reicht das Passieren der Schnittstelle bei dem Online-Unternehmen für den Zugang aus.

Festzuhalten ist, dass nach deutschem Recht Willenserklärungen grundsätzlich in jeder Form, d. h. mündlich, per Telefon, per Telefax, per E-Mail oder auf sonstige Weise im Internet abgegeben werden können. Die Form der Willenserklärung entscheidet somit nicht über das wirksame Zustandekommen eines Vertrages, abgesehen von den gesetzlichen Ausnahmeregelungen, wie z. B. § 126 BGB (gesetzliche Schriftform).

## Beweisbarkeit

Hinsichtlich der Beweisbarkeit von Umständen, Behauptungen und Sachverhalten ergeben sich in der Praxis des E-Commerce regelmäßig folgende Fragestellungen:

---

[9] § 147 I 2 BGB spricht von einer «sonstigen technischen Einrichtung»; siehe auch Spindler/Schuster/Anton/Spindler, BGB, § 147 Rn. 2.

Ist eine versandte E-Mail nachweislich beim Empfänger angekommen, wenn die Mail die automatisierte Versandt-Kennzeichnung mit Datum und Uhrzeit im Header erhält?

Ist der in einer E-Mail benannte Absender mit dem tatsächlichen Absender identisch, oder kann ein Absender behaupten, die betreffende E-Mail gar nicht versandt zu haben?

Oder im umgekehrten Fall: Kann ein Empfänger behaupten, die versandte E-Mail nicht erhalten zu haben?

Die Beantwortung dieser Fragen hängt von den Umständen des jeweiligen Einzelfalls ab, so dass an dieser Stelle keine abschließende Wertung möglich ist. Grundsätzlich ist jedoch festzuhalten, dass bei unsignierten E-Mails regelmäßig kaum bzw. nur mit erheblichen Aufwand feststellbar ist, ob sie tatsächlich von dem behaupteten Absender versandt wurde (**Authentizität**).[10] Da auch der Inhalt einer E-Mail leicht durch den Empfänger oder einen Dritten verändert werden kann, sind z. B. E-Mail-Ausdrucke auch hinsichtlich des Inhalts, d.h. der Unverändertheit durch Dritte (**Integrität**), regelmäßig nicht beweiskräftig. Gleiches gilt für den Nachweis der Absendung oder des Empfangs: Allein der vom E-Mail-Server vorgenommene Vermerk auf der Mail beweist nicht die tatsächliche Versendung oder den Zugang beim Empfänger.

Allerdings ist anzumerken, dass E-Mails eine **Indizfunktion** haben und insofern einen Anspruch zumindest stützen können, freilich ohne eine gerichtsfeste Beweisfunktion zu erreichen.

Im Übrigen gibt es aufgrund der im Vergleich zu den herkömmlichen Kommunikationsformen (z. B. Briefen) komplexen Übermittlungstechniken in elektronischen Kommunikationsprozessen[11] und aufgrund unterschiedlicher Übertragungstechniken zahlreiche **im Detail ungelöste Rechtsfragen**, die im Einzelfall zu Rechtsunsicherheit hinsichtlich einer Willenserklärung führen können.

Beim gegenwärtigen Stand der elektronischen Übertragungstechnik im Internet ist es deshalb empfehlenswert, wichtige Vereinbarungen oder Erklärungen, die über das Internet versandt werden, zusätzlich mit herkömmlichen „Transportmitteln", wie insbesondere Einschreiben mit Rückschein, abzusichern. Auch die im Folgenden darzustellende digitale Signatur führt zu erheblichen Verbesserungen der Beweissituation. Beide Wege sind im Geschäftsverkehr jedoch häufig nicht praktikabel.

Im **Ausgangsfall** muss die A-GmbH darauf achten, dass ihr Shop-System die elektronischen Willenserklärungen aufzeichnen kann, die per E-Mail, SMS, Tastendruck etc. eingehen. Letztlich müssen alle Bewegungen des Kunden im Shop rechtssicher protokolliert werden.

---

[10] Zur Beweislast bei Internetauktionen OLG Köln, CR 2003, 55.

[11] Die Rechtsprechung des BGH zum Nachweis des Zugangs eines Telefax macht dies deutlich. Der Sendebericht beim Fax belegt danach z. B. keineswegs, dass die Übermittlung von Daten gelungen ist. Denn dem Sendebericht ist nicht zu entnehmen, ob Störungen bei der Datenübermittlung aufgetreten sind, wie z. B. Defekte am Empfangsgerät, Papierstau oder Leistungsstörungen. Der Sendebericht zeigt somit lediglich an, dass eine Verbindung zwischen Sende- und Empfangsgerät hergestellt worden ist.

### 2.2.1.4 Willenserklärung und digitale Signatur

Das aufgrund der Richtlinie über gemeinschaftliche Rahmenbedingungen vom 13. Dezember 1999[12] (sog. Signaturrichtlinie) neu gefasste Signaturgesetz[13] in Verbindung mit dem Formanpassungsgesetz[14] ermöglicht unter bestimmten Voraussetzungen, die **eigenhändige Unterschrift** durch eine digitale Signatur zu ersetzen.

Hintergrund ist die Anordnung von § 126 BGB, wonach in den Fällen, in denen das Gesetz für ein Rechtsgeschäft die schriftliche Form vorschreibt, die Urkunde insbesondere durch eigenhändige Namensunterschrift des Erklärenden unterzeichnet sein muss. Auf elektronischem Wege ist dies jedoch nicht möglich, insbesondere genügt eine eingescannte Unterschrift nicht diesem Erfordernis.

Aus dem **Signaturgesetz** ergeben sich nun zwei rechtliche Effekte: Zum einen können Rechtsgeschäfte, die der Schriftform bedürfen, auch auf elektronischem Weg geschlossen werden. Zum anderen sind auf elektronischem Weg abgegebene Willenserklärungen in bestimmtem Umfang beweisbar.

Bei den digitalen Signaturen muss zwischen solchen unterschieden werden, die eine Gleichstellung mit der gesetzlichen Schriftform in § 126 BGB bewirken, und solchen, für die das nicht der Fall ist. § 126 III BGB sieht grundsätzlich vor, dass die schriftliche Form durch die elektronische Form ersetzt wird, wenn sich nicht aus dem Gesetz ein anderes ergibt (so z. B. für die Bürgerschaftserklärung nach § 766 Satz 1 BGB). § 126a I BGB beschränkt dann die Gleichstellung auf die **qualifizierte elektronische Signatur** nach dem Signaturgesetz. Die anderen Signaturen (elektronische und fortgeschrittene elektronische Signatur nach dem Signaturgesetz) ersetzen die Schriftform also nicht.

Zudem bestimmt § 292a Zivilprozessordnung (ZPO), dass der **Anschein der Echtheit** einer in elektronischer Form (§ 126a BGB) vorliegenden Willenserklärung, der sich aufgrund der Prüfung nach dem Signaturgesetz ergibt, nur durch Tatsachen erschüttert werden kann, die es ernsthaft als möglich erscheinen lassen, dass die Erklärung nicht mit dem Willen des Signaturschlüssel-Inhabers abgegeben worden ist. Diese Regelung stellt eine Beweiserleichterung zugunsten des Erklärungsempfängers dar, ohne elektronische Dokumente den Vorschriften über den Beweis durch Urkunden zu unterwerfen.

§ 371 ZPO stellt für elektronische Dokumente überdies klar, dass sie dem Beweis durch Augenschein unterfallen und dass sich Beweisantritt und Editionspflicht nach den für eine entsprechende Anwendung auf das elektronische Dokument geeigneten Vorschriften des Urkundenbeweises (§§ 422 bis 432 ZPO) richten.

---

[12] Die Richtlinie ist abrufbar unter http://eur-lex.europa.eu/legal-content/DE/ALL/?uri=CELEX:31999L0093

[13] Gesetz über Rahmenbedingungen für elektronische Signaturen, http://www.gesetze-im-internet.de/sigg_2001/

[14] Gesetz zur Anpassung der Formvorschriften des Privatrechts und anderer Vorschriften an den modernen Rechtsgeschäftsverkehr vom 13. Juli 2001. BGBl. I, S. 1542, abrufbar unter http://www.bundesanzeiger.de

Abschließend ist nochmals festzuhalten, dass für eine rechtsverbindliche digitale Kommunikation grundsätzlich keine digitale Signatur erforderlich ist. Von wenigen, für den E-Commerce nicht bedeutsamen Ausnahmen abgesehen, kann ein Vertrag in jeder Form wirksam geschlossen werden, also auch per E-Mail oder auf sonstige Weise im Internet. Die digitale Signatur erleichtert allerdings erheblich den **Beweis für das Zustandekommen** eines Vertrages. Sie entspricht einem Siegel, das die Prüfung ermöglicht, von wem das Siegel (d. h. die Willenserklärung) stammt und ob es gebrochen wurde, d. h. ob die Willenserklärung unverfälscht ist.

**Gesetzgebungsvorhaben**

Am 18.09.2014 ist die Verordnung über die elektronische Identifizierung und Vertrauensdienste für elektronische Transaktionen im Binnenmarkt,[15] VO (EU) Nr. 910/2014 (eIDAS-VO), in Kraft getreten. Ihre materiellen Vorschriften werden jedoch erst zum 1.07.2016 Gültigkeit erlangen. Sie hat die oben genannte Signaturrichtlinie aufgehoben.

Die eIDAS-VO[16] behandelt unter dem Sammelbegriff „Vertrauensdienste" verschiedene Verfahren, die sich aus den elektronischen Signaturen entwickelt haben. Dies sind bspw. elektronische Zeitstempel, elektronische Siegel, die Langzeitaufbewahrung von gegenseitigen Dokumenten, die bestätigte Zustellung elektronischer Einschreiben, die Website-Identifizierung etc. Sie bezwecken u. a., für den Vertragsschluss relevante Dokumente (z. B. die Bestellung in einem Online-Shop, die Bestellbestätigung oder die Rechnung) gegen Manipulationen zu schützen, bestimmte Formen der Willenserklärung einzuhalten und Beweissicherheit herzustellen.

## 2.2.2  Sonderfragen zum Vertragsschluss bei Versteigerungen

Im Zusammenhang mit dem Vertragsschluss im Rahmen der Vorwärtsversteigerung stellt sich eine Anzahl von Rechtsfragen, von denen drei besonders bedeutsame hier herausgegriffen werden sollen:

▷ **Abbruch der Versteigerung:** Gemäß § 145 BGB ist der Antragende an seinen Antrag gebunden, kann ihn also nicht ohne Zustimmung des Adressaten seiner Willenserklärung zurücknehmen. Bei einer Internetauktion darf der Verkäufer die Versteigerung somit grundsätzlich **nicht einseitig abbrechen.** Tut er dies dennoch, ist er verpflichtet, den Kaufgegenstand an den bisher Höchstbietenden zu veräußern. Ist er dazu nicht – mehr – in der Lage (etwa weil er den Kaufgegenstand anderweitig übereignet hat), muss er dem Höchstbietenden Schadensersatz leisten.

---

[15] Die Verordnung ist abrufbar unter http://eur-lex.europa.eu/legal-content/DE/TXT/?uri=CELEX:32014R0910.Y

[16] Näher hierzu S. Jandt, Beweissicherung im elektronischen Rechtsverkehr, NJW 2015, 1205; A. Roßnagel, Neue Regeln für elektronische Transaktionen, NJW 2014, 3686.

Allerdings treffen die **AGB der Auktionshäuser** Regelungen für den Fall, dass eine vorzeitige Beendigung des Angebots erforderlich wird. Zwar gelten sie unmittelbar nur im Rahmen des jeweils mit dem Auktionshaus geschlossenen Nutzungsvertrages. Nach der ständigen Rechtsprechung des BGH[17] sind sie jedoch für die Auslegung der zwischen Verkäufer und Bieter abgegebenen Willenserklärungen heranzuziehen.

Soweit die AGB für den Verkäufer die Möglichkeit vorsehen, das Angebot vorzeitig zu beenden und die bisher erfolgten Gebote zu streichen, liegt materiell-rechtlich ein Widerrufsvorbehalt vor. Dieser wird über die AGB des Nutzungsvertrages Inhalt der Willenserklärung des Verkäufers. Wirksam ist er jedoch nur in engen, dem Gesetzesrecht entsprechenden Grenzen, so z.B. wenn der Kaufgegenstand **ohne Verschulden des Anbieters zerstört wurde oder abhandengekommen** ist[18] (also z.B. Fälle des Feuers oder des Diebstahls). Der BGH[19] hat sich erst jüngst wieder mit den diesbezüglichen AGB von eBay befasst und sie als wirksam erachtet. Dabei hat er nochmals betont, dass stets ein rechtfertigender Grund für die Rücknahme des Angebots vorliegen muss, unabhängig davon, wie lange die Restlaufzeit der Auktion ist.

Die vorzeitige Beendigung eines Angebots ist zu trennen von der **vorzeitigen Beendigung** der Versteigerung, die nach eBay-Grundsätzen den Vertrag zum aktuellen Höchstgebot zustande kommen lässt.

Ebenfalls zu unterscheiden ist sie von der **Anfechtung** der Willenserklärung, die den Antrag nachträglich zum Wegfall bringt. Sie wird unter Abschn. 2.2.1.1 näher behandelt.

▷ **Shill Bidding (Pushen):** Mitunter bietet der Verkäufer bei der Versteigerung des von ihm zur Auktion gestellten Gegenstandes mit oder lässt dies in seinem Interesse durch Dritte vornehmen. Dadurch soll ein höheres Gebot für den Gegenstand provoziert werden.

Nach deutschem Recht ist ein derartiges Verhalten – anders als in einigen angelsächsischen Ländern – **nicht strafbar.** In der Regel untersagen die AGB des mit dem Auktionshaus geschlossenen Nutzungsvertrages allerdings das Shill Bidding. Entsprechend hat das OLG Brandenburg[20] in einem vielbeachteten Urteil entschieden, dass das Auktionshaus in solchen Fällen den Zugang des Verkäufers zur Auktionsplattform einschränken oder gar vollständig untersagen kann.

▷ **Account-Missbrauch:** Wird der Account eines Bieters ohne dessen Zustimmung von einem Dritten genutzt, stellt sich die Frage, ob ein wirksamer Vertrag zustande gekommen ist.

---

[17] BGH, NJW 2011, 2643.

[18] BGH, NJW 2011, 2643.

[19] BGH, NJW 2015, 1009.

[20] OLG Brandenburg, Kart W 11/09, http://www.telemedicus.info/urteile/Internetrecht/868-OLG-Brandenburg-Az-Kart-W-1109-Sofortige-Sperrung-eines-eBay-Accounts.html.

In den Fällen einer Identitätstäuschung kommen die gesetzlichen Vorschriften zur Stellvertretung (§§ 164ff. BGB) nicht direkt zur Anwendung, weil dem Handelnden hier der Wille zur Vertretung des Account-Inhabers fehlt.[21] Allerdings finden die gesetzlichen Regelungen und die hierzu entwickelten Grundsätze entsprechende Anwendung, und zwar auch auf Geschäfte, die über das Internet geschlossen werden.
Danach bindet ein Gebot, das ein Dritter unter einer fremden Identität abgibt, den Account-Inhaber nur, wenn dies

– in Ausübung einer bestehenden Vertretungsmacht erfolgt (§ 164 I BGB analog),
– von dem Account-Inhaber nachträglich genehmigt wird (§ 177 I BGB analog) oder
– die Voraussetzungen einer Anscheins- oder Duldungsvollmacht vorliegen.

Zumeist wird der Account-Missbrauch für Fälle diskutiert, in denen der Handelnde das Mitgliedskonto eines Familienmitglieds genutzt hat. Hierzu hat der BGH festgestellt, dass keine der eben genannten Voraussetzungen erfüllt ist, wenn ein Account-Inhaber keine ausreichenden Vorkehrungen gegen einen **Zugriff Dritter auf die Account-Daten** getroffen hat.[22] Der Verkäufer trägt somit grundsätzlich das Risiko eines Identitätsmissbrauchs.

Dabei betont der BGH den Unterschied zu der Rechtslage im Bereich des **Gewerblichen Rechtsschutz und des Urheberrechts**. Anders als bei der Abgabe einer rechtsgeschäftlichen Erklärung kann die unsorgfältige Verwahrung von Daten eines eBay-Kontos dort im Rahmen der deliktischen Haftung einen eigenständigen Zurechnungsgrund für die mithilfe der Daten von dem Ehepartner begangene Rechtsverletzung darstellen.

## 2.2.3  Nachträglicher Wegfall des Vertrages, insbesondere Widerrufsrecht

Nach dem bekannten Rechtsgrundsatz „pacta sunt servanda" (Verträge sind einzuhalten) ist ein wirksam geschlossener Vertrag für die Vertragsparteien grundsätzlich bindend. Allerdings gibt es Ausnahmen von dieser Regel, die es einer Vertragspartei unter bestimmten Voraussetzungen gestatten, sich durch einseitige Erklärung auch gegen den Willen des anderen Vertragspartners von dem Vertrag loszusagen. Eine solche Möglichkeit ist z.B. das Recht zur Anfechtung, etwa wegen Irrtums, eine andere der Widerruf.

Beide Gestaltungsrechte werden an dieser Stelle behandelt, weil sie typischerweise in zeitlicher Nähe zum Vertragsschluss ausgeübt werden.

### 2.2.3.1 Recht zur Anfechtung

Wie schon eingangs unter 2. erwähnt, findet der Grundsatz der Vertragsfreiheit dort gesetzliche Grenzen, wo eine Vertragspartei nicht in der Lage ist, ihre Interessen (z.B. mangels Wissens oder fehlender Verhandlungsmacht) wirksam wahrzunehmen. Weitere Ausnahmen bestehen für Fälle, in denen eine Partei ihren rechtsgeschäftlichen Willen nicht

---

[21] Hierzu und zum Folgenden BGH, NJW 2011, 2421.
[22] So bereits BGH, NJW 2009, 1960 und wieder OLG Bremen, MMR 2012, 593.

ordnungsgemäß bilden konnte oder nicht in der beabsichtigten Weise in eine rechtliche Erklärung umgesetzt hat. Es handelt sich hierbei um Erscheinungsformen des sog. **fehlerhaften Rechtsgeschäfts.**

Je nach dem Grund, der das Rechtsgeschäft fehlerhaft gemacht hat, entscheidet das Gesetz, ob der Vertrag per se nichtig oder ob er „nur" vernichtbar ist. Im letztgenannten Fall hat die durch den Fehler belastete Partei die Wahl, ob sie an dem Vertrag festhalten oder ihn durch entsprechende Erklärung (sog. **Anfechtungserklärung,** § 143 BGB) nachträglich zum Wegfall bringen will.

Voraussetzung für eine rechtswirksame Anfechtung ist, dass ein vom Gesetz anerkannter Anfechtungsgrund vorliegt, denn nicht jede Fehlerhaftigkeit berechtigt zur Anfechtung. **Gesetzliche Anfechtungsgründe** sind die arglistige Täuschung und die widerrechtliche Drohung (§ 123 BGB), einige Formen des Irrtums (§ 119 BGB) sowie die falsche Übermittlung (§ 120 BGB).

Zu beachten ist, dass in Fällen einer arglistigen Täuschung oder widerrechtlichen Drohung die Anfechtung gemäß § 124 BGB binnen Jahresfrist, bei einem Irrtum oder einer falschen Übermittlung gemäß § 121 BGB **unverzüglich** zu erfolgen hat.

Für die Anfechtung wegen Irrtums ist weiter bedeutsam, dass sie gemäß § 122 BGB den Anfechtenden zum **Ersatz des Schadens** verpflichtet, den die andere Partei dadurch erlitten hat, dass sie auf die Gültigkeit der Willenserklärung vertraut hat.

Im **Ausgangsfall** können sowohl die A-GmbH als auch deren Kunden ihre Willenserklärungen nach den Regeln der §§ 119ff. BGB anfechten. Besonderheiten für im Netz abgegebene Willenserklärungen gibt es nicht. Wenn ein Kunde K oder die A-GmbH irrtümlich bei der Erstellung einer Mail falsche Angaben gemacht haben, ist eine Anfechtung gemäß § 119 I, 2. Var. BGB möglich.[23] Liegt ein Übermittlungsfehler vor, treten z. B. Fehler durch die elektronische Versendung der Willenserklärung des K zur A-GmbH auf, kann K seine Willenserklärung analog § 120 BGB anfechten.

K oder die A-GmbH haben aber keine Möglichkeit zur Anfechtung, wenn ihre Willenserklärungen auf falschem Datenmaterial beruhen (z. B. wenn die A-GmbH veraltete, noch im Warenwirtschaftssystem gespeicherte Preise verwendet). Bei fehlerhaftem Datenmaterial handelt es sich lediglich um einen unbeachtlichen Motivirrtum, der nicht zur Anfechtung gemäß § 119 BGB berechtigt.[24] Dagegen liegt ein zur Anfechtung berechtigender Erklärungsirrtum vor, wenn ein in das Warenwirtschaftssystem zutreffend eingepflegter Verkaufspreis aufgrund eines Fehlers im Datentransfer durch die im Übrigen beanstandungsfrei laufende Software abgeändert wurde.[25]

---

[23] Zum Erklärungsirrtum beim Kauf bei einem Internetauktionshaus LG Köln, Urteil vom 30.11.2010 – 18 O 150/10.

[24] LG Frankfurt CR 1997, 738.

[25] BGH, Urteil vom 26.01.2005 – VIII ZR 79/04.

### 2.2.3.2 Widerrufsrecht

Anders als das Recht zur Anfechtung, das jedem Rechtssubjekt zusteht, kann das Widerrufsrecht nur von einem Verbraucher gegenüber einem Unternehmer ausgebt werden.

Dies gilt freilich nicht für alle Rechtsgeschäfte, an denen ein Verbraucher beteiligt ist, sondern nur für solche, bei denen der Gesetzgeber den Verbraucher als besonders schutzbedürftig ansieht. Dies ist insbesondere für die so genannten **Fernabsatzverträge** der Fall, §§ 355, 312g BGB. Hier trägt das Widerrufsrecht dem Umstand Rechnung, dass der Verbraucher die Ware im Vorfeld nicht prüfen bzw. vor Ort betrachten oder inspizieren kann, sondern auf Beschreibungen oder Fotos angewiesen ist. Zudem soll er vor den Folgen übereilter Vertragsschlüsse geschützt werden.[26]

Bei Verträgen, die auf elektronischen Marktplätzen oder im Rahmen von Online-Shops abgeschlossen werden, kann der Verbraucher somit seine Willenserklärung – z.B. seine auf den Abschluss des Kaufvertrages gerichtete Erklärung bzw. Handlung – unter bestimmten Voraussetzungen widerrufen und, wenn bereits Leistungen im Hinblick auf den Vertrag erbracht wurden, die Rückabwicklung des Vertrages verlangen.

Im Einzelnen gewährt der Gesetzgeber das Widerrufsrecht im Rahmen eines Fernabsatzvertrages u. a. unter folgenden **Voraussetzungen**:

1. Das zu widerrufende entgeltliche Rechtsgeschäft ist zwischen einem Verbraucher (§ 13 BGB) und einem Unternehmer (§ 14 BGB) zustande gekommen, § 312 BGB. Zum Widerruf berechtigt ist allerdings nur der Verbraucher.
2. Der Vertragsschluss ist im Rahmen eines für den Fernabsatz organisierten Vertriebs- oder Dienstleistungssystems erfolgt, § 312c I BGB.
3. Es liegt ein Fernabsatzvertrag gemäß § 312c BGB vor, d. h. für die Vertragsverhandlungen und den Vertragsschluss wurden ausschließlich Fernkommunikationsmittel (insbesondere Brief, Telefon, E-Mail oder Telemedien) verwendet.
4. Es ist keine der zahlreichen in § 312g II BGB genannten Ausnahmen gegeben. Diese erfassen z. B. Verträge zur Lieferung von Waren, die individuell auf die Bedürfnisse des Verbrauchers zugeschnitten wurden oder von versiegelter Computersoftware. Zu beachten ist, dass bei Versteigerungen im Internet weiterhin ein Widerrufsrecht besteht. § 312g II Nr. 10 BGB erfasst nur Versteigerungen, bei denen der Bieter körperlich anwesend sein kann.

Um das Widerrufsrecht wirksam auszuüben, muss der Verbraucher gegenüber dem Unternehmer den **Widerruf erklären**, wobei die Widerrufsfrist bei Fernabsatzverträgen regelmäßig 14 Tage ab Erhalt der Ware beträgt, § 356 Abs. 2 BGB. Einen Grund für seinen Widerruf muss der Verbraucher nicht angeben, d. h. er kann „willkürlich" widerrufen, § 355 I BGB.

---

[26] Vgl. Erwägungsgrund 14 Fernabsatzrichtlinie 97/7/EG.

Als **Rechtsfolge** eines wirksamen Widerrufs regelt § 357 BGB die Rückgewähr der jeweils empfangenen Leistungen, wobei der Unternehmer bei Verbrauchsgüterkäufen die Rückzahlung verweigern kann, bis er die Ware oder einen entsprechenden Versandnachweis erhalten hat, § 357 Abs. 4 BGB.

Das im BGB geregelte Widerrufsrecht erfuhr infolge der Verbraucherrechterichtlinie 2011/83/EU eine grundlegende Überarbeitung, die am **13.06.2014 in Kraft getreten** ist. Gegenüber dem alten Recht hat sie insgesamt zu einer Lockerung des Widerrufsrechts und zu einer entsprechenden Entlastung der Unternehmer geführt.

In der Praxis des E-Commerce zeigt das Widerrufsrecht insbesondere folgende Konfliktpunkte:

▷ **Ablauf der Widerrufsfrist**: Die Dauer der Widerrufsfrist beträgt gemäß § 355 II 1 BGB 14 Tage. Ob ein Widerrufsrecht noch besteht, hängt jedoch primär davon ab, wann die 14-tägige Frist zu laufen beginnt. Grundsätzlich geschieht dies mit Vertragsschluss, § 355 II 2 BGB, doch gibt es hierzu auch Sondervorschriften, z. B. § 356 II BGB.

▷ **Widerrufsbelehrung**: Die Widerrufsfrist beginnt nicht zu laufen, bevor der Unternehmern den Verbraucher über sein Widerrufsrecht informiert hat, § 356 III 1 BGB, Art. 246a § 1 II Nr. 1 EGBGB. Erfolgt dies nicht oder nicht vollständig, erlischt das Widerrufsrecht – anders als nach altem Recht – spätestens nach 12 Monaten und 14 Tagen, § 356 III 2 BGB. Will der Unternehmer sicher gehen, dass er die umfangreichen Informationspflichten im elektronischen Geschäftsverkehr erfüllt, kann er das vom Gesetzgeber gemäß Art. 246b § 2 III EGBGB zur Verfügung gestellte Muster für die Widerrufsbelehrung verwenden.

▷ **Widerruf nach Nutzung**: Grundsätzlich kann der Verbraucher den Vertrag auch dann widerrufen, wenn er die Ware bereits benutzt hat. Allerdings muss er dann gemäß § 357 VII BGB Ersatz für den Wertverlust der Ware leisten. Dies gilt auch, wenn der Wertverlust auf einen Umgang mit der Ware zurückzuführen ist, der zur Prüfung der Beschaffenheit, der Eigenschaften und der Funktionsweise der Ware nicht notwendig war. Im Einzelnen ist hier auf die sehr umfangreiche Rechtsprechung zur der Frage zu verweisen, ob die Handhabung der Ware noch zu Prüfzwecken erfolgte. Insgesamt zeigen sich die Gerichte eher großzügig, wenn es um die Erforderlichkeit zur Prüfung einer Ware geht.[27]

▷ **Versandkosten**: Nach § 357 VI BGB hat der Verbraucher im Falle seines Widerrufs die unmittelbaren Kosten der Rücksendung der Ware zu tragen. Die nach altem Recht hierfür noch erforderliche vertraglichen Vereinbarung und die Wertgrenze von 40 EURO sind entfallen.

---

[27] So hat der BGH, NJW 2010, 3566 bspw. entschieden, dass Aufbau, Befüllung und anschließende dreitägige Nutzung eines Wasserbettes noch der Prüfung diene und keine Wertersatzpflicht auslöse.

## 2.2.4 Informationspflichten

Das verbraucherschützende Widerrufsrecht wird flankiert durch umfassende Informationspflichten des Unternehmers. Diese ergeben sich für den elektronischen Geschäftsverkehr aus § 312i BGB und für Diensteanbieter im Sinne des Telemediengesetzes (TMG) aus § 5 TMG.

Die Regelungen des deutschen Rechts zu den Informationspflichten gegenüber Verbrauchern im Fernabsatz basieren auf der im Jahr 2000 verabschiedeten Richtlinie über den elektronischen Geschäftsverkehr Nr. 2000/31/EG[28] (sog. E-Commerce-Richtlinie). Mit der Richtlinie über die Rechte der Verbraucher Nr. 2011/83/EU[29] (sog. Verbraucherrechterichtlinie), werden die Vorgaben der E-Commerce-Richtlinie an die aktuellen Entwicklungen angepasst. Darüber hinaus wird mit ihr eine vollständige Harmonisierung der Informationspflichten in den Mitgliedstaaten der Europäischen Union angestrebt.

### 2.2.4.1 Informationspflichten nach BGB

Für die Informationspflichten des Unternehmers bestehen drei vertragliche Anknüpfungen. Bei im Internet getätigten Geschäften kommen sie meist kumulativ zur Anwendung:

- Verbrauchervertrag: § 312a II BGB, Art. 246 Einführungsgesetz zum Bürgerlichen Gesetzbuch (EGBGB);
- Fernabsatzvertrag: § 312d ff. BGB, Art. 246a EGBGB;
- Elektronischer Geschäftsverkehr: § 312i f. BGB, Art. 246a und 246c EGBGB.

Zum 13.06.2014 ist in Deutschland im Zuge der Umsetzung der Verbraucherrechtrichtlinie eine Neuregelung des Widerrufsrechts in Kraft getreten. Sie hat u. a. die bis dahin geltende inhaltlich-rechtliche Verknüpfung mit den Informationspflichten beseitigt. Während nach altem Recht ein **Verstoß gegen die Informationspflichten** dazu führte, dass die Widerrufsfrist nicht zu laufen begann und ein Widerruf quasi „ewig" möglich war, ist dies nach neuem Recht nicht mehr der Fall. Freilich wird die Nichtbeachtung der Informationspflichten damit nicht sanktionslos. Sie kann insbesondere wettbewerbsrechtliche Konsequenzen haben und zu einer Abmahnung führen.

Im **Ausgangsfall** muss die A-GmbH auf ihrer Website zahlreiche Angaben bzw. Informationen für den Verbraucher bereithalten.

Zunächst handelt es sich bei dem Betreiben eines Online-Shops zum Verkauf von Waren um elektronischen Geschäftsverkehr im Sinne des § 312i Abs. 1 BGB mit der Folge, dass die A-GmbH den Informationspflichten des Art. 246c EGBGB

---

[28] Die Richtlinie ist abrufbar unter http://eur-lex.europa.eu/legal-content/DE/ALL/?uri=CELEX:32000L0031.

[29] Die Richtlinie ist abrufbar unter http://eur-lex.europa.eu/LexUriServ/LexUriServ.do?uri=OJ:L:2011:304:0064:0088:de:PDF.

nachkommen muss (also z. B. Unterrichtung des Kunden über die einzelnen technischen Schritte, die zu einem Vertragsschluss führen oder die Angabe der für den Vertragsschluss zur Verfügung stehenden Sprachen).

Darüber hinaus liegt wegen des Vertriebs von Waren über einen Online-Shop ein Fernabsatzvertrag vor. Daraus folgen zunächst die Informationspflichten nach Maßgabe des Art. 246a EGBGB (u. a. die Angabe des Gesamtpreises der Waren oder Dienstleistungen einschließlich aller Steuern und Abgaben sowie gegebenenfalls alle zusätzlichen Fracht-, Liefer- oder Versandkosten und alle sonstigen Kosten; zudem die Zahlungs-, Liefer- und Leistungsbedingungen, den Termin, bis zu dem der Unternehmer die Waren liefern oder die Dienstleistung erbringen muss, und gegebenenfalls das Verfahren des Unternehmers zum Umgang mit Beschwerden; weiter das Bestehen eines gesetzlichen Mängelhaftungsrechts für die Waren).

Schließlich hat die A-GmbH den Verbraucher – wie eben unter Abschn. 2.2.2 gesehen – über das Bestehen, die Fristen und über die Voraussetzungen zur Ausübung des Widerrufsrechts zu informieren (§ 312d BGB, Art. 246a § 1 II EGBGB). Die Belehrung muss dabei dem Verbraucher vor Abgabe von dessen Vertragserklärung in klarer und verständlicher Weise zur Verfügung gestellt werden, Art. 246a § 4 I EGBGB.

## Sonderfall: Bestell-Button

Eine Sonderstellung im Rahmen der Informationspflichten des BGB für den elektronischen Geschäftsverkehr nimmt die sog. Button-Lösung des § 312j II, III BGB ein. Eine Missachtung dieser Informationspflicht führt gemäß § 312 j IV BGB dazu, dass **kein wirksamer Vertrag** zustande kommt.

Nach § 312j II, III BGB muss der Unternehmer bei einem Verbrauchervertrag im elektronischen Geschäftsverkehr die Bestellsituation so gestalten, dass der Verbraucher mit seiner Bestellung ausdrücklich bestätigt, sich zur Zahlung verpflichten zu wollen. Die Vorschrift war im Jahre 2012 eingeführt worden, um dem Missstand der sog. **Abo-Fallen** abzuhelfen, d. h. Situationen auszuschließen, in denen der Verbraucher nicht klar erkennen kann, dass er mit dem konkreten Mausklick unmittelbar eine wirksame und ihn rechtlich bindende Willenserklärung abgibt.

§ 312j III 2 BGB besagt, dass in den Fällen, in denen die Bestellung über eine Schaltfläche erfolgt, diese gut lesbar und mit nichts anderem als den Wörtern **„zahlungspflichtig bestellen"** oder einer entsprechenden Formulierung beschriftet sein muss. Damit hat sich im Gesetzgebungsverfahren die Button-Lösung gegenüber der von der Wirtschaft als zu aufwändig kritisierten Doppelklick-Lösung durchgesetzt. Zu beachten ist weiter, dass der Button nur einmal verwendet werden darf und am Ende des Bestellformulars stehen muss.

### 2.2.4.2 Informationspflichten nach § 5 TMG

Diensteanbieter im Sinne des § 2 Ziff. 1 TMG, die Telemedien geschäftsmäßig und in der Regel gegen Entgelt anbieten, haben die in § 5 TMG genannten Informationen leicht erkennbar, unmittelbar erreichbar und ständig verfügbar zu halten. Man spricht diesbezüglich auch von der **Impressumspflicht**. Zu den geforderten Informationen zählen insbesondere:

1. Name und Anschrift des Unternehmers, bei juristischen Personen zusätzlich die Rechtsform, den Vertretungsberechtigten und ggf. das Stamm- oder Grundkapital sowie u. U. den Gesamtbetrag der ausstehenden Einlagen;
2. Angaben, die eine schnelle elektronische Kontaktaufnahme und unmittelbare Kommunikation mit ihnen ermöglichen, einschließlich der Adresse der elektronischen Post;
3. U. U. Angaben zur zuständigen Aufsichtsbehörde;
4. Ggf. das Handelsregister, Vereinsregister, Partnerschaftsregister oder Genossenschaftsregister, in das sie eingetragen sind, und die entsprechende Registernummer;
5. U. U. die Kammer, welcher der Diensteanbieter angehört, die gesetzliche Berufsbezeichnung und der Staat, in dem die Berufsbezeichnung verliehen worden ist, sowie ggf. die Bezeichnung der berufsrechtlichen Regelungen und wie diese zugänglich sind;
6. Ggf. die Umsatzsteueridentifikationsnummer nach § 27a des Umsatzsteuergesetzes.

Der Betreiber von einer geschäftsmäßigen Website (mit oder ohne Shop) oder einer Suchmaschine kann diesen Pflichten z. B. nachkommen, indem er die jeweiligen Angaben in sein Impressum aufnimmt. Ausgenommen von den o. a. Informationspflichten sind allerdings Betreiber von Websites, die ausschließlich privaten oder familiären bzw. nicht-kommerziellen Zwecken dienen.[30]

## 2.3  Vertragsgestaltung im Internet

**Vorschau**  Die Vertragsgestaltung im Internet weist mehrere Problemschwerpunkte auf. An erste Stelle zu nennen sind die besonderen vertragsrechtlichen Erscheinungsformen der internetspezifischen Leistungen. Für ein besseres Verständnis wird dazu vorab in Abschn. 2.3.1 die Typisierung generell erläutert. Sodann werden in Abschn. 2.3.2. die wichtigsten Formen der Leistungserbringung im Netz dargestellt und qualifiziert. Wegen der Vielzahl unterschiedlicher Leistungen im und für das Netz sowie der zahlreichen damit verbundenen rechtlichen Fragen können freilich nur einige dieser Erscheinungen exemplarisch behandelt werden. Im Anschluss folgen Ausführungen zur Handhabung von Allgemeinen Geschäftsbedingungen (AGB) im Netz (Abschn. 2.3.3).

---

[30] Z. B. OLG Hamburg, Beschluss vom 03.04.2007, Az. 3 W 64/07.

### 2.3.1  Vertragstypisierung

Der Inhalt von Rechtsgeschäften ist vom Gesetzgeber im BGB und im HGB geregelt. Die entsprechenden Vorschriften bilden das **Vertragsrecht.**

Aufgrund des im Schuldrecht geltenden Grundsatzes der Vertragsfreiheit können die Vertragsparteien von den gesetzlichen Vertragstypen auch abweichen. Sie können sie modifizieren, verschiedene Vertragstypen miteinander kombinieren (sog. **gemischttypische Verträge**) oder gänzlich neue Vertragstypen schaffen (sog. **atypische Verträge** oder Verträge *sui generis*).

Allerdings richtet sich der Vertragstyp immer nach dem objektiven Gesamtinhalt der Transaktion. Trotz Vertragsfreiheit können die Vertragsparteien nicht etwa das anwendbare Vertragsrecht frei wählen. Auch ist die von ihnen verwendete Bezeichnung des Vertrages (z. B. als Kaufvertrag) für die Typisierung irrelevant.

Wenn die Vertragsparteien eine Fallkonstellation nicht im Vertrag geregelt haben, richtet sich die rechtliche Beurteilung – ergänzend – nach diesem (gesetzlichen) Vertragsrecht. Um die anwendbaren Gesetzesvorschriften identifizieren zu können, muss die Transaktion einem der verschiedenen, im Gesetz geregelten Vertragstypen (den sog. **typischen Verträgen**) zugeordnet werden (z. B. Dienstvertrag oder Werkvertrag). Dieser juristische Vorgang wird als Vertragstypisierung bezeichnet.

Die Technik der Vertragstypisierung soll hier am Beispiel des **Webhost-Vertrages** demonstriert werden. Bei dieser Geschäftsform ermöglicht der Webhost-Anbieter (in der Regel ein Internet-Service-Provider) dem Kunden seine Präsentation auf einer Homepage, die unter der Adresse der Web-Seite von jedem Internet-Teilnehmer abgerufen werden kann. Kunde des Webhost-Anbieters ist z. B. eine Privatperson, die sich auf einer Website präsentieren möchte, oder ein Unternehmen, das seine Produkte im Internet zum Kauf anbietet.

Der Kunde des Webhost-Anbieters ist regelmäßig ein Content-Provider, während der Webhost-Anbieter – vielfach ein Online-Service-Provider (wie z. B. Strato oder 1&1) – die Inhalte des Content-Providers auf seinem eigenen Rechner speichert und sie so potentiellen Interessenten zugänglich macht. Der Online-Service-Provider ist insoweit Infrastruktur-Service-Provider (IaaS).

Ein solcher Vertrag zwischen Service-Provider und Content-Provider entspricht nach seinem objektiven Gesamtinhalt keinem der im BGB oder HGB genannten Vertragstypen. Vielmehr verbindet er Leistungselemente verschiedener Vertragstypen derart miteinander, dass sie nur als Gesamtheit ein technisch, wirtschaftlich und organisatorisch sinnvolles Ganzes bilden.

Das **erste Leistungselement** des Webhost-Vertrages, die Zurverfügungstellung des betriebsbereiten Speicherplatzes, lässt sich ohne weiteres als mietrechtlicher (nutzungsbezogener) Sachverhalt nach § 535 BGB einordnen. Der Service-Provider wird verpflichtet, dem Content-Provider den Gebrauch des Speicherplatzes auf Zeit zu gewähren, damit dieser den vertragsgemäßen Gebrauch ausüben kann.

Das **zweite Leistungselement**, die Zurverfügungstellung des Internet-Zugangs und der Datentransfer, ist rein tätigkeitsbezogen und daher dienstvertraglich zu qualifizieren.

Schließlich ergibt sich ein drittes Leistungselement daraus, dass es dem Nutzer auf die Abrufbarkeit der Website im Internet ankommt. Dies sicherzustellen, geht über eine bloße Nebenleistung zu einem Mietvertrag hinaus, so dass zudem ein drittes, erfolgsbezogenes Leistungselement vorliegt, das werkvertragliche Züge trägt.

Beim Webhost-Vertrag handelt es sich somit um einen aus **Dienst-, Miet- und Werkvertrag** zusammengesetzten gemischttypischen Vertrag. Findet er seinen Schwerpunkt in der Gewährleistung der Abrufbarkeit der Website, liegt insgesamt ein einheitlicher Werkvertrag vor.[31]

Welches (gesetzliche) Vertragsrecht im Falle eines gemischttypischen Vertrags anzuwenden ist, richtet sich z. B. bei einer Leistungsstörung nach den **Regeln desjenigen Vertragstyps**, für den die betreffende Leistung charakteristisch ist.[32] Wird dem Content-Provider z. B. zu wenig Speicherplatz zur Verfügung gestellt, greift die mietvertragliche Gewährleistung ein, ist die Homepage für einen Nutzer nicht abrufbar, Werkvertragsrecht.

Im **Ausgangsfall** stellt die A-GmbH fest, dass ihre Web-Seiten nicht abrufbar sind. Damit verletzt der Webhost-Anbieter den insoweit werkvertraglichen Erfüllungsanspruch. Wenn er die fehlende Abrufbereitschaft auch zu vertreten hat, kann die A-GmbH Anspruch auf Schadensersatz geltend machen und nach erfolglosem Ablauf einer angemessenen Frist den Rücktritt vom Vertrag erklären. Der Umfang der jeweiligen Leistungspflichten – insbesondere auch hinzunehmende Ausfallzeiten – ergibt sich regelmäßig aus dem Vertrag bzw. aus den AGB des Providers.

## 2.3.2　Der Rechtscharakter von netzbezogenen Leistungen

Der folgende, keineswegs vollständige Überblick verdeutlicht die Vielfalt der mit dem Internet entstandenen und weiter entstehenden Geschäftsmodelle. Entsprechend groß sind die Probleme einer zuverlässigen vertragsrechtlichen Typisierung.

Die Feststellung der Vertragsart ist aber nicht nur für die Identifizierung des lückenfüllenden Gesetzesrechts von **Bedeutung**, sondern auch – wie unter Abschn. 2.3.3 noch zu zeigen sein wird – für die Beurteilung, ob die verwendeten AGB zulässig und somit wirksam sind, woraus sich dann wieder lauterkeitsrechtliche Implikationen ergeben können.

Die für den E-Commerce wichtigen Vertragsformen lassen sich in **vier Kategorien** einteilen, welche freilich nicht immer scharf gegeneinander abgegrenzt werden können. Aus der Sicht des Anbieters sind zu unterscheiden:

– Angebote im Netz;
– Angebote technischer Leistungen für das Netz;

---

[31] BGH, NJW 2010, 1449.
[32] MüKoBGB/Emmerich, BGB, § 311 Rn. 30.

– Angebote von Kommunikationsinhalten;
– Angebote im Zusammenhang mit der Online-Präsenz.


Bei digitalen Kommunikationsleistungen ist dabei zu beachten, dass eine Vertragspartei gleichzeitig **mehrere verschiedene Funktionen** ausüben kann. Online-Dienste (z. B. 1&1, Strato oder United Domains) bieten eigene Informationen an, sind also Content-Provider. Darüber hinaus schaffen sie für Kunden die Möglichkeit, sich mit einer Homepage zu präsentieren und sind insoweit auch Service-Provider. Schließlich bieten sie den Zugang zum Internet an und sind Access-Provider. Ihre vertraglichen Rechte, Pflichten und Obliegenheiten richten sich daher nach der jeweils ausgeübten Funktion, die vertraglich zu typisieren ist.

Weiter ist darauf hinzuweisen, dass es für die Typisierung des Vertrages nicht von Bedeutung ist, ob die Leistung im **Cloud Computing** oder auf Basis des herkömmlichen On-Premises-Modells erbracht wird.


**Angebote im Netz**

Soweit die im Internet vertriebenen Leistungen auch offline erhältlich sind, ergeben sich bei der Typisierung keine Besonderheiten. Dies gilt z. B. für CDs, Software, Filme, Informationen, Beratungsleistungen, Spiele etc.

Ein **Abruf elektronischer Dateien** (z. B. für Musik, Graphiken, Filme etc.) im Netz wird in der Regel über Kaufverträge vereinbart.[33]

Zu beachten ist jeweils nur, ob es sich um ein zeitlich begrenztes oder ein zeitlich unbegrenztes Nutzungsrecht handelt. Im letztgenannten Fall liegt ein Mietvertrag oder – bei Unentgeltlichkeit – ein Leihvertrag vor. Auch hier bestehen keine internetspezifischen Besonderheiten.


Wenn im **Ausgangsfall** die A-GmbH ihren digitalen Stadtführer als CD über ihren Online-Shop vertreibt, erfolgt dies in Form eines Kaufvertrages. Dasselbe gilt, wenn sie ihn auf einer CD über den Buchhandel oder zum Download von ihrer Website anbietet.

Auch der Download des digitalen Stadtführers und des Location- und Geschäfte-Guide werden kaufrechtlich vertrieben, wenn dies gegen Entgelt erfolgt. Bei einer unentgeltlichen Zurverfügungstellung lägen jeweils Schenkungsverträge vor.


**Angebote technischer Leistungen für das Netz**

Das Angebot von technischen Leistungen umfasst die Zugangsvermittlung zum Internet, die bereits erwähnte Web-Präsenz und den Transport von Informationen.

Bei der Zugangsvermittlung verschafft oder gewährt der Access-Provider die technische Infrastruktur für den Internetzugang oder hält sie gegen Entgelt aufrecht (sog. **Access-Provider–Vertrag**). Regelmäßig verpflichtet er sich, dem Kunden das Verschicken und

---

[33] Redeker, IT-Recht, 5. Aufl., Rn. 1137 f.

Empfangen der im Internet zu transportierenden Daten zu ermöglichen. Der Kunde wird dadurch in die Lage versetzt, Daten abzurufen (z. B. aus den offenen Internet-Diensten) und auf seinen Rechner zu laden oder eigene Informationen zum Abruf (z. B. auf der eigenen Homepage) bereitzustellen. Üblicherweise handelt es sich um einen Dienstvertrag gemäß §§ 611 ff. BGB.[34]

Die Bereitstellung von Softwareanwendungen für den Kunden zur Online-Nutzung über das Internet oder andere Netze (sog. **Service-Providing–Vertrag** oder Cloud-Vertrag (ehemals ASP-Vertrag)) werden nach der Rechtsprechung als Mietverträge eingeordnet,[35] da die fremde Software nicht nur einem, sondern einer Vielzahl von Kunden online zur Nutzung zur Verfügung gestellt wird.

Der entgeltliche **Nutzungsvertrag zwischen einem Online-Auktionshaus und einem Verkäufer** stellt nach Striepling einen Vertrag *sui generis* oder eine Mischform aus dienst- und maklervertraglichen Elementen dar.[36]

Für den **Software-as-a-Service–Vertrag** (SaaS), ein Dienstleistungsbeispiel des Cloud Computing, wird in Anlehnung an die ASP-Verträge meist ein Mietvertrag angenommen, teilweise jedoch auch ein typengemischter Vertrag mit zusätzlichen miet- und werkvertraglichen Elementen.[37]

Beim **Domain–Vertrag** umfasst die Leistung des Anbieters die Beschaffung und Registrierung einer vom Kunden gewünschten Internet-Domain. Es handelt sich um einen Werkvertrag, der eine entgeltliche Geschäftsbesorgung gemäß §§ 675 I, 631 ff. BGB zum Gegenstand hat.

Der **Internet-System–Vertrag** beinhaltet die Recherche und Registrierung einer Internet-Domain, die Zusammenstellung der Web-Dokumentation durch einen Webdesigner, die Gestaltung und Programmierung einer individuellen Internetpräsenz, das Hosting der Websites und Mailboxen auf den Servern des Providers sowie die weitere Beratung und Betreuung des Kunden. Der BGH qualifiziert dieses umfassende Leistungspaket als Werkvertrag.[38]

## Angebote von Kommunikationsinhalten

Das Angebot von Kommunikationsinhalten umfasst die Nutzung von Datenbanken, Online-Diensten mit eigenem Netz, Online-Diensten im Internet und Mailbox-Diensten.

Die **Datenbanknutzung** beinhaltet seitens des Datenbankanbieters den Online-Zugriff auf die bei ihm gespeicherten Daten und die Möglichkeit des Kunden, selbst oder mit Hilfe eines Informationsvermittlers in den angebotenen Datenbanken zu recherchieren. Als Gegenleistung für die Informationsbeschaffung und -überlassung erhält der

---

[34] BGH, NJW 2005, 2076 m.w.N.

[35] BGH, NJW 2007, 2394.

[36] Striepling, Verbraucherschutz bei Online-Auktionen, 2010, 179.

[37] Taeger, NJW 2013, 19, 21.

[38] BGH, NJW 2010, 1449.

Datenbankanbieter eine Vergütung.[39] Solche Datenbank-Nutzungsverträge werden häufig zu allgemein als „Online-Verträge" angesprochen. Diese Bezeichnung sagt aber nichts über den spezifischen Inhalt der Leistungen aus, sondern beschreibt lediglich den Transportweg, sodass sie genauso gut für andere das Internet einbeziehende Verträge anwendbar wäre.[40] Die Typisierung solcher Verträge ist streitig, teilweise wird ein Miet-, teilweise ein Werkvertrag angenommen.

Im Internet werden vielfältige **Informations-Dienste** angeboten, teilweise kostenlos, teilweise kostenpflichtig. Das reicht von Kommunikationsleistungen (z.B. E-Mail, Echtzeit-Kommunikation und Internet-Telefonie) über kommerzielle Anwendungen (z.B. Online-Marktplätze) bis zu elektronischen Veröffentlichungen (sog. Electronic Publishing, z.B. von Zeitungen, Büchern), Schulungsangeboten im Bereich der Bildung und interaktiven Rollenspielen im Freizeitbereich. Die vertragstypologische Einordnung kann hier nur anhand der jeweiligen Gegebenheiten erfolgen. Denkbar sind vor allem werk-, dienst- und mietvertragliche Elemente.

Für die reine **Übermittlung von Kommunikation** (Chat-, E-Mail-, Telefondienste einschließlich IP-Telefonie) gehen der BGH und das herrschende Schrifttum von einem Dienstvertrag aus.[41]

Zu beachten ist, dass auch **eine kostenlose Nutzung** zu einem Vertrag führen kann, z.B. wenn Software unentgeltlich zum Herunterladen angeboten wird. Selbst wenn sich der konkrete Anbieter subjektiv nicht rechtlich binden will, wird entsprechend der relevanten Sicht des objektiven Betrachters davon auszugehen sein, dass durch das Herunterladen der Software kein Schaden entsteht. Der somit objektiv unterstellte Rechtsbindungswille führt zu einem Schenkungsvertrag nach § 516 BGB oder – bei zeitlich unbegrenztem Nutzungsrecht – zu einem Leihvertrag nach § 598 BGB mit der Folge, dass der Schenker bei Vorsatz und grober Fahrlässigkeit nach § 521 bzw. § 599 BGB haftet, z.B. bei grob fahrlässig verursachter Virenverseuchung.

Für **Online-Spiele** ist die Typisierung noch nicht verbindlich geklärt. Nach der Rechtsprechung des BGH zum ASP-Vertrag liegt hier die Annahme eines Mietvertrages – bei Unentgeltlichkeit eines Leihvertrages – nahe. Nach anderer Ansicht begründet die weitergehende Steuerungs- und Verwaltungsarbeit des Anbieters einen Werkvertrag. Jedenfalls wird ein Kaufvertrag vorliegen, wenn das Spiel als technisch abgeschlossener Gegenstand auf Dauer überlassen wird.

---

[39] Nicht erwähnt sind hier z.B. die zahlreichen der Datenbanknutzung vorausgehenden Verträge des Datenbankanbieters mit Datenzulieferern wie Verlagen oder Forschungsinstituten, deren Leistung wiederum vielfach auf weiteren Zulieferungsverträgen, z.B. mit Autoren, beruht.

[40] Bei der Diskussion über die Rechtsnatur von „Online-Verträgen" haben die Datenbank-Nutzungsverträge im Vordergrund gestanden. Die Diskussion kann daher nicht ohne Weiteres auf andere, vom Transportweg her gesehen auch als „Online-Verträge" charakterisierbare Verträge übertragen werden, deren Vertragsinhalte keine Datenbanknutzung enthalten.

[41] Redeker, IT-Recht, 5. Aufl., Rn. 1089.

Bei der Nutzung von **Mailbox-Diensten** geht es hauptsächlich um den Nachrichtenaustausch. Dazu richtet der Mailbox-Betreiber (System-Operator) dem Nutzer für die Vertragslaufzeit auf dem Mailbox-Rechner einen eigenen Speicherbereich und ein passwort-geschütztes Postfach ein, wo Nachrichten von anderen Teilnehmern hinterlegt werden können. Der Mailbox-Betreiber leitet die Nachrichten des Teilnehmers zum Abruf weiter und ermöglicht die elektronische Kommunikation der Teilnehmer untereinander. Die Verträge weisen hier dienst- und mietvertragliche Elemente auf.

## Angebote im Zusammenhang mit der Online-Präsenz

Die Gestaltung der Web-Seiten (Webdesign) sowie die Web-Werbung (**Web-Advertising,** z. B. durch Werbebanner) werden vielfach auch von Access-Providern, Webhosts oder Online-Diensten als eigenständige Leistungen angeboten. Webdesign-Verträge unterfallen in der Regel dem Werkvertragsrecht,[42] die Werbung auf Web-Seiten nach überwiegender Ansicht Mietrecht.

Bei der Web-Präsenz ermöglicht der Webhost die Internet-Präsenz des Kunden auf einer Web-Seite. Zu seinen Hauptleistungen zählen die Zurverfügungstellung von Speicherplatz und die dauerhafte Erreichbarkeit der Web-Seite über das Internet. Dazu gehören eine Internet-Protokoll-Adresse, eine Domain-Bezeichnung und die entsprechende Registrierung der Domain. Solche Webhost-Verträge weisen, wie gesehen, dienst-, miet- und werkvertragliche Elemente auf.

Verträge über die **Suchmaschinenoptimierung** sind als Dienstverträge zu qualifizieren, auch wenn sie die Analyse des Nutzerverhaltens beim Besuch der Webshops und die Suchmaschinenoptimierung auf Abruf umfassen.[43]

In den Bereichen Zugang zum Internet und Internet-Präsenz werden häufig **Beratungsleistungen** erbracht, z. B. für berufliche oder geschäftliche Kommunikation über das Internet. Bei solchen Verträgen geht es unter anderem um Hilfestellung bei der Erstellung von Intranets und deren „Verbindung" mit dem Internet. Typische Beratungsleistungen werden dienstvertraglich erbracht.

**Wartungsverträge** zur Pflege von Software, EDV-Programmen oder Websites sind als Werkverträge zu qualifizieren, wenn sie die Aufrechterhaltung der Funktionsfähigkeit und die Beseitigung von Störungen umfassen, also auf einen Erfolg – das Funktionieren des jeweiligen Gegenstandes – ausgerichtet sind.

Zur Bedienung der Hard- und Software ist häufig eine Schulung von Mitarbeitern eines Unternehmens erforderlich. Sie erfolgen dienstvertraglich, soweit der Anbieter für den Erfolg der Schulung nicht einstehen kann und will.

Diese Beispiele zeigen, dass ein weites Feld von Spezialleistungen rund um den Internet-Zugang und die Internet-Präsenz entstanden ist, das auch in Zukunft zahlreiche neue Erscheinungsformen und damit auch neue Rechtsfragen mit sich bringen wird.

---

[42] BGH, NJW 2010, 1449.
[43] OLG Köln, BeckRS 2014, 10196.

## 2.3.3   Recht der Allgemeinen Geschäftsbedingungen

Der Inhalt eines Vertrages wird im Wirtschaftsleben in aller Regel standardisiert, d. h. für gleichartige Geschäfte verwendet ein Unternehmen grundsätzlich gleichlautende Vertragsbedingungen.

Diese Praxis bringt für denjenigen, der mit solchen vorgefertigten Vertragsbedingungen konfrontiert wird (die „andere Vertragspartei"), **erhebliche Nachteile** mit sich. Der gravierendste liegt darin, dass er seine eigenen geschäftlichen Interessen nur unzureichend zum Tragen bringen kann, da AGB für denjenigen, der sie einsetzt (der „Verwender") nur Sinn machen, wenn sie zumindest im Wesentlichen unverändert bleiben. Dies führt zu einer „take it or leave it"-Situation, d. h. die andere Vertragspartei hat nur noch die Freiheit zu entscheiden, ob sie das Geschäft will, aber nicht mehr, zu welchen Konditionen sie es will.

Aus diesem Grund schränkt der Gesetzgeber den Grundsatz der Vertragsfreiheit bei der Verwendung von AGB ein, indem er sie einer **Inhaltskontrolle** unterwirft: Die Rechtsordnung erkennt AGB nur an, wenn sie den Vertragspartner nicht unangemessen benachteiligen.

Bedeutsam ist dabei, dass Beurteilungsgegenstand die **einzelne Klausel** ist und nicht etwa das Gesamtklauselwerk. Bestehen die AGB des Verwenders z. B. aus 100 Klauseln, so ist jede einzelne dieser Klauseln auf ihre AGB-rechtliche Wirksamkeit hin zu überprüfen.

Bedeutsam ist weiter, dass sich **nur die andere Vertragspartei** auf die AGB-rechtliche Unwirksamkeit einer Klausel berufen kann.

Die rechtliche Wirksamkeit einer AGB wird dabei in drei Schritten ermittelt:

1. Liegt eine AGB vor, § 305 I BGB?
2. Ist die AGB wirksam in den Vertrag einbezogen, § 305 II BGB?
3. Benachteiligt die AGB die andere Vertragspartei unangemessen, §§ 307 ff. BGB?


### 2.3.3.1 Einbeziehung von AGB

Für die hier interessierenden Bereiche des Internet- und des E-Commerce-Rechts wird sich die Frage, ob eine Regelung AGB im Sinne von § 305 I BGB ist, im Allgemeinen nicht stellen. Es dominieren gleichartige Massengeschäfte, die vertraglich standardisiert behandelt werden und deshalb unzweifelhaft AGB-Charakter haben.

Anders steht es mit der Frage, ob die AGB in den Vertrag **wirksam einbezogen** wurde. Gemäß § 305 II BGB ist dies der Fall, wenn

1. der Unternehmer (Verwender) den Kunden ausdrücklich auf ihre Geltung hingewiesen hat,
2. ihm die Möglichkeit gegeben hat, sich in zumutbarer Weise von ihrem Inhalt Kenntnis zu verschaffen,

3. der Kunde mit der Geltung einverstanden ist und
4. dies alles bei (also vor) Vertragsschluss erfolgt ist.

Liegen die genannten Voraussetzungen nicht vor, kommt der Vertrag nach § 306 I BGB zwar zustande, die AGB werden insgesamt jedoch nicht Inhalt des Vertrages. Dieser richtet sich gemäß § 306 I dann insoweit nach den gesetzlichen Vorschriften.

Der **ausdrückliche Hinweis** auf die Geltung der AGB muss dabei so angeordnet und ausgestaltet sein, dass er von einem Durchschnittskunden auch bei flüchtiger Betrachtung nicht übersehen werden kann. Dies dürfte bei einer Online-Bestellung der Fall sein, wenn der Hinweis dem Bestell-Icon unmittelbar vorangestellt oder direkt in das Bestellformular integriert ist. Ein Hinweis auf der Homepage, also nur auf der Web-Eingangsseite des Unternehmens, reicht nicht aus.

Die in § 305 II Nr. 2 BGB geregelte **Möglichkeit zumutbarer Kenntnisnahmen** setzt in Bezug auf die Kenntnisnahme voraus, dass der Kunde die AGB bei der Abgabe seiner Willenserklärung tatsächlich einsehen kann.

Für die Zumutbarkeit ist zunächst erforderlich, dass der Kunde sie überhaupt finden kann. Hierzu reicht jedoch aus, dass auf der Bestellseite ein gut sichtbarer Link zu der Seite mit den AGB gesetzt ist. Unzumutbar ist es dem Kunden auch, sich erst durch zahlreiche Links bis zur Seite mit den AGB durchzuklicken.

Sodann müssen die AGB für den Durchschnittskunden auf dem Bildschirm mühelos lesbar, d. h. optisch gut wahrnehmbar sein. Dies betrifft vor allem die Schriftgröße. Auch müssen sie ein Mindestmaß an Übersichtlichkeit aufweisen, was sich vor allem auf ihre Gliederung bezieht. Außerdem darf ihre Länge nicht unangemessen, d. h. sie muss im Verhältnis zur Bedeutung des Geschäfts vertretbar sein.

Das Erfordernis, dass der Kunde mit **den AGB einverstanden** sein muss, lässt sich am sichersten erfüllen, wenn in einem entsprechenden Bestätigungsfeld ein Häkchen gesetzt sein muss, bevor die Bestellung ausgelöst werden kann. Ob der Vertragspartner die AGB tatsächlich gelesen hat, ist hingegen rechtlich irrelevant.

Gemäß § 310 I BGB ist § 305 II BGB jedoch nicht gegenüber einem Unternehmer anwendbar.

Im **Ausgangsfall** treffen die A-GmbH hinsichtlich der Einbeziehung ihrer Allgemeinen Geschäftsbedingungen für die über das Internet abzuschließenden Verträge hohe Anforderungen.

Der nach § 305 II Nr. 1 BGB erforderliche ausdrückliche Hinweis kann so erfolgen, dass der entsprechende AGB-Text auf der Bestellseite vor dem Bestell-Formular eingefügt wird oder zumindest dort ein Icon eingerichtet wird, über das der Nutzer zu den Allgemeinen Geschäftsbedingungen der A-GmbH gelangt.

Die erforderliche Möglichkeit der zumutbaren Kenntnisnahme nach §§ 305, 307 I Satz 2 BGB dürfte in ausreichendem Maße gegeben sein, wenn die AGB gut lesbar und nicht länger als zwei Seiten sind.

### 2.3.3.2 Inhaltskontrolle

Regelungen mit AGB-Charakter, die in den Vertrag einbezogen wurden, sind nur wirksam, wenn sie der gesetzlichen Inhaltskontrolle gemäß den §§ 307–309 BGB standhalten.

Die Inhaltskontrolle erfolgt in zwei Schritten:

Zunächst ist anhand der **Klauselkataloge** der §§ 308, 309 BGB zu prüfen, ob die einzelne ABG, die zur Beurteilung ansteht, den Vorgaben für den jeweiligen Klauseltyp gerecht wird. Wenn dies nicht der Fall ist, ist die AGB ohne weiteres unwirksam.

Ist der zu beurteilende Klauseltyp in den Klauselkatalogen der §§ 308, 309 BGB nicht vertreten, so erfolgt die Inhaltskontrolle anhand der **Generalklausel** des § 307 BGB. Danach ist eine AGB unwirksam, wenn sie die andere Vertragspartei entgegen den Geboten von Treu und Glauben unangemessen benachteiligt.

Was darunter genau zu verstehen ist, sagt § 307 II BGB. Bedeutsam ist vor allem dessen Ziff. 1, nach der eine unangemessene Benachteiligung im Zweifel anzunehmen ist, wenn die AGB mit **wesentlichen Grundgedanken der gesetzlichen Regelung**, von der vertraglich abgewichen werden soll, nicht zu vereinbaren ist. Mit anderen Worten ist im Falle von AGB nur eine unwesentliche Abweichung von der gesetzlichen Regelung zulässig.

Soweit AGB im Kontext von Internet- und E-Commerce-Recht anzuwenden sind, ergeben sich für die Inhaltskontrolle keine grundsätzlichen Besonderheiten. Von Interesse sind hier nur die Fälle, in denen sich die AGB auf Geschäftsmodelle beziehen, die spezifisch für das Internet bzw. den elektronischen Geschäftsverkehr sind. Zur Verdeutlichung sollen zwei Urteile zu solchen Geschäftsmodellen näher betrachtet werden.

▷ **Internet-System-Vertrag**: Dem Urteil des 3. Senats des BGH vom 4.3.2010[44] lag ein Vertrag zugrunde, wonach der Auftragnehmer verschiedene Leistungen zur Einrichtung, zum Betrieb und zur Betreuung der Webpräsenz des Auftraggebers zu erbringen hatte. Dafür sollte der Auftraggeber eine Vergütung entrichten, die laut AGB des Auftragnehmers jeweils zu Jahresbeginn zu zahlen war. Der Auftraggeber weigerte sich später, die Vergütung im Voraus zu entrichten.

Der BGH hatte hier geprüft, ob die AGB des Auftragnehmers gemäß § 307 I, II Nr. 1 BGB wesentlich vom Leitbild des maßgeblichen Vertragstyps abweicht. Dazu musste er zunächst den Vertrag typisieren, wobei er zu dem Ergebnis kam, dass der Internet-System-Vertrag einen einheitlichen Werkvertag darstellt (vgl. dazu unter Abschn. 2.3.2). Sodann hatte er in einem zweiten Schritt zu beurteilen, ob die vereinbarte Vorleistungspflicht von dem gesetzlichen Leitbild des Werkvertrages abweicht. Dabei kann er zu dem Ergebnis, dass dies nicht der Fall sei, so dass die AGB wirksam und die Vorleistungspflicht des Auftraggebers gegeben war.

▷ **Screen Scraping**: In diesem Urteil der 2. Kammer des EuGH[45] ging es um die Beurteilung der Zulässigkeit des Screen Scrapings. Beurteilungsmaßstab war allerdings

---

[44] BGH, NJW 2010, 1449.
[45] EuGH, NJW 2015, 1231. So schon zuvor BGH, GRUR 2014, 785.

nicht das deutsche AGB-Recht, sondern die AGB-Richtlinie 96/9/EG, die auch durch die §§ 305ff. BGB umgesetzt wird.

　In der zu entscheidenden Sache hatte eine Fluglinie den Betreiber eines Buchungsportals verklagt, auf dem Verbraucher nach Flugdaten von Billigfluggesellschaften suchen, Preise vergleichen und gegen Zahlung einer Provision einen Flug buchen können. Die Fluggesellschaft hatte sich gegen dieses Verhalten mit dem Hinweis gewandt, die Beklagte greife für ihre Leistungen auf die Website der Fluggesellschaft zu. Der Zugang zu der Website setzte voraus, dass die AGB der Fluggesellschaft durch Setzen eines Häkchens anerkannt werden. Die AGB enthielten jedoch eine Regelung, wonach die Website nicht zu gewerblichen Zwecken genutzt werden dürfe.

Der EuGH sah diese AGB nicht im Widerspruch zu besagter Richtlinie. Sie sei nicht auf Datenbanken anwendbar, die weder durch ein Urheberrecht noch durch das Schutzrecht *sui generis* nach dieser Richtlinie geschützt sind. Dem Hersteller einer solchen Datenbank sei es somit – unbeschadet des anwendbaren nationalen Rechts – nicht verwehrt, die Benutzung dieser Datenbank durch Dritte vertraglich zu beschränken.

Zu beachten ist in diesem Zusammenhang, dass unzulässige AGB-Klauseln von Online-Händlern nicht nur zur Unwirksamkeit der AGB führen. Da die Klauselverbote der §§ 307ff. BGB Marktverhaltensregeln im Sinne von § 4 Nr. 11 UWG darstellen (dazu näher unter Kap. 6), kann ihre Missachtung auch zu wettbewerbsrechtlichen Sanktionen führen.[46]

## 2.4　M-Commerce

Der M-Commerce (Mobile Commerce oder Mobile Electronic Commerce) ist eine **Ausprägung des E-Commerce.** Seine Besonderheit besteht darin, dass die Geschäftstätigkeit unter Verwendung spezieller Kommunikationstechniken und portabler Endgeräte (Laptops, Tablets, Smartphones ) erfolgt.

Grundsätzlich gelten für den M-Commerce dieselben **rechtlichen Regelungen wie für den E-Commerce.** Allerdings führen die spezifischen Einsatzformen der Endgeräte zu besonderen Geschäftsmodellen. Diese werfen ebenso wie die technischen Eigenschaften vor allem der Handhelds eigene rechtliche Fragestellungen auf.

**Vorschau** Im Folgenden werden diese Besonderheiten in Anlehnung an die Gliederung der vertragsrechtlichen Aspekte des E-Commerce (soeben Abschn. 2.2 und 2.3) zunächst für den Vertragsschluss (Abschn. 2.4.1) und sodann für die Vertragsgestaltung (Abschn. 2.4.2) anhand einiger Beispiele dargestellt. Da es sich beim M-Commerce – an

---

[46] BGH, BeckRS 2012, 14988 Rn. 46.

juristischen Maßstäben gemessen – um eine vergleichsweise junge Entwicklung handelt, ist hier Vieles rechtlich noch nicht abschließend geklärt.

## 2.4.1  Vertragsschluss

Bei der Verwendung von portablen Endgeräten wird der Vertrag ebenso geschlossen wie bei stationären Geräten oder Offline-Geschäften. Nur werden die Willenserklärungen hier per SMS oder per Tastendruck/Touch abgegeben.

Besonderheiten gelten jedoch insbesondere beim Vertragsschluss über Mehrwert-SMS und SMS-Abonnements sowie hinsichtlich der Informationspflichten. Schließlich bedarf das Phänomen der Teilnahme Minderjähriger am Rechtsverkehr hier einer besonderen Beachtung.

### 2.4.1.1  Kurzwahldienste

Gemäß § 451 III TKG muss zum **Abschluss eines Dauerschuldverhältnisses** für Kurzwahldienste der Anbieter dem Teilnehmer eine sog. Handshake-SMS senden. Hierbei handelt es sich um eine Information über die wesentlichen Vertragsbestandteile. Der Vertrag kommt nur zustande, wenn der Teilnehmer den Erhalt der Information bestätigt. Eine reine SMS-Bestellung ist für einen wirksamen Vertragsschluss über derartige Leistungen somit nicht ausreichend.

### 2.4.1.2  Informationspflichten

Wie bereits unter Abschn. 2.2.3 gesehen, treffen bei Fernabsatzgeschäften im elektronischen Geschäftsverkehr den Unternehmer umfangreiche gesetzliche **Informationspflichten** gegenüber dem Verbraucher. Diese gelten ebenso für den M-Commerce. Auch sei nochmals betont, dass die Nichtbeachtung der Informationspflichten die Wirksamkeit des Vertragsschusses unberührt lässt und seit dem 13.06.2014 auch den Beginn der Widerrufsfrist. Allerdings kann die wettbewerbsrechtliche Zuwiderhandlung Konsequenzen nach § 8 UWG haben (Beseitigung und Unterlassung) und u. U. zu einer Schadensersatzpflicht aus c.i.c. gemäß §§ 241 II, 311 II BGB führen.

Problematisch sind die Informationspflichten hinsichtlich der Displays von Handhelds. Sie können nur eine sehr geringe Menge an Informationen darstellen und werden durch die Vielzahl an Informationen, die laut dem jetzigen Art. 246a § 1 EGBGB dem Verbraucher übermittelt werden müssen, überfordert. Lange Zeit war die rechtliche Bewertung dieses Umstands umstritten. Teilweise wurde vertreten, der Nutzer habe diese Nachteile hinzunehmen, wenn er ein Endgerät mit beschränkter Darstellungsmöglichkeit wähle; dies zumindest solange, wie der Dienst nicht speziell für den M-Commerce konzipiert sei. Nach anderer Ansicht war ein Medienbruch erforderlich, d.h. die Informationen mussten auf ein Gerät mit ausreichenden Darstellungsmöglichkeiten übermittelt werden.

Mit der am 13.06.2014 in Kraft getretenen **Neufassung von Art. 246a § 3 EGBGB** steht nun eine Sonderregelung zur Verfügung. Danach gelten reduzierte Informationspflichten, wenn der Vertrag mittels eines Fernkommunikationsmittels geschlossen werden soll, das nur begrenzten Raum oder begrenzte Zeit für die dem Verbraucher zu erteilenden Informationen bietet.

Die Informationen, die nicht dem Mindesterfordernis von Art. 246a § 3 I EGBGB unterfallen, hat der Unternehmer nach Art. 246a § 3 II EGBGB in geeigneter Form zugänglich zu machen, also insbesondere über eine andere Internet-Site.

Ein weiteres Problem vor allem bei Handhelds ist die Pflicht des Unternehmers aus § 312i I Nr. 4 BGB, dem Verbraucher die Vertragsbestimmungen einschließlich der AGB bei Vertragsschluss abrufbar und in **wiedergabefähiger Form speicherbar** zu verschaffen. Dies ist bei vielen Handhelds zurzeit technisch noch nicht möglich. Allerdings wird es als ausreichend angesehen, stattdessen die AGB per E-Mail zu übersenden.

### 2.4.1.3 Vertragsschluss mit Minderjährigen

Die Teilnahme von **Minderjährigen** am Geschäftsverkehr ist keine Besonderheit des M-Commerce, hier jedoch stark ausgeprägt; dies vor allem deshalb, weil die Minderjährigen über Prepaid-Karten ihrer Smartphones Geschäfte leicht abschließen und auch bezahlen können.

In diesen Fällen stellt sich dann zum einen die Frage, ob das direkte Ansprechen von Minderjährigen durch Werbung gegen das **Unlauterkeitsrecht** verstößt.[47]

Zum anderem interessiert, ob in diesem Fall überhaupt ein **wirksamer Vertrag** zustande kommt. So hat das AG Düsseldorf[48] entschieden, dass nicht davon ausgegangen werden kann, dass einem Minderjährigen ein Handy gerade auch zu dem Zweck überlassen wurde, Verträge über die Inanspruchnahme von Klingeltönen abzuschließen. Von einer generellen Einwilligung des gesetzlichen Vertreters gemäß § 108 I BGB sei jedenfalls bei Klingelton-Abos nicht auszugehen. Vom sog. Taschengeldparagraph, § 110 BGB, kann allenfalls der Erwerb einzelner Klingeltöne, aber nicht eines Abonnements gedeckt sein. Ohne Einwilligung des gesetzlichen Vertreters kommt in diesen Fällen somit kein Vertrag zustande.

## 2.4.2   Vertragsgestaltung

Die Mobilität und jederzeitige Verfügbarkeit der Endgeräte führt beim M-Commerce zu besonderen Geschäftsmodellen. Für sie stellt sich die Frage nach der vertragstypologischen Einordnung und nach der Ausgestaltung durch AGB.

---

[47] Vgl. etwa BGH, NJW 2015, 485; 2014, 1014.

[48] AG Düsseldorf, VuR 2008, 119. Ebenso AG Berlin-Mitte, Urteil vom 28.07.2008 – 12 C 52/08, http://medien-internet-und-recht.de/volltext.php?mir_dok_id=1710.

### 2.4.2.1 Vertragstypisierung

Zur Bestimmung des Vertragstyps allgemein finden sich nähere Ausführungen bereits unter Abschn. 2.3.1. Schon für den E-Commerce ist sie für viele Erscheinungen streitig. Für den M-Commerce erfolgen häufig nicht einmal Versuche. Jedenfalls fehlt es an höchstrichterlicher Rechtsprechung, so dass der gesamte Bereich durch eine große Unsicherheit gekennzeichnet ist. Dennoch sollen hier für einige wichtige Geschäftsformen vorsichtige Typisierungsversuche unternommen werden:

▷ **Mobile Apps**: Nach dem LG Frankfurt[49] orientiert sich der Vertrag am Leitbild des Kaufvertrages.

▷ **Klingelton**: Beim Erwerb eines Handy Klingeltones wird ein Kurzwahl-Datendienst in Anspruch genommen. Die Leistungen sind dem Kaufvertrag zuzuordnen.

▷ **Klingelton-Abo**: Eine explizite Vertragstypisierung lässt sich nicht nachweisen. Einigkeit besteht immerhin, dass es sich um ein Dauerschuldverhältnis handelt, was insbesondere für die hier besonders relevante Frage der Kündigung bedeutsam ist. Darüber hinaus weisen Mankowski/Schreier[50] zu Recht auf die Erfolgsbezogenheit des Rechtsgeschäftes hin. Vieles spricht nach Ansicht der Autoren für einen Mietvertrag.

▷ **Social Media Vertrag**: Social Media (z. B. Facebook, StudiVZ, XING, LinkedIn etc.) stellen Plattformen bereit, um Texte, Bilder, Filme, Musik etc. an sog. „Freunde" zu übermitteln. Die Inanspruchnahme kann dabei entgeltlich oder unentgeltlich, die von den Nutzern verfolgten Zwecke können privater oder geschäftlicher Natur sein.

Die Schwierigkeit der Typisierung ergibt sich auch daraus, dass die Leistungen des Anbieters zwar häufig **unentgeltlich** sind, die Nutzer aber dennoch eine Gegenleistung erbringen, indem sie die von ihnen eingestellten Inhalte den Anbietern zur Nutzung überlassen (müssen). Den unentgeltlicher Social Media Vertrag qualifizieren Bräutigam/von Sonnleithner[51] daher als Vertrag *sui generis*, Redeker[52] als Auftrag.

Bei einer **Entgeltlichkeit** geht Redeker[53] von einem Werkvertrag aus, eventuell ergänzt durch Mietrecht. Allerdings ist zu beachten, dass über Social Media häufig verschiedenartige Leistungen angeboten werden, die dann jeweils selbständig zu typisieren sind. Bräutigam/von Sonnleithner[54] sehen in ihm einen Werkvertrag mit Dauerschuldcharakter.

---

[49] LG Frankfurt, Urteil vom 6.06.2013, 2–24 O 246/12, http://www.telemedicus.info/urteile/ IT-Vertragsrecht/1405-LG-Frankfurt-Az-2-24-O-24612-Wirksamkeit-von-Klauseln-in-App-Store-AGB.html.

[50] VuR 2006, 209, 217.

[51] Bräutigam/von Sonnleithner, in: Hornung/Müller-Terpitz (Hrsg.), Rechtshandbuch Social Media, Rn. Kap. 3 Rdnr. 22.

[52] Redeker, IT-Recht, 5. Aufl. Rn. 1173.

[53] Ebd., a.a.O.

[54] Bräutigam/von Sonnleithner, a.a.O., Kap. 3 Rn. 28.

Im **Ausgangsfall** spielt es für die Vertragstypisierung keine Rolle, ob die Leistungen der A-GmbH über portable oder über stationäre Endgeräte abgerufen werden. Sie werden sämtlich kaufrechtlich angeboten.

Bei ihren AGB muss die A-GmbH insbesondere beachten, dass sie medienge-recht gestaltet sind und so dem Erfordernis der Möglichkeit zumutbarer Kenntnis-nahme genügen.

Hinsichtlich ihrer Informationspflichten aus Art. 246a § 1 EGBGB muss die A-GmbH die Mindestinformationen gemäß Art. 246a § 3 EGBGB erfüllen und die übrigen erforderlichen Informationen auf anderem Wege zugänglich machen.

### 2.4.2.2 Allgemeine Geschäftsbedingungen

Problematisch ist im M-Commerce die **Einbeziehung von AGB** bei der Verwendung von Handhelds. Wie bereits gesehen, erfordert § 305 II BGB bei einer Verwendung gegenüber Verbrauchern die Möglichkeit einer zumutbaren Kenntnisnahme der AGB. Kleine Displays erfordern für etwas umfangreichere AGB aber ein häufiges und längeres Scrollen, zudem weisen sie meist eine sehr kleine Schriftform auf. Dies genügt nicht mehr dem Kriterium der Zumutbarkeit, so dass solche AGB nicht wirksam einbezogen sind und der Vertrag sich somit nach Gesetzesrecht richtet.

Hinsichtlich der Inhaltskontrolle standen in letzter Zeit vor allem die **AGB von App-Stores** im Brennpunkt. So erklärte des LG Frankfurt in seiner Entscheidung vom 6.06.2013[55] alle 12 Klauseln, die aus den AGB des Shop-Betreibers abgegriffen wurden, für unwirksam. Für andere große App-Store Betreiber schätzt der Verbraucherzentrale Bundesverband e. V. die Situation ähnlich ein.[56] Allerdings beziehen sich die monierten Klauseln nicht auf M-Commerce – spezifische Erscheinungen, sondern beachten schlicht nicht ausreichend die Anforderungen des AGB-Rechts.

## 2.5    Internationalrechtliche Behandlung von Verträgen

Soweit Verträge innerhalb desselben Staates angebahnt, abgeschlossen und abgewickelt werden, unterfallen sie grundsätzlich der Rechtsordnung dieses Staates.

Häufig zeigt ein Rechtsgeschäft jedoch Bezüge zu mehr als einem Staat, z.B. weil die Vertragspartner in unterschiedlichen Ländern ihren Sitz haben, ein relevanter Gegenstand (z.B. die Ware oder ein Server) sich in einem andern Staat befindet, oder weil der Vertrag in einem anderen Land geschlossen wurde (z.B. auf einer Messe). Haben Verträge eine solche **Auslandsberührung**, ergibt sich das Problem ihrer internationalrechtlichen

---

[55]LG Frankfurt, Urteil vom 6.06.2013, 2–24 O 246/12, http://www.telemedicus.info/urteile/IT-Vertragsrecht/1405-LG-Frankfurt-Az-2-24-O-24612-Wirksamkeit-von-Klauseln-in-App-Store-AGB.html.

[56]http://www.vzbv.de/pressemeldung/app-store-betreiber-bestehen-agb-check-nicht.

Behandlung: Eine auf den Vertag bezogene Rechtsfrage kann widerspruchsfrei nur beurteilt werden, wenn sie der Rechtsordnung ausschließlich eines Staates unterfällt.

Für Verträge mit Auslandsbezug ergeben sich dabei **drei grundlegende Fragen**:

1. Welches nationale Sachrecht ist auf die Streitigkeit anwendbar?
2. Welches nationale Gericht darf über die Streitigkeit entscheiden?
3. Kann das Urteil eines Gerichts auch in einem anderen Staat vollstreckt werden?

Bei alledem spielt es keine Rolle, ob die auf den Vertrag bezogenen Prozesse online oder offline erfolgen und ob die Produkte physischer oder elektronischer Natur sind.

## 2.5.1   Anwendbares streitentscheidendes Recht

Die Brisanz der Frage nach dem streitentscheidenden Recht (auch Sachrecht) wird deutlich, wenn man sich vergegenwärtigt, dass die Gerichte eines Staates bei Fällen mit Auslandsbezug u. U. auch nach dem Sachrecht eines anderen Staates entscheiden können bzw. müssen.

Ob dies der Fall ist, und welches nationale Recht gegebenenfalls zur Anwendung kommt, entscheidet sich nach dem Recht des Landes, in dem das angerufene Gericht seinen Sitz hat. Diese spezielle Rechtsmaterie nennt man **Internationales Privatrecht (IPR)**. Es handelt sich um reines Kollisionsrecht, d. h. es entscheidet nicht in der Sache, sondern nur darüber, welches Recht zur Anwendung kommt, wenn die Rechtsordnungen zweier Staaten miteinander konkurrieren. Man spricht insofern auch von Rechtsanwendungsrecht. Grundsätzlich hat jeder Staat sein eigenes – nationales – Internationale Privatrecht.

Wird das Gericht eines Mitgliedstaates der Europäischen Union (EU) angerufen, bestimmt sich das Sachrecht nicht nach dem autonomen IPR des jeweiligen Mitgliedstaates, sondern nach der Verordnung über das auf vertragliche Schulverhältnisse anzuwendende Recht Nr. 593/2008,[57] der sog. **Rom I-Verordnung**. Damit ist innerhalb der EU das anwendbare Sachrecht nicht mehr davon abhängig, in welchem EU-Land Klage erhoben wird; es bestimmt sich für alle Mitgliedstaaten nach denselben, identischen Regeln (sog. Einheitsrecht). Nur Dänemark beteiligt sich nicht an der Rom I-Verordnung.

Wird ein Gericht außerhalb der EU angerufen, bleibt es freilich dabei, dass das jeweilige autonome IPR über das anwendbare Sachrecht entscheidet.

Zur Ermittlung des anwendbaren Rechts geht die Rom I-Verordnung in vier Schritten vor:

---

[57] Die Verordnung ist abrufbar unter http://eur-lex.europa.eu/LexUriServ/LexUriServ. do?uri=OJ:L:2008:177:0006:0016:DE:PDF.

1. Zunächst statuiert Art. 3 Rom I-Verordnung den Grundsatz der **freien Rechtswahl**. Die Vertragsparteien können also selbst festlegen, welches Sachrecht auf ihren Vertrag zur Anwendung kommen soll.
2. Für den Fall, dass die Parteien keine Rechtswahl getroffen haben, führt Art. 4 Rom I-Verordnung verschiedene Fallkonstellationen an, für die jeweils das anwendbare Sachrecht festgeschrieben ist. Davon sind im vorliegenden Zusammenhang besonders hervorzuheben:

   – Kaufverträge über bewegliche Sachen: Recht des Landes, in dem der Verkäufer seinen gewöhnlichen Aufenthalt hat;
   – Dienstleistungen: Recht des Landes, in dem der Dienstleister seinen gewöhnlichen Aufenthalt hat;
   – Kauf beweglicher Sachen durch Versteigerung: Recht des Staates, in dem die Versteigerung abgehalten wird.

3. Liegt keiner der in Art. 4 Rom I-Verordnung genannten Fälle vor, kommt das Recht des Staates zur Anwendung, in dem die Partei, die die charakteristische Leistung zu erbringen hat (z. B. beim Kaufvertrag der Verkäufer, beim Werkvertrag der Unternehmer), ihren gewöhnlichen Aufenthalt hat.
4. Schließlich gelten noch verschiedene Sonderregelungen. Davon interessiert hier vor allem Art. 6 Rom I-Verordnung für die Verbraucherverträge:

Wird der Vertrag von einer natürlichen Person zu einem Zweck, der nicht ihrer beruflichen oder gewerblichen Tätigkeit zugerechnet werden kann (Verbraucher), mit einer anderen Person geschlossen, die in Ausübung ihrer beruflichen oder gewerblichen Tätigkeit handelt (Unternehmer), unterfällt der Vertrag dem Recht des Staates, in dem der Verbraucher seinen gewöhnlichen Aufenthalt hat. Voraussetzung dafür ist allerdings, dass der Unternehmer

– seine berufliche oder gewerbliche Tätigkeit in dem Staat ausübt, in dem der Verbraucher seinen gewöhnlichen Aufenthalt hat, oder
– eine solche Tätigkeit auf irgendeiner Weise auf diesen Staat oder auf mehrere Staaten, einschließlich dieses Staates ausrichtet[58]
– und der Vertrag in diesen Bereich fällt.

Gemäß Art. 6 II Rom I-Verordnung kann das anwendbare Recht auch für Verbraucherverträge vertraglich vereinbart werden. Die Rechtswahl darf jedoch nicht dazu führen, dass dem Verbraucher der Schutz des zwingenden Rechts des Staates entzogen wird, das mangels Rechtswahl anzuwenden wäre.

---

[58] Als maßgeblich sieht der EuGH, NJW 2011, 505, ob aus den Websites und der gesamten Tätigkeit des Gewerbetreibenden hervorgeht, dass dieser mit Verbrauchern, die in einem oder mehreren Mitgliedstaaten wohnhaft sind, Geschäfte zu tätigen beabsichtigt.

Für den **Ausgangsfall** bedeutet dies, dass sich die A-GmbH darauf einstellen muss, dass die Kaufverträge mit englischen Kunden nach englischem Recht zu beurteilen sind. Da die A-GmbH ihre Leistungen auf ihren Websites auf Englisch anbietet, ist ihre gewerbliche Tätigkeit auch auf Kunden außerhalb Deutschlands ausgerichtet. Ihre Rechtsstreitigkeiten mit englischen Verbrauchern unterliegen somit englischem Recht.

Zwar kann die A-GmbH eine Rechtswahlklausel wirksam in ihre AGB aufnehmen, wonach deutsches Recht und zusätzlich die zwingenden Vorschriften am Aufenthaltsort des Verbrauchers zur Anwendung kommen, sinnvoll ist dies in der Regel jedoch nicht. Grundsätzlich muss sich die A-GmbH also auf das Vertragsrecht jedes Landes einstellen, auf das sie ihre geschäftlichen Aktivitäten ausrichtet.

## 2.5.2   International zuständiges Gericht (Gerichtsstand)

Für zivilrechtliche Streitigkeiten gibt es **keine „internationalen" Gerichte**, die für die Entscheidung über Sachverhalte mit Auslandsberührung zuständig wären. Demnach können über derartige Angelegenheiten nur die nationalen Gerichte (z. B. ein englisches oder ein deutsches Gericht) entscheiden.

Ob ein angerufenes (nationales) Gericht zuständig ist, bestimmt sich nach dem Prozessrecht des Landes, in dem das angerufene Gericht seinen Sitz hat.

Für die Mitgliedstaaten der EU, außer Dänemark, trifft die Verordnung über die gerichtliche Zuständigkeit und die Anerkennung und Vollstreckung von gerichtlichen Entscheidungen in Zivil- und Handelssachen Nr. 1215/2012 (EuGVVO, auch **Brüssel I-Verordnung** genannt)[59] einheitliche Regelungen, nach denen sich das zuständige Gericht (sog. Gerichtsstand) bestimmt. Diese revidierte Verordnung ist am 10.01.2015 in Kraft getreten.

Im Wesentlichen inhaltsgleich mit ihr ist das im Jahr 2007 zwischen den Mitgliedstaaten der EU und der Schweiz, Norwegen und Island abgeschlossene revidierte **Lugano-Übereinkommen**.[60] Es erfasst nicht den kompletten Europäischen Wirtschaftsraum, da Liechtenstein kein Signatarstaat ist.

Art. 5 EuGVVO regelt sog. besondere Gerichtsstände. Sie begründen die Zuständigkeit eines Gerichts, ohne den Weg zu anderen nach der EuGVVO zuständigen Gerichten auszuschließen. Besondere Gerichtsstände sind u. a.:

– Wohnsitz des Beklagten;
– Erfüllungsort;
– Lieferort beweglicher Sachen;

---

[59] Die Verordnung ist abrufbar unter http://eur-lex.europa.eu/LexUriServ/LexUriServ. do?uri=OJ:L:2001:012:0001:0023:de:PDF

[60] Das Übereinkommen ist abrufbar unter https://www.admin.ch/opc/de/classified-compilation/20082721/201104290000/0.275.12.pdf

- Ort, an dem Dienstleistungen erbracht werden;
- Ort des schädigenden Ereignisses.

Darüber hinaus regelt Art. 23 EuGVVO, dass die Parteien den für ihr Vertragsverhältnis relevanten Gerichtsstand auch einvernehmlich festlegen können. Solche **Gerichtsstandsvereinbarungen** begründen zunächst eine ausschließliche Zuständigkeit, d. h. daneben steht grundsätzlich kein anderer – besonderer – Gerichtsstand zur Wahl.

Wurde der Vertrag von einer Person zu einem Zweck geschlossen, der nicht ihrer beruflichen oder gewerblichen Tätigkeit zugerechnet werden kann (Verbraucher), gelten gemäß Art. 15 EuGVVO für bestimmte Fallgruppen Sonderregelungen, die den Verbrauchergerichtsstand begründen. Die wichtigste Fallgruppe des Art. 15 I Lit. c EuGVVO fordert, dass der andere Vertragspartner

- Unternehmer ist,
- in dem Mitgliedstaat, in dessen Hoheitsgebiet der Verbraucher seinen Wohnsitz hat, eine berufliche oder gewerbliche Tätigkeit ausübt oder eine solche auf irgendeinem Wege auf diesen Mitgliedstaat ausrichtet und
- der Vertrag in den Bereich dieser Tätigkeit fällt.

Die im zweiten Anstrich genannte Ausrichtung der beruflichen oder gewerblichen Tätigkeit auf den Mitgliedstaat, in dem der Verbraucher seinen Wohnsitz hat, wird von dem EuGH eher weit ausgelegt. Danach genügt die Bewerbung auf einer Website mit Zielrichtung auch auf Personen mit ausländischem Wohnsitz.[61] U. U. dehnt der EuGH den Verbrauchergerichtsstand auch auf innerstaatliche Vorgänge aus.[62]

Art. 16 I EuGVVO besagt nun, dass in einer derartigen Verbrauchersache der Verbraucher bei eigenen Klagen wählen kann, ob er vor den Gerichten seines Landes oder vor denen im Land des Unternehmers klagt. Der Unternehmer hingegen kann in jedem Fall nur vor den Gerichten im Land des Verbrauchers klagen.

Insoweit besteht auch eine Kompatibilität mit § 38 ZPO. Dessen Abs. 1 bestimmt, dass eine Gerichtsstandsvereinbarung nur zwischen Kaufleuten, juristischen Personen des öffentlichen Rechts und öffentlich-rechtlichen Sondervermögen zulässig sind. Gemäß seinem Abs. 2 gilt dies jedoch nicht, wenn mindestens eine Vertragspartei keinen allgemeinen Gerichtsstand im Inland hat. Dies wäre bei einem ausländischen Kunden der Fall.

Gemäß Art. 17 EuGVVO können die Parteien von dieser Vorschrift durch eine entsprechende **Vereinbarung im Vertrag** abweichen, wenn diese dem Verbraucher die Befugnis einräumt, andere als die vereinbarten Gerichte anzurufen. Für eigene Klagen des Unternehmers würde die Gerichtsstandsvereinbarung also greifen.

---

[61] EuGH, NJW 2012, 3225.
[62] EuGH, NJW 2014, 530.

Für den **Ausgangsfall** muss sich die A-GmbH darauf einstellen, auch vor ausländischen Gerichten verklagt zu werden.

Soweit es um Verträge der A-GmbH mit Privatkunden geht, liegen Verbraucherverträge im Sinne von Art. 15 EuGVVO vor. Da die A-GmbH ihre Leistungen auf ihren Websites auf Englisch anbietet, ist ihre gewerbliche Tätigkeit auch auf Kunden mit Wohnsitz außerhalb Deutschlands ausgerichtet. Wenn die Gerichtsstandsvereinbarung in den AGB der A-GmbH die deutschen Gerichte als zuständig bestimmt, muss die Regelung dem Verbraucher gemäß Art. 17 EuGVVO die Möglichkeit lassen, die Gerichte des Staates, in dem er seinen Sitz hat, anzurufen. In diesem Fall könnte der Kunde in England zwischen den deutschen und den englischen Gerichten wählen. ·

Soweit die A-GmbH mit dem gewerblichen Diensteanbieter vertraglich einen Gerichtstand vereinbart hat (also z. B. die Zuständigkeit der deutschen Gerichte), ist dieser Gerichtsstand ein ausschließlicher, und alle Klagen wegen des Vertrages können nur bei den deutschen Gerichten anhängig gemacht werden.

### 2.5.3  Vollstreckbarkeit

Die internationale Vollstreckung, d. h. die zwangsweise Durchsetzung der Entscheidung des Gerichts eines Landes in einem anderen Land, ist häufig gar nicht möglich und führt in anderen Fällen zu erheblichen praktischen Problemen.

Zwischen Mitgliedstaaten der EU und des EWR mit Ausnahme Liechtensteins ist dies hingegen nicht der Fall. Hier stellt die bereits im Zusammenhang mit dem Gerichtsstand (siehe unter Abschn. 2.5.2) erwähnte EuGVVO Einheitsrecht zur Verfügung, d. h. für alle Mitgliedstaaten identisches Recht.

**Kapitel III EuGVVO** bestimmt, dass Entscheidungen des Gerichts eines Mitgliedstaates in den anderen Mitgliedstaaten grundsätzlich ebenso anerkannt und vollstreckt werden, wie Entscheidungen des Gerichts im Vollstreckungsstaat (also z. B. Urteile des deutschen Gerichts in Deutschland). Auch praktisch – d. h. zeitlich und kostenmäßig – ist das Urteil des Gerichts eines Mitgliedstaates der EU oder des Lugano-Übereinkommens in Deutschland ebenso vollstreckbar wie das Urteil eines deutschen Gerichts.

Für den **Ausgangsfall** bedeutet dies, dass das Urteil des englischen Gerichtes gegen die A-GmbH auch in Deutschland vollstreckt werden könnte.

Die A-GmbH möchte im **Ausgangsfall** verschiedene Blogs auf dem Rechner ihres Providers P einrichten, einige mit und andere ohne Moderation. Weiterhin möchte die A-GmbH auf ihren Web-Seiten eine große Zahl von Links anbieten. Der Geschäftsführer G möchte wissen, inwieweit eine Verantwortlichkeit für die Inhalte Dritter in den Blogs und auf den verlinkten Seiten besteht.

**Vorschau** Nach einer Erläuterung der Grundlagen des Telemedienrechts (Abschn. 3.1) werden die gesetzliche Haftung und Verantwortlichkeit (Abschn. 3.2) umfassend dargestellt. Es folgt eine Vertiefung anhand interessanter Online-Sachverhalte (Abschn. 3.3).

## 3.1 Grundlagen des Telemedienrechtes

**Vorschau** Dieser Abschnitt beginnt mit einer Darstellung der gesetzlichen Einordnung der digitalen Dienstleistungen der Telemedien (Abschn. 3.1.1). Als weitere Grundlagen werden sodann die Beteiligten an der digitalen Kommunikation im Rahmen der Telemedien erörtert (Abschn. 3.1.2), da sich je nach Beteiligung unterschiedliche rechtliche Verantwortlichkeiten ergeben. Schließlich werden die rechtlichen Konsequenzen der weltweiten Verfügbarkeit der Telemedien im Internet betrachtet (Abschn. 3.1.3).

© Springer-Verlag Berlin Heidelberg 2016

B. Eichhorn et al., *Internetrecht im E-Commerce, Xpert.press*,

DOI 10.1007/978-3-662-45308-7_3

## 3.1.1  Gesetzliche Definition der Telemedien

Ausgangspunkt für die Telemedien ist das **Telemediengesetz** (TMG).[1] Dieses Gesetz gilt für alle elektronischen Informations- und Kommunikations-Dienste, soweit sie nicht Telekommunikationsdienste nach § 3 Nr. 24, 25 Telekommunikationsgesetz (TKG)[2] sind, die ganz in der Übertragung von Signalen bestehen oder telekommunikationsgestützte Dienste oder Rundfunk im Sinne von § 2 Rundfunkstaatsvertrag (RStV).[3]

Mit dem Telemediengesetz ist die bisher erforderliche Unterscheidung zwischen Tele- und Mediendiensten weggefallen. Da es nunmehr nur noch die sog. „Telemedien" gibt, besteht lediglich noch die Notwendigkeit für die **Abgrenzung** zum Rundfunk und zur Telekommunikation. Diese Abgrenzung ist erforderlich, da in den einzelnen Bereichen der elektronischen Informations- und Kommunikations-Dienste unterschiedliche gesetzliche Regelungen mit teilweise abweichenden Rechtsfolgen für die am Internet Beteiligten gelten.

Da die Telekommunikationsdienste aus dem bundesgesetzlichen Telekommunikationsgesetz und der Rundfunk aus dem Länderrecht her definiert sind, ist zwingend, dass Telemedien nur über die negative Abgrenzung zu diesen Diensten bestimmt werden können.

Z. B. sind folgende Dienste **keine Telemediendienste**:

– Der herkömmliche Rundfunk;
– Life-Streaming (also die zusätzliche parallele/zeitgleiche Übertragung herkömmlicher Rundfunkprogramme über das Internet (z. B. Internet-/Webradio), soweit das Internet nur Sekundärmedium ist;
– Webcasting, also die ausschließliche Übertragung herkömmlicher Rundfunkprogramme über das Internet, soweit das Internet nur Sekundärmedium ist.

Der Begriff der elektronischen Informations- und Kommunikations-Dienste dient als Oberbegriff für Telekommunikationsdienste, den Rundfunk und die Telemediendienste.

Die **telekommunikationsgestützten Dienste** (nach § 3 Nr. 25 TKG) fallen vor allem deshalb nicht unter das TMG, weil es sich weder um Abruf- noch um Verteilerdienste handelt, sondern um Individualkommunikation zwischen dem Telekommunikations-Diensteanbieter (oder Dritten) und dem Telekommunikationskunden, in deren Rahmen der Telekommunikations-Diensteanbieter (oder Dritte) gegenüber Telekommunikationskunden eine Inhaltsleistung erbringt. Es handelt sich also um Dienstleistungen, die keinen

---

[1] Telemediengesetz vom 26. Februar 2007 (BGBl. I., 179), zuletzt durch Artikel 2 xv des Gesetzes vom 1. April 2015 geändert; siehe http://www.gesetze-im-internet.de/tmg/index.html

[2] Telekommunikationsgesetz vom 22. Juli 2004 (BGBl. I., 1190); http://www.gesetze-im-internet.de/tkg_2004/index.html

[3] Rundfunkstaatsvertrag (Staatsvertrag für Rundfunk und Medien) in der Fassung vom 01.01.2013, veröffentlicht unter: http://revosax.sachsen.de/Details.do?sid=1971114875442

räumlich und zeitlich trennbaren Leistungsfluss auslösen, sondern bei denen die Inhaltsleistung noch während der Telekommunikationsverbindung erfüllt wird, wozu insbesondere die sog. Telefon- oder Sprachmehrwertdienste (etwa 0900-Nummern oder 0800-Nummern) zählen.[4]

**Telekommunikationsdienste**, die ganz in der Übertragung von Signalen über Telekommunikationsnetze bestehen (§ 3 Nr. 24 TKG), sind ebenfalls keine Telemediendienste, sondern beurteilen sich ausschließlich nach dem TKG. Voraussetzung ist, dass die in Frage stehende Leistung auf die schlichte Transportfunktion reduziert ist, mithin also ausschließlich die Übertragung von Daten ohne eigenständige inhaltliche Komponente umfasst.[5] Davon zu unterscheiden sind die Telekommunikationsdienste, die zwar überwiegend die Übertragung von Signalen über Telekommunikationsnetze zum Gegenstand haben, aber zusätzlich noch eine inhaltliche Dienstleistung anbieten, wie der Internet-Zugang und die E-Mailübertragung, aber auch Suchmaschinen.[6] Diese Dienstleistungen sind zugleich Telemediendienste und fallen damit, mit Ausnahme der Vorschriften zum Datenschutz, auch unter das Telemediengesetz und die darin enthaltenen Regeln.

Die bloße **Internet-Telefonie** (Voice over Internet Protocol (VoIP)) fällt ebenfalls nicht unter die Telemediendienste, weil das bloße Telefonieren über das Internet keinen äußerlich erkennbaren Unterschied zur herkömmlichen leitungsgebundenen Telefonie aufweist. Insoweit handelt es sich um einen einheitlichen Lebensvorgang, der keiner anderen rechtlichen Bewertung als die herkömmliche Sprachtelefonie unterliegt und daher ausschließlich dem TKG zuzuordnen ist. Voice over IP oder IP-Telefonie beschreibt die Übermittlung (Transport) von Sprache, Fax und vergleichbaren Diensten (Applikationen), die teilweise oder vollständig über paketvermittelnde Netze erfolgt und auf Internetprotokollen basiert. Wenn diese Dienste vollständig oder teilweise über das Internet übermittelt werden, spricht man von Internet-Telefonie.[7]

Unter „Telemediendienste" fallen aber **alle übrigen Informations- und Kommunikations-Dienste**, die also nicht ausschließlich Telekommunikationsdienste oder Rundfunk sind. Diese erstrecken sich auf einen weiten Bereich von wirtschaftlichen Tätigkeiten, die – sei es über Abruf- oder Verteilerdienste – elektronisch in Form von Bild-, Text- oder Toninhalten zur Verfügung gestellt werden.

Im Bereich der Telemedien ist das Internet für die Kommunikationsinhalte **Primärmedium**, d.h. sie werden erstmals oder ausschließlich im Internet verbreitet. Diese Besonderheit rechtfertigt ihre spezielle Regelung im Telemediengesetz und damit die Schaffung der Spezialregeln für das Internet.

---

[4] Telekommunikationsgesetz vom 22. Juli 2004 (BGBl. I., 1190); http://www.gesetze-im-internet. de/tkg_2004/index.html

[5] Schmitz, MMR 2003, 214, 215.

[6] Hoeren, NJW 2007, 801, 802 f.

[7] vgl. Spindler/Schuster, Recht der elektronischen Medien, 3. Aufl. 2015, TMG, § 1 Rn. 2 ff.

In diesen Bereich fällt auch das **Podcasting**, bei dem ein Laptop mit Audiokarte, ein Mikrofon, eine DSL-Leitung und Speicherplatz auf einem Server als Sendestudio genügen. Der Nutzer kann seine Audiodateien automatisiert und regelmäßig aus dem Netz herunterladen.[8]

Bei **Telemediendiensten** handelt es sich beispielsweise um:

- **Online-Angebote** von Waren/Dienstleistungen mit unmittelbarer Bestellmöglichkeit (z. B. Angebot von Verkehrs-, Wetter-, Umwelt- oder Börsennachrichten, Communities, Newsgroups, Chatrooms, elektronische Presse, Fernseh-/Radiotext, Teleshopping);
- **Video auf Abruf** bzw. nicht-lineare audiovisuelle Mediendienste, soweit es sich nicht nach Form und Inhalt um einen Fernsehdienst im Sinne der Richtlinie Fernsehen ohne Grenzen[9] handelt, der also zum Empfang durch die Allgemeinheit bestimmt ist und nicht auf individuellen Abruf eines Dienstleistungsempfängers erbracht wird.

  Solche Dienste unterliegen der Rundfunkregulierung durch die Länder. Grundsätzlich wird unterschieden zwischen „Video-on-demand" (reine Online-Bibliothek), das mehrheitlich nicht als Rundfunk eingeordnet wird, und dem sog. „Near-video-on-demand". Letzteres ist aufgrund der beschränkten Entscheidungsmöglichkeiten des Nutzers hinsichtlich Angebot und Sendezeitpunkt (fehlende individuelle Abrufbarkeit) und der insoweit bestehenden Nähe zum Darbietungsmerkmal des klassischen Rundfunkbegriffs als Rundfunkdienst zu qualifizieren.[10] Grundsätzlich orientiert sich die Einordnung an den europarechtlichen Vorgaben durch die Rechtsprechung des Europäischen Gerichtshofes (EuGH)[11];
- **Online Dienste**, die Instrumente zur Datensuche, zum Zugang zu Daten oder zu Datenbankabfragen bereitstellen (z. B. Internet-Suchmaschinen);
- die kommerzielle **Verbreitung von Informationen über Waren-/Dienstleistungsangebote mit elektronischer Post** (z. B. Werbe-Mails);
- **Private Webseiten und Blogs**, unabhängig davon, ob für die Nutzung ein Entgelt anfällt (§ 1 Abs. 1 S. 2 TMG).

---

[8] Ein Verzeichnis deutschsprachiger Angebote findet sich unter www.podster.de

[9] Die Richtlinie für audiovisuelle Mediendienste (RL 2007/65/EC vom 11.12.2007) ändert und modifiziert die Richtlinie Fernsehen ohne Grenzen (Richtlinie 89/552/EG vom 3. Oktober 1989 zur Koordinierung bestimmter Rechts- und Verwaltungsvorschriften der Mitgliedstaaten über die Ausübung der Fernsehtätigkeit).

[10] Heckmann in: jurisPK-Internetrecht, 4. Aufl. 2014, Rn. 52.

[11] EuGH, Urteil vom 02.06.2005 – Rs C89/04 – Mediakabel BV./. Commissariat voor de Media, MMR 2015, 517 ff. (Near-Video-on-Demand als Rundfunk).

**Tab. 3.1**  Zentrale Regelungsmaterien für die elektronische Kommunikation

| | Elektronische Informations- und Kommunikations-Dienste | | |
| | Kommunikations-Dienste Telekommunikationsdienste | Telemedien | Rundfunk |
|---|---|---|---|
| Anknüpfungs-punkt | Datentransport | Inhalt | Inhalt |
| Gesetzliche Regelung | TKG | TMG | RStV |
| Abgrenzungs-kriterium | § 3 Betrieb, Technik, Infrastruktur | §§ 1, 2 Dienste, die nicht nur TV- oder Rundfunk-Dienste sind | § 2 planmäßiger, festgefügter, zeitlicher Ablauf |
| Zugangs-voraussetzung | § 6 Meldepflicht | § 4 frei | § 20 Zulassung |
| Beispiele | Internettelefonie; Kabelnetze; Mobilfunk; Mailbox-Betrieb | Datendienste; Telebanking; Telespiel; Werbe–E-Mails; Video-On-Demand; Suchmaschinen; Newsgroups; Chatrooms; Blogs | Hörfunk/Fernsehen; Pay-TV/Near-Video-On-Demand |
| | Bundesrecht | | Landesrecht |
| | Individualkommunikation (privat) | Massenkommunikation (öffentlich) | |

## Zusammenfassung

Die Tab. 3.1 zeigt noch einmal zusammenfassend die drei für die elektronische Kommunikation zentralen Regelungsmaterien mit ihren Anknüpfungspunkten, gesetzlichen Grundlagen, Abgrenzungskriterien, Zugangsvoraussetzungen und einigen konkreten Beispielen.

## 3.1.2  Beteiligte in den Telemedien

Die verschiedenen Beteiligten am Datenaustausch in den Kommunikationsnetzen sind nach der Gesetzessystematik des Telemediengesetzes (§ 2 TMG) unterteilt in „Nutzer" und „Diensteanbieter".

### 3.1.2.1 Nutzer

Nach § 2 Nr. 1, Nr. 3 TMG sind Nutzer natürliche oder juristische Personen bzw. gleich-gestellte Personengesellschaften (§ 2 S. 2 TMG), die Telemedien in Anspruch nehmen.

Der Nutzer kann dabei in den mehr dimensionalen, interaktiven Kommunikati-onsprozessen der verschiedenen Online-Dienste von seiner Funktion her entweder ledig-lich passiv als nachfragender Teilnehmer auftreten (z. B. durch einfache Abfrage von Sportnachrichten), oder als aktiver Teilnehmer (z. B. an einem Chatforum oder einer Newsgroup) inhaltlich gestaltend mitwirken.

Der Nutzer kann somit **verschiedene Funktionen** erfüllen und unter Umständen (z. B. durch das Online-Stellen von Inhalten) selbst Anbieter im Sinne des TMG sein. Dadurch wird die Grenze zwischen dem Nutzer einerseits, der durch seine aktive Teilnahme selbst Anbieter werden kann, und dem Diensteanbieter andererseits, der unter Umständen lediglich (z. B. bei Chatforen oder unmoderierten Newsgroups) eine Plattform für die Informationen des Nutzers bietet, immer fließender. Für die Abgrenzung maßgeblich ist also die konkrete Tätigkeit bzw. Handlung des jeweiligen Beteiligten.

### 3.1.2.2 Diensteanbieter

Die Diensteanbieter sind in § 2 TMG definiert. Danach sind **Diensteanbieter** solche (natürlichen oder juristischen) Personen bzw. gleichgestellte Personengesellschaften, die eigene oder fremde Tele- bzw. Mediendienste zur Nutzung bereithalten oder den Zugang zur Nutzung vermitteln. Zudem ist bei audiovisuellen Mediendiensten auf Abruf (z. B. ein MPEG-codiertes Video) jede natürliche oder juristische Person Diensteanbieter, die die Auswahl und Gestaltung der angebotenen Inhalte wirksam kontrolliert.

§ 2 TMG unterscheidet entsprechend der international üblichen Terminologie drei **Anbietertypen,** denen nach den §§ 7–10 TMG eine unterschiedliche zivil- und strafrechtliche[12] Verantwortlichkeit zugeordnet wird:

- Content-Provider;
- Service-Provider;
- Access-Provider.

Der Content-Provider hält eigene, der Service-Provider fremde Dienste bereit. Der Access-Provider vermittelt den Zugang zur Nutzung von Diensten.

Die **Zuweisung zu einem der Anbietertypen** ist nicht personal, sondern funktional zu verstehen.[13] Dies bedeutet für die am Kommunikationsprozess Beteiligten, dass sie mehrere dieser genannten Anbieterfunktionen gleichzeitig ausüben können.

Wenn im **Ausgangsfall** die A-GmbH auf ihren Web-Seiten ein Städte-Spiel veranstaltet, dann betreibt sie einen Telemediendienst. Bezüglich der von ihr zur Spielbenutzung bereitgehaltenen eigenen Informationen ist sie Content-Provider. Hinsichtlich der von anderen Mitspielern zur Verfügung gestellten fremden Informationen (z. B. Vorschläge für Spielzüge) ist sie, soweit sie diese Vorschläge zur Nutzung für Dritte (z. B. für andere Spieler) bereithält, Service-Provider. Die Mitspieler sind sowohl passiv Teilnehmende (Informationen über Spielstand abfragen) als auch als gestaltend eingreifende (z. B. durch Spielzüge) Nutzer des Telemediendienstes der A-GmbH.

---

[12] Die §§ 7–10 TMG wollen die straf- und zivilrechtliche Verantwortlichkeit regeln; s. BT-Drs. 13/7385, 19 noch zu §5 TDG a.F./MDStV a.F. (für Tele- und Mediendienste).

[13] Müller-Broich, TMG, 2012, § 2 Rn. 1; Heckmann in: jurisPK-Internetrecht, 4. Aufl. 2014, Rn. 85; Pichler, MMR 1998, 79, 87.

Wer im Einzelnen unter den Begriff des Content-, Service- oder Access-Providers fällt, ist im Schrifttum inhaltlich nicht eindeutig bestimmt und Gegenstand diverser Gerichtsentscheidungen. Es gibt deshalb zahlreiche, stark voneinander abweichende Begriffserklärungen, die sich vielfach aus der **unterschiedlichen Interpretation** der vom Gesetzgeber gewollten Verantwortlichkeit des Providers ergeben. Hierauf wird unter Abschn. 3.2.2.2.4 näher eingegangen. Die folgenden Ausführungen stützen sich auf ein Begriffsverständnis, das die Einordnung nach technischen und inhaltlichen Gesichtspunkten vornimmt.

## Content-Provider

Der Content-Provider (§ 2 Nr. 1, 1. Alt. TMG) hält als Dienstanbieter eigene Informationen zur Nutzung durch Dritte bereit, d. h. er bietet eigene Telemedien an.

Dabei ist **unerheblich**, ob die bereitgehaltenen Informationen auf einem eigenen Rechner gespeichert werden oder ob sich der Content-Provider eines fremden Rechners bedient. Vom Inhalt her gesehen ist der Content-Provider in beiden Fällen der primär Verantwortliche für diesen Inhalt und insofern – unabhängig von einer urheberrechtlichen Betrachtung – als Urheber des Inhaltes anzusehen. Unerheblich ist weiter, ob der Content-Provider als Anbieter nur gelegentlich und privat oder geschäftsmäßig tätig wird, sodass auch der Anbieter einer privaten Homepage unter den Begriff des Content-Providers fällt.

**Eigene Informationen** liegen aber nicht nur dann vor, wenn sie selbst erstellt oder bereitgehalten werden, sondern auch dann, wenn es fremde Informationen sind, die sich der Content-Provider zu eigen macht.[14] Ein solches Zueigenmachen ist gegeben, wenn der Content-Provider fremd erstellte Informationen in der Form verbreitet, dass er sie über den bloßen technischen Akt hinaus (wie z. B. durch Versenden mit der Post) intellektuell verbreitet und damit die fremd erstellten Informationen derart in sein eigenes Angebot integriert, dass sie nicht mehr als fremd erkennbar sind oder zumindest so für das eigene Angebot des Content-Providers genutzt werden, dass keine ausreichende Distanz zu den fremden Informationen mehr besteht. Maßgeblich ist dabei eine Gesamtschau des jeweiligen Angebots aus der Perspektive eines objektiven Betrachters. Ein Bereithalten eigener Informationen kann somit gegeben sein, wenn der Content-Provider fremde Software als eigenen Service zum Downloaden anbietet oder sich den Inhalt des gelinkten Textes zu Eigen macht (z. B. durch die Art und Weise, wie er einen Link setzt).

---

[14]Entwurfsbegründung zum IuKDG, BR-Drs. 160/03 für das Verlinken von Werbebanner 966/96, 21 (zu §§ 5 I TDG a.F./MDStV a.F.).

**Beispielsfall**[15] („The Terrorist's Handbook"): X beschafft sich von einer Internetseite eine Datei mit dem Titel „The Big Book of Mischief" bzw. „The Terrorist's Handbook". Das Handbuch enthält zahlreiche Anleitungen zur Herstellung von Explosivstoffen und Waffen. X hinterlegt die Datei auf dem Internetserver des S. Zu diesem haben etwa 800 Mitglieder eines Computer-Clubs ungehinderten Zugang. X hat die Datei beim Surfen zufällig gefunden und dabei gemerkt, dass er auf etwas Besonderes gestoßen ist. Dies wollte er auch seinen Freunden im Computer-Club zugänglich machen. Das Handbuch hat er nicht vollständig gelesen, ihm war aber klar, dass es zahlreiche Anleitungen zur Herstellung und Anwendung von Explosivstoffen und Waffen enthielt.

Nach § 53 I S.1 Nr. 5 Waffengesetz (WaffG) a.F. ist die vorsätzlich begangene Anleitung oder Aufforderung zur Herstellung verbotener Gegenstände strafbar. Ebenfalls unter Strafe steht das bloße Verbreiten eines fremden Textes, durch den eine Straftat im Sinne des § 140 StGB gebilligt wird. Für die Erfüllung beider Straftatbestände ist Voraussetzung, dass sich X durch das Zurverfügungstellen des Handbuches dessen rechtswidrigen Inhalt zu eigen macht, d.h. durch die Art und Weise der Wiedergabe dieser Inhalte zu seinen eigenen Erklärungen macht. Dazu reicht das Verbreiten der entsprechenden Datei allein nicht aus, denn es geht insoweit um Äußerungsdelikte. Eine Strafbarkeit war daher vorliegend nicht gegeben.

Anders stellt sich der Sachverhalt dann dar, wenn ein Verbreitungsdelikt vorliegt, d.h. die strafbare Handlung gerade darin besteht, eine Schrift[16] im Internet öffentlich zugänglich zu machen, wie z.B. bei der Verbreitung pornografischer Schriften nach § 184b StGB.

Ein **Zueigenmachen** kann z.B. durch die Technik des Framing geschehen, d.h. der Inhalt der gelinkten Seite erscheint unter der Adresse des Content-Providers in einem separaten Rahmen (Frame) auf dem Bildschirm, wenn man die Seite des Content-Providers „aufschlägt". Wenn in einem solchen konkreten Fall kein Zueigenmachen vorliegen sollte, dann handelt es sich zumindest um die Funktion des Service-Providers (dazu unter Abschn. 3.2.2.2.3).

Ein Zueigenmachen kann z.B. auch bei Portalbetreibern im Internet vorliegen, wenn der Betreiber nach außen erkennbar die Verantwortung für die Inhalte Dritter übernommen hat.[17]

### Service-Provider

Der Service-Provider (§ 2 Nr. 1, 2. Alt. TMG) hält als Dienstanbieter fremde Informationen zur Nutzung bereit, d.h. er bietet fremde Telemedien an.

---

[15] BayObLG, CR 1998, 564 f.; zur Haftung für Links durch Zueigenmachen vgl. auch LG Hamburg, CR 1998, 565 f.

[16] Zum Schriftenbegriff in § 11 III StGB siehe unten 3.2.3.2.

[17] BGH, Urt. v. 12.11.2009 – I ZR 166/07, NJW-RR 2010, 1276.

Dies kann einmal – **nach technischem Verständnis** – in der Form geschehen, dass er fremde Informationen auf eigenen Rechnern speichert und zugänglich macht (z. B. durch Online-Dienste oder Web-Hosting-Dienstleistungen von Strato oder 1&1, die fremde Informationen z. B. einer privaten Homepage speichern).

Im **Ausgangsfall** hat sich die A-GmbH Provider P ausgesucht, der ihr Speicherkapazitäten auf seinem Rechner für ihre Angebote zur Verfügung stellt. Dieser ist dann der Service-Provider der A-GmbH.

Das Bereithalten fremder Informationen zur Nutzung ist darüber hinaus – **nach inhaltlichem Verständnis** – auch dann anzunehmen, wenn fremde Informationen durch Querverweise (Hyperlinks) auf andere Adressen im WWW angeboten werden.

Der Content-Provider, der eine eigene Homepage anbietet, wird möglicherweise durch einen Querverweis ebenfalls zum **(Mit-) Anbieter der gelinkten Seiten**. Denn durch den Hyperlink werden fremde Informationen unmittelbar zur Nutzung (zum Lesen, Herunterladen etc.) zur Verfügung gestellt. Dies kann erst recht der Fall sein, wenn der Content-Provider durch einen Hyperlink mit der Frame-Technik auf seinen Web-Seiten in einem separaten Frame die fremden Informationen unmittelbar zur Nutzung durch Dritte bereithält, falls dies nicht sogar als Zueigenmachen betrachtet wird.

Die bereitgehaltenen fremden Informationen müssen allerdings nicht von anderen Anbietern, speziell von Content-Providern, stammen. Sie können auch vom Nutzer zur Verfügung gestellt werden, wie dies bei Blogs, Foren, Newsgroups, Chatrooms u. a. der Fall ist.[18] Wer Veranstalter solcher Plattformen für fremde Kommunikation ist, wird als Service-Provider behandelt.[19] Der Nutzer wird durch seine aktive Teilnahme an den Telemediendiensten (z. B. durch das Hinterlegen von Informationen in Foren) aber nicht zwangsläufig zum Anbieter.

## Access-Provider

Der Access-Provider (§ 2 Nr. 1, 3. Alt. TMG) vermittelt den Zugang zur Nutzung von fremden Telemedien. Dies erfolgt – **nach technischem Verständnis** – dadurch, dass er Einwahlknoten[20] und die Möglichkeit der Verbindung zu fremden Informationsangeboten anderer Anbieter bereithält. Die fremden Informationen befinden sich auf den Rechnern anderer Content- oder Service-Provider. Der Access-Provider eröffnet den technischen Zugang zum Internet durch Herstellung einer unmittelbaren technischen Verbindung zwischen dem Nutzer und dem eigentlichen Diensteanbieter.[21]

---

[18] Hopf in: Rechtliche Grundlagen des Jugendmedienschutz-Staatsvertrags und die Verantwortlichkeit von Chatbetreibern, ZUM 2008, 207, 216.

[19] Z. B. LG Düsseldorf, 27.06.2007, ZUM-RD 2007, 529.

[20] An Datennetze angeschlossene Server mit externen Verbindungen.

[21] Spindler/Schuster/Hoffmann, Recht der elektronischen Medien, 3. Aufl. 2015, TMG, §8 Rn. 17 f.

Der Access-Provider kann dabei sogar kurzfristig Informationen zwischenspeichern, soweit dies im Rahmen des **Proxy-Caching** geschieht und dem Ziel dient, für den Nutzer die Zugriffszeiten zu verkürzen und die Belastung der Übertragungswege zu vermindern. Der Gesetzgeber hat deshalb das Proxy-Caching in die Privilegierung den § 9 TMG mit einbezogen, um den Anbieter von der Verantwortlichkeit her wie einen Access-Provider zu behandeln. Andere kurzfristige Zwischenspeicherungen (z. B. Chat-Beiträge in Chat-Foren) fallen allerdings nicht darunter, da es an der Nutzerabfrage fehlt.

Der Begriff des Access-Providers kann – **bei inhaltlicher Betrachtung** – auch so verstanden werden, dass er die Vermittlung des Zugangs zur Nutzung anderer Dienste innerhalb eines Netzes erfasst. Die netzinterne Zugangsvermittlung betrifft dann Suchmaschinen (z. B. Google) oder Links (z. B. auf einer privaten Homepage). Der Inhaber der Homepage ist Content-Provider, wenn er eigene Inhalte bereithält und Access-Provider, wenn er durch Links Zugang zu fremden Telemedien vermittelt. Bezüglich Suchmaschinen hat der BGH[22] entschieden, dass der Betreiber eines Suchdienstes mit Anbieten der so genannten Autocomplete-Funktion über die bloße Durchleitung, Zwischenspeicherung oder Speicherung fremder Informationen hinaus eine eigene Information – konkret das Ergebnis des Autocomplete-Hilfsprogramms – bereithält und daher für diesen „eigenen" Inhalt gemäß § 7 Abs. 1 TMG nach den allgemeinen Gesetzen haftet.

Im **Ausgangsfall** vermittelt der Provider P der A-GmbH den Zugang zum Internet. Er ist somit nicht nur Service- sondern auch Access-Provider. Nach der inhaltlichen Betrachtungsweise ist die A-GmbH ebenfalls Access-Provider, wenn sie einen Link auf eine andere Web-Seite legt, ohne dass daraus direkt Konsequenzen für die Anwendung des Telemediengesetzes zu ziehen sind.

## 3.1.3   Europäische und internationale Dimension

Die Notwendigkeit, für die weltweit verfügbaren Angebote des Internets europäische und internationale Regeln festzulegen, versteht sich bereits aus der Natur der Sache.

Es geht dabei nicht um ein loses Regelwerk für das richtige Verhalten im Internet. Dieses existiert bereits als so genannte **Netiquette**[23] und beinhaltet nicht verbindliche, alle Bereiche des Internets gleichermaßen umfassende und allgemein anerkannte Verhaltensregeln. Die Netiquette wird dementsprechend auch als „Internet-Knigge" bezeichnet.

Notwendig wäre vielmehr ein für alle Bereiche des Internets **verbindliches Regelwerk**, das die Rechte und Pflichten des Nutzers und des Anbieters im Blick auf die Nutzung der Dienste in ihren wesentlichen rechtlichen Grundlagen festlegt und somit eine weltweit gleichermaßen rechtlich nutzbare Kommunikationsplattform schafft.

---

[22] BGH v. 14.05.2013, Az. VI ZR 269/12, MIR 2013/Dok.029.
[23] Allgemein zu diesem Thema siehe z. B. Alexander, Elektronischer Knigge. Netiquette und Verhaltensregeln für die berufliche und private Tele- und Onlinekommunikation, 2006.

Der Bedarf an solchen Regelungen betrifft die **gesamte Rechtsordnung**. Im öffentlichen Recht stellen sich z. B. Fragen nach den Zulassungsvoraussetzungen für Internet-Angebote oder der Datensicherheit im Internet, die in den verschiedenen Staaten sehr unterschiedlich geregelt sind. Es haben z. B. manche Staaten überhaupt kein Datenschutzrecht, und im Strafrecht gibt es in verschiedenen nationalen Rechtsordnungen zu dem gleichen Sachverhalt unterschiedliche Straftatbestände, was z. B. die Verbreitung von Propagandamaterial verfassungsfeindlicher Organisationen betrifft. In den USA kann erlaubt sein, was in Deutschland verboten ist. Im Zivilrecht zeigt sich ebenfalls die Notwendigkeit europäischer und internationaler Regelungen, wie z. B. im Bereich des Urheberrechts für die Frage der grenzüberschreitenden Werknutzungen im Internet. Auch hier gibt es bisher unterschiedliche nationale Regelungen.

Es wird bereits an diesen wenigen Beispielen aus den drei Rechtsgebieten des Zivil-, Straf- und öffentlichen Rechts deutlich, dass sich im Internet letztlich in allen Bereichen zwangsläufig **Kollisionen mit anderen Rechtsordnungen** ergeben, die am effektivsten durch europäische oder internationale Regelungen zu vermeiden wären.

Einige Ansätze für internationale und unionsrechtliche Regeln werden hier vorgestellt. Zu beachten ist allerdings, dass es zurzeit solche umfassenden, verbindlichen unionsrechtlichen oder internationalen Grundregeln kaum gibt, so dass häufig nur der Weg bleibt, jeweils nach dem deutschen bzw. dem **Kollisionsrecht der EU** zu prüfen, welches Recht bei internationalen Internet-Angeboten im konkreten Einzelfall anwendbar ist. Verschiedene kollisionsrechtliche Sachverhalte werden jeweils bei den konkreten Rechtsgebieten, soweit erforderlich, näher erläutert (siehe bei E-Commerce in Abschn. 2.5 und bei Wettbewerbsrecht in Abschn. 6.4).

Im Folgenden werden zwei Beispiele für internationale und europäische Regelungen im E-Commerce kurz vorgestellt.

### Internationale Ebene

Auf der internationalen Ebene ist ein Beispiel das bereits angesprochene, auf Geschäfte im Internet grundsätzlich anwendbare Wiener UN-Abkommen über Verträge über den internationalen Warenkauf vom 11. April 1980[24] (auch **UN-Kaufrecht** oder CISG), das Kaufverträge von Personen regelt, die ihre Niederlassung in verschiedenen Staaten haben. Im Anwendungsbereich dieses Abkommens gehen seine Regelungen denen des Internationalen Privatrechts vor. Allerdings ist das UN-Kaufrecht nach Art. 6 abdingbar, sodass auch hier vielfach wieder auf das Internationale Privatrecht der jeweiligen Vertragsstaaten bzw. der EU zurückgegriffen wird.

### Europäische Ebene

Auf der europäischen Ebene ist das EU-Recht von besonderer Bedeutung für die Mitgliedsstaaten der EU, also auch für Deutschland. Zum einen hat das EU-Recht in Form von Verordnungen **Vorrang vor dem nationalen Recht** der Mitgliedsstaaten, und zum

---

[24] Wiener UN-Abkommen über Verträge über den internationalen Warenkauf vom 11.04.1980, siehe http://www.uncitral.org/pdf/english/texts/sales/cisg/CISG-Commonwealth.pdf

anderen entfaltet es grundsätzlich unmittelbare Wirkung nicht nur gegenüber den Mitgliedsstaaten, sondern auch gegenüber den Unionsbürgern. Selbst eine EU-Richtlinie, die der Umsetzung durch die Mitgliedsstaaten in nationales Recht bedarf, hat vielfach nach Ablauf der den Mitgliedsstaaten vorgeschriebenen Umsetzungsfrist bereits unmittelbare Wirkung. Dies hat zur Folge, dass sich ein Unionsbürger dem Mitgliedsstaat gegenüber direkt auf eine vom Mitgliedsstaat noch nicht umgesetzte Richtlinie berufen kann. Außerdem muss nationales Recht, das in Umsetzung einer EU-Richtlinie entstanden ist, richtlinienkonform ausgelegt und angewandt werden.

Das EU-Recht bildet für die Mitgliedsstaaten eine eigenständige, europäische Rechtsordnung. Eine der tragenden Grundfreiheiten der EU-Rechtsordnung ist die **Freiheit des Dienstleistungsverkehrs** im Sinne des Art. 56 des AEU-Vertrages.[25] Unter den Begriff der Dienstleistungen fallen die Telekommunikationsdienste, die Telemediendienste ebenso wie der Rundfunk.

Speziell im Rundfunkbereich ist mit den EU-Fernsehrichtlinien von 1989,[26] 1997[27] und 2010[28] das Ziel verfolgt worden, die Grundlagen für eine einheitliche europäische Rundfunkordnung zu schaffen, ohne die jeweils eigenständigen kulturellen Entwicklungen und die Vielfalt in den Mitgliedsstaaten zu beeinträchtigen.

Der durch die EU-Dienstleistungsfreiheit geschützte Sendeverkehr soll innerhalb der EU frei sein. Es gilt der Grundsatz, dass eine Sendung, die in einem Mitgliedsstaat zulässig ist, auch in allen anderen Mitgliedsstaaten zulässig ist (Art. 2 a I der EU-Fernsehrichtlinie von 1997; Art. 33 der Richtlinie für audiovisuelle Mediendienste von 2010). Das in diesen Richtlinien verankerte **Sendelandprinzip** bzw. **Herkunftslandprinzip** betrifft neben den Veranstaltern von Fernsehsendungen auch andere Anbieter audiovisueller Mediendienste (z. B. Anbieter von Videoabruf-, Nachrichtenabruf-, Sportabrufdiensten oder Anbieter abrufbarer audiovisueller Dienste für Mobilgeräte).

Dem Sendelandprinzip entspricht das **Ursprungslandprinzip** bzw. Territorialprinzip in der EU-Richtlinie zum Satellitenrundfunk und zur Kabelweiterverbreitung von 1993,[29] die sich mit dem Senderecht des Urhebers im grenzüberschreitenden Verkehr auseinandersetzt. Danach ist bei grenzüberschreitenden Sendevorgängen nur die Rechtsordnung des Landes zuständig, von dem die Sendung ausgestrahlt wird.

---

[25] Vertrag über die Arbeitsweise der Europäischen Union (AEU).

[26] Richtlinie 89/552/EG vom 3. Oktober 1989 zur Koordinierung bestimmter Rechts- und Verwaltungsvorschriften der Mitgliedsstaaten über die Ausübung der Fernsehtätigkeit.

[27] Richtlinie 97/36/EG vom 30. Juni 1997 zur Änderung der Richtlinie 89/552/EG vom 3. Oktober 1989.

[28] Richtlinie für audiovisuelle Mediendienste vom 11. Dezember 2007, RL 2007/65/EC; Neubekanntmachung durch Richtlinie 2010/13/EU vom 10.3.2010.

[29] Richtlinie 93/83/EG vom 27. September 1993 zur Koordinierung bestimmter urheber- und leistungsschutzrechtlicher Vorschriften betreffend Satellitenrundfunk und Kabelweiterverbreitung; zur Umsetzung in deutsches Recht vgl. BT-Drs. 212/96.

Das **Herkunftslandprinzip** hat seinen gesetzlichen Niederschlag in § 3 TMG erfahren. Es besagt, dass die Diensteanbieter bei geschäftsmäßigem Handeln,[30] also nicht bei privaten Gelegenheitsgeschäften, grundsätzlich allein die innerstaatlichen Vorschriften des Mitgliedsstaates beachten müssen, in dem sie niedergelassen sind.

Von diesem Grundsatz gibt es allerdings **zahlreiche Ausnahmen**. Dies betrifft z. B. Verbraucherverträge (§ 3 III Nr. 2 TMG), das Datenschutzrecht, die Tätigkeit von Notaren oder Angehörigen gleichwertiger bzw. hoheitlicher Berufe, Anforderungen an Verteilerdienste oder das Zusenden von nicht angeforderter Werbung per E-Mail (§ 3 IV Nr. 3 TMG).

Hier zeigt sich aber, dass das Herkunftslandsprinzip auch in **eigenständige kulturelle Entwicklungen der Mitgliedstaaten** eingreifen kann. Deshalb sehen selbst die oben genannten Fernsehrichtlinien von 1989, 1997 und 2010 z. B. im Bereich des Minderjährigenschutzes Ausnahmen vom Sende- bzw. Ursprungsland-Prinzip vor.

## 3.2   Gesetzliche Haftung und Verantwortlichkeit

### 3.2.1   Grundlagen der zivil- und strafrechtlichen Haftung

Wenn Personen im Wirtschafts- und Rechtsverkehr handeln, stellt sich aus juristischer Sicht die **Frage, wer für die jeweiligen Handlungen einzustehen hat**. Für ihre Beantwortung ist vom Grundsatz her nicht zwischen der „realen analogen Welt" und der „digitalen Welt des Internets" zu differenzieren. Rechtsfreie Räume darf und soll es nicht geben, so dass Haftungsvoraussetzungen und -maßstäbe fortlaufend durch gesetzliche Regelungen und die Rechtsprechung normiert bzw. beurteilt werden müssen.

Im Bereich des Zivilrechts werden die **allgemeinen Haftungsgrundsätze** durch das BGB (Bürgerliches Gesetzbuch) geregelt; für das Strafrecht ist das StGB (Strafgesetzbuch) primär maßgeblich. Konkretere Ausführungen zur zivil- und strafrechtlichen Haftung können an dieser Stelle zwar nicht abgebildet werden, es sei jedoch auf folgende Grundsätze hingewiesen:

Im Zivilrecht wird bei Haftungsfragen grundsätzlich zwischen zwei Grundkonstellationen unterschieden, die auf der Kernfrage basieren: Liegt zwischen den handelnden Personen eine vertragliche Bindung vor oder nicht?

Wenn es eine vertragliche Bindung zwischen den Vertragsparteien gibt, dann bestimmen sich die Rechte und Pflichten der Vertragsparteien vorrangig nach dem Vertragsinhalt und dem Vertragstyp, der im BGB spezifiziert und durch Typisierung zu ermitteln ist (zur Typisierung Abschn. 2.3.1). Dies gilt auch für die Konsequenzen einer Pflichtverletzung (sog. **vertragliche Haftung**). Besteht zwischen zwei Personen also z. B. ein Mietvertrag, dann ergeben sich die jeweiligen Rechte und Pflichten der Vertragsparteien aus dem Mietvertrag und den im BGB zum Mietvertrag kodifizierten Regelungen. Kommt eine Seite

---

[30] Geschäftsmäßig handelt ein Diensteanbieter, wenn er eine nachhaltige Tätigkeit mit oder ohne Gewinnerzielungsabsicht erbringt. Hierzu gehören z. B. auch Telemedien von öffentlichen Bibliotheken und Museen.

ihren Pflichten nicht nach (z. B. Nichtzahlung der Miete), ist entweder im Vertrag oder – ergänzend oder vorrangig – im Gesetz eine Regelung zu den resultierenden Ansprüchen vorhanden (z. B. Recht des Vermieters zur Kündigung, Schadensersatzansprüche usw.).

Liegt dagegen keine vertragliche Verbindung zwischen den Personen vor, bestimmt sich ein etwaiger Anspruch bzw. die Anspruchshöhe nach dem Gesetz (sog. **gesetzliche Haftung**). Verletzt z. B. jemand eine andere Person körperlich, ist § 823 BGB zu entnehmen, ob Schadensersatz durch den Schädiger zu leisten ist. Dessen Höhe ergibt sich aus den §§ 249 ff. BGB.

Im **Bereich der Telemedien** gelten diese Überlegungen an sich ebenfalls. Auch hier ist in Streitfällen grundsätzlich zu differenzieren, ob eine vertragliche Beziehung zwischen den Beteiligen vorliegt (z. B. ein Webhosting-Vertrag) oder ob dies nicht der Fall ist (z. B. wenn ein Nutzer auf einem Forum einen beleidigenden Beitrag über eine andere Person postet).

Durch das Telemediengesetz und insbesondere dessen §§ 7–10 TMG wird die Haftung der jeweiligen Anbieter präzisiert. Diese Regelungen sind der (allgemeinen) straf- und zivilrechtlichen Haftung vorgelagert und müssen vorrangig geprüft werden.[31] Vereinfacht ausgedrückt, führen sie zu folgenden Ergebnissen:

Für den **Content-Provider** (also insbesondere denjenigen, der eigene Telemedien bereit hält) gilt die allgemeine zivil- und strafrechtliche Haftung. Der Content-Provider wird also grundsätzlich nicht besser gestellt als jeder andere Teilnehmer am Rechts- und Wirtschaftsverkehr.

Dagegen gelten für die **Service- und Access-Provider** (die fremde Telemedien bereithalten oder den Zugang vermitteln) einige Privilegierungen, die dazu führen, dass hier nicht der allgemeine zivil- und strafrechtliche Haftungsmaßstab angelegt werden kann.

Nachfolgend werden diese Grundsätze jeweils für die Bereiche des Zivilrechts (Abschn. 3.2.2), des Strafrechts (Abschn. 3.2.3) und des öffentlichen Rechts (Abschn. 3.2.4) präzisiert.

## 3.2.2 Zivilrecht

**Vorschau** Im Folgenden werden nach einer allgemeinen Einführung (Abschn. 3.2.2.1) die verschiedenen Anbieter hinsichtlich ihrer Verantwortlichkeit im Netz untersucht (Abschn. 3.2.2.2). Es folgt eine vertiefte Betrachtung der Unterlassungs- und Schadensersatzansprüche (Abschn. 3.2.2.3), bevor spezielle Rechtsbereiche der zivilrechtlichen Haftung dargestellt werden (Abschn. 3.2.2.4) verbunden mit einem Schwerpunkt auf dem Domainrecht (Abschn. 3.2.2.5).

### 3.2.2.1 Allgemeines zur Verantwortlichkeit in den Telemedien

Die Verantwortlichkeit der Diensteanbieter ist in den §§ 7–10 TMG geregelt. Sie betrifft sowohl die zivil- als auch die strafrechtliche Haftung. Die §§ 7–10 TMG modifizieren die

---

[31] BGH, GRUR 2004, 74, 75.

sich originär aus der Verantwortlichkeit nach den allgemeinen Gesetzen ergebende **Haftung der Anbieter** (Content-, Service- und Access-Provider).

Die **Haftung der Nutzer** richtet sich weiterhin nach den allgemeinen Vorschriften des Straf- und Zivilrechts.

Die Regelungen in §§ 7–10 TMG finden nach gefestigter Rechtsprechung des BGH auf zivilrechtliche **Unterlassungsansprüche** (z. B. gerichtet auf Entfernung oder Löschung rechtswidriger Inhalte) keine Anwendung. Die in den §§ 7–10 TMG genannte Verantwortlichkeit betrifft lediglich das Strafrecht und die Schadensersatzhaftung. Ob ein Diensteanbieter nach den allgemeinen deliktsrechtlichen Maßstäben oder als Störer auf Unterlassung in Anspruch genommen werden kann, wenn eine gespeicherte Information die Rechte eines Dritten verletzt, richtet sich dagegen nach allgemeinen Vorschriften.[32]

In den §§ 7–10 TMG geht es um die Verantwortlichkeit für Informationen. **Informationen** sind sämtliche Angaben, die im Rahmen des jeweiligen Telemediendienstes übermittelt oder gespeichert werden, unabhängig davon, ob dies zu gewerblichen oder privaten Zwecken erfolgt.

Im **Ausgangsfall** betreffen die Verantwortlichkeitsregeln also neben Meinungsäußerungen in den Newsgroups der A-GmbH auch Raubkopien, die dort ohne Kenntnis der A-GmbH „gehandelt" werden. Erfasst wird ebenfalls virenbehaftete Software, die nach dem Herunterladen beim Nutzer zu Hardware-Schäden oder Datenverlust führt, oder eine fehlerhafte technische Anleitung für die Benutzung eines Home-Trainers, deren genaue Befolgung Gesundheitsschäden beim Nutzer verursacht.

Von diesen Informationen sind allerdings die schwerpunktmäßig **organisatorischen Pflichten** abzugrenzen, die keinen unmittelbaren Bezug zu Inhalten der Telemedien-Angebote haben, wie z. B. Verkehrssicherungspflichten zur technischen Absicherung des Host-Rechner-Systems des Anbieters,[33] etwa gegen den unberechtigten Zugriff Dritter auf Nutzerdaten. Bei einem Verstoß gegen solche Pflichten ist der Provider unabhängig von den §§ 7–10 TMG verantwortlich, muss also z. B. unabhängig von einer Kenntnis des unbefugten Zugriffs Dritter auf Daten seines Nutzers entsprechende technische Absicherungen (präventiv) vornehmen. Im Folgenden werden jedoch nur die speziellen gesetzlichen Regelungen der Verantwortlichkeit für Inhalte erläutert.

Abschließend ist für die Provider festzuhalten, dass sie nach § 7 II 1 TMG **keine allge-meine Überwachungspflicht** trifft oder ihnen eine solche auferlegt werden darf.

Für Verstöße gegen die Informationspflichten in den Telemedien sind **Sanktionen** vor-gesehen (z. B. führt ein Verstoß gegen § 6 TMG zur Ahndung durch Bußgelder gemäß § 16 TMG).

---

[32] Spindler/Schuster/Hoffmann, Recht der elektronischen Medien, 3. Aufl. 2015, TMG, § 10 Rn. 3.
[33] Es handelt sich insoweit um technische (außervertragliche) Pflichten.

### 3.2.2.2 Anbieter und ihre Verantwortlichkeit

#### 3.2.2.2.1 Content-Provider

Nach § 7 I TMG sind die Diensteanbieter **für eigene Informationen**, die sie zur Nutzung bereithalten, voll verantwortlich; es findet also keine Modifizierung der allgemeinen Haftungsregeln statt. Die §§ 7–10 TMG sind insofern rein deklaratorisch, d. h. sie ändern nichts an der allgemeinen Rechtslage. Der Content-Provider haftet demnach für die eigenen bereitgehaltenen Informationen nach den allgemeinen Vorschriften des Zivilrechts für Vorsatz.

#### 3.2.2.2.2 Access-Provider

In § 8 TMG sind vornehmlich die Dienste des Access-Providers geregelt, der **Zugang zur Nutzung fremder Informationen** verschafft (also z. B. 1&1 oder Kabel-Deutschland, die gegen Entgelt Zugang zum Internet anbieten). Auch die reine Übermittlung von fremden Informationen (das sog. Routing) und die automatische kurzzeitige Zwischenspeicherung zu Übermittlungszwecken wird durch § 8 TMG erfasst.[34]

Für beide Konstellationen sieht § 8 TMG vor, dass der jeweilige Anbieter **für die fremden Informationen nicht verantwortlich** ist, d. h. der Access-Provider haftet nicht nach den allgemeinen Vorschriften des Straf- und Zivilrechts für die übermittelten Informationen. Voraussetzung ist allerdings, dass die Tatbestandsmerkmale des § 8 I Nr. 1–3 TMG kumulativ vorliegen, also insbesondere die Übermittlung nicht durch den Anbieter veranlasst, der Adressat der übermittelten Information nicht von ihm bestimmt und die übermittelte Information nicht durch ihn ausgewählt oder verändert wurde.

Wie problematisch die Haftungssituation für Access-Provider sein kann, zeigt sich am Beispiel der Betreiber von **Internetcafés**. Diese sind als Vertreiber rechtswidriger Inhalte zumindest strafrechtlich nicht verantwortlich, denn der Café-Betreiber kann regelmäßig davon ausgehen, dass der durchschnittliche Besucher die von ihm zur Verfügung gestellten Geräte oder Zugangsmöglichkeiten nicht für Straftaten nutzen wird.[35]

Das Landgericht Hamburg hat aber entschieden, dass der Café-Betreiber als Anschlussinhaber jedenfalls nach den Grundsätzen der Störerhaftung, die unter Abschn. 3.2.2.3 näher erläutert wird, verschuldensunabhängig auf Unterlassung einer urheberrechtlich widerrechtlichen Handlung in Anspruch genommen werden kann. Das Überlassen des Internetzugangs an Dritte berge die nicht unwahrscheinliche Möglichkeit in sich, dass von den Dritten Urheberrechtsverletzungen über diesen Zugang begangen werden. Dem Inhaber des Internetanschlusses seien Maßnahmen möglich und zumutbar, solche Rechtsverletzungen zu verhindern (z. B. durch Sperrung der für das Filesharing erforderlichen Ports).[36]

---

[34] Während sich die automatische kurzzeitige Zwischenspeicherung in § 8 II TMG auf die technisch zwingende Speicherung bezieht, betrifft § 9 TMG die Zwischenspeicherung zur beschleunigten Übermittlung von Informationen, wie sie vor allem auf sog. Proxy-Cache-Servern stattfindet; vgl. Müller-Broich, Telemediengesetz, 1. Aufl. 2012, § 9, Rnr. 1.

[35] Vgl. dazu den Bescheid der Staatsanwaltschaft beim LG München I vom 16. Januar 1997, JMS-Report 3/1997, 52.

[36] LG Hamburg, Beschluss vom 25.11.2010 – 310 O 433/10.

### 3.2.2.2.3 Service-Provider

Für die Haftung des Service-Providers gelten wiederum eigenständige Bestimmungen, die in § 10 TMG zu finden sind. **Zweck der Regelung** ist es vor allem, eine Begrenzung der Verantwortlichkeit des Hosters dafür zu erreichen, dass es Dritten über seine Dienstleistung ermöglicht wird, auf rechtswidrige Inhalte oder Informationen zuzugreifen bzw. in rechtswidriger Weise in den Besitz von Informationen zu gelangen, die ihrem Inhalt nach unbedenklich sind.[37] Der Grund für diese Privilegierung liegt insbesondere in der praktisch nicht möglichen bzw. nicht zumutbaren Kontrolle der gespeicherten Datenmengen.

Vereinfacht ausgedrückt wird nach § 10 TMG die Haftung insofern privilegiert, als der Service-Provider für die gespeicherten Informationen bzw. Rechtshandlungen nach den allgemeinen Regeln des Straf- und Zivilrechts nicht haftet, sofern er **keine Kenntnis von der Rechtswidrigkeit** hatte bzw. (bei Schadensersatzansprüchen) die Rechtswidrigkeit für den Anbieter nicht offensichtlich vorlag oder der Anbieter nach Kenntniserlangung unverzüglich tätig geworden ist.

Nachfolgend werden die Voraussetzungen für die Haftungsprivilegierung des Service-Providers im Einzelnen dargestellt.

### Fremde Informationen

Zunächst ist zu differenzieren, ob es sich bei den gespeicherten Informationen um eigene handelt oder ob diese fremd sind im Sinne des § 10 TMG.

Entscheidend ist dafür, ob der Anbieter **aus der Sicht des Nutzers** die Inhalte als eigene übernehmen will oder ob sie für diesen erkennbar fremd sind.[38] Bei Angeboten im Rahmen einer Online-Auktion handelt es sich z. B. nicht um eigene Inhalte der Auktionshäuser.[39] Dasselbe gilt beim Abdruck einer Presseschau, wenn in deren Rahmen lediglich eine fremde Äußerung ohne eigene Wertung oder Stellungnahme mitgeteilt wird.[40]

### Positive Kenntnis

Das Merkmal „Kenntnis haben" beschränkt die Verantwortlichkeit des Service-Providers auf vorsätzliches Handeln. Dass der Service-Provider rechtswidrige Informationen für möglich oder wahrscheinlich hält (*dolus eventualis*), genügt nach herrschender Meinung nicht. Selbst beim Vorliegen von Verdachtsmomenten treffen ihn keine Kontrollpflichten (§ 7 II 1 TMG). Für Schadensersatzansprüche ist bereits die Kenntnis von Umständen, aus denen die Rechtswidrigkeit der Handlung oder Information offensichtlich wird, ausreichend (§ 10 S. 1 Nr. 1 TMG).

---

[37] Spindler/Schuster/Hoffmann, Recht der elektronischen Medien, 3. Aufl. 2015, TMG, § 10 Rn. 1, 2.

[38] Hoeren in: Kilian/Heussen, Computerrechtshandbuch – Informationstechnologie in der Rechts, und Wirtschaftspraxis, 32. Ergänzungslieferung 2013, Rn. 23.

[39] OLG Brandenburg, MMR 2004, 330.

[40] BVerfG, ZUM-RD 2009, 565.

Die Haftung des Service-Providers setzt deshalb voraus, dass dieser **positive Kenntnis** von den fremden Informationen hat. Ein sorgfaltswidriges Nicht-Kennen der Informationen, wie es bei Fahrlässigkeitsdelikten möglich ist,[41] reicht sowohl für die allgemeine strafrechtliche als auch für die allgemeine zivilrechtliche Haftung nicht aus.[42] Ein Kennenmüssen der fremden Inhalte fordert § 10 TMG also nicht.[43]

Wenn im **Ausgangsfall** der Geschäftsführer G der A-GmbH von Nutzern der Newsgroup z. B. auf beleidigende Informationen in der Newsgroup hingewiesen wird, hat er positive Kenntnis bezüglich der fremden Informationen. Es reicht aber nicht aus, dass G sich von der Rechtswidrigkeit der Informationen hätte Kenntnis verschaffen können.

Bei einer moderierten Newsgroup ist allerdings von einer solchen Kenntnis auszugehen, da G als Moderator die Informationen selbst auswählt und entscheidet, welche Informationen in der Newsgroup zur Verfügung gestellt werden.

Eine weitere Voraussetzung für den Ausschluss der Verantwortlichkeitsprivilegierung des Service-Providers ist das Merkmal der positiven **Kenntnis der Rechtswidrigkeit** der fremden Inhalte.[44] Ist sie nicht gegeben, fehlt es im Zivilrecht am Vorsatz bzw. im Strafrecht an der Schuld.[45]

Diese weitreichende Privilegierung des Service-Providers **differenziert also nach strafrechtlicher Haftung und zivilrechtlichen Schadensersatzansprüchen.** Während § 10 S. 1, Nr. 1 TMG für die strafrechtliche Haftung ausschließlich positive Kenntnis des Service-Providers voraussetzt, ist für die zivilrechtlichen Schadensersatzansprüche bereits Kenntnis von Tatsachen und Umständen ausreichend, aus denen die rechtswidrige Information/Handlung offensichtlich wird. So wurde z.B. die Haftung eines

---

[41] Bei der Fahrlässigkeitsprüfung geht es um das Außerachtlassen der im Verkehr erforderlichen Sorgfalt (§ 276 I S. 2 BGB). Beim Fahrlässigkeitsvorwurf werden die Vorhersehbarkeit und die Vermeidbarkeit des Erfolgseintritts geprüft. Bei der Vermeidbarkeitsprüfung geht es um das Kennenmüssen der Inhalte als solche und das Kennenmüssen der Rechtswidrigkeit der Inhalte.

[42] Bei missbräuchlichem Verhalten kann man jedoch – wie bei der missbräuchlichen Schaffung einer Notwehrlage – die Privilegierung versagen. Unter diesen Umständen kann der Service-Provider ausnahmsweise z. B. wegen bedingt vorsätzlicher bzw. sogar fahrlässiger (§ 27 III JuschG) Unkenntnis von pornographischen Inhalten zu bestrafen sein.

[43] BGH, Urteil v. 23.09.2003, Az. VI ZR 335/02, MMR 2004, 166, 167 zu § 5 II TDG a. F.

[44] Differenzierung zwischen der Ebene der Kenntnis der Tatsachen und der Kenntnis der Rechtswidrigkeit der Tatsachen.

[45] Im Strafrecht ist nach der herrschenden Schuldtheorie (BGHSt 2, 194, 197) das Bewusstsein der Rechtswidrigkeit – anders als im Zivilrecht – nicht Bestandteil des Vorsatzes.

Portalbetreibers bejaht für offensichtlich rechtswidrige Kleinanzeigen, die persönlichkeitsrechtsverletzend sind.[46]

Im **Ausgangsfall** ist zu klären, inwieweit der Geschäftsführer G diese Inhalte auf ihre Rechtswidrigkeit hin prüfen muss. Hier können bei dem eben genannten Beleidigungstatbestand im Einzelfall schwierige Abwägungen zwischen der Meinungsfreiheit aus Art. 5 I GG und dem allgemeinen Persönlichkeitsrecht des Art. 1 I, 2 I GG zu beachten sein. Bei der heutigen Reizüberflutung können nach der Rechtsprechung[47] auch starke Formulierungen – scharfe und abwertende Kritik, Ironie und übersteigerte Polemik – zulässig sein. Voraussetzung ist, dass der Äußernde keine eigennützigen Ziele verfolgt und die betroffene Person nicht herabsetzt, sondern sich im geistigen Meinungskampf in der Öffentlichkeit Gehör verschaffen will. Diese Gesichtspunkte machen deutlich, dass von G nicht verlangt werden kann, jede Äußerung auf so komplexe rechtliche Zusammenhänge hin zu untersuchen. Entsprechend der Haftung eines verantwortlichen Zeitungsredakteurs ist die Haftung des G auf grobe, leicht erkennbare bzw. offensichtliche Rechtsverletzungen zu beschränken. Handelt es sich bei dem Inhalt, auf den G durch einen Nutzer hingewiesen worden ist, nicht um eine solche leicht erkennbare Rechtsverletzung, scheidet eine Haftung des G trotz positiver Kenntnis der Inhalte aus.

## Unverzügliches Tätigwerden

Hat der Service-Provider Kenntnis gem. § 10 S. 1 Nr. 1 TMG erlangt, ist er nach § 10 S. 2 Nr. 2 TMG nicht verantwortlich, wenn er unverzüglich tätig wurde, um die Information zu entfernen oder den Zugang zu ihr zu sperren.

Hat im **Ausgangsfall** der Geschäftsführer G also nicht nur positive Kenntnis der Information erlangt, sondern deren Rechtswidrigkeit grob fahrlässig nicht erkannt, haftet er auch als Service-Provider für den beleidigenden Inhalt, wenn er nicht ohne schuldhaftes Zögern tätig geworden ist, um die beleidigenden Inhalte aus dem Internet-Auftritt zu entfernen.

## Technisch mögliche Maßnahmen

§ 10 TMG enthält zwar nicht das Tatbestandsmerkmal „technisch mögliche Maßnahmen", aber nach allgemeinen Rechtsgrundsätzen ist dieses Merkmal Voraussetzung für eine

---

[46] LG Köln, Urteil v. 26.11.2003, Az. 28 O 706/02, MMR 2004, 184.

[47] Vgl. z.B. LG Berlin, NJW 1997, S. 1371 – Markworth/Titanic.

Haftung des Service-Providers.[48] Dies Verantwortlichkeitsprivilegierung des Service-Providers wird also nur dann ausgeschlossen, wenn dieser die Nutzung von ihm bereitgehaltener, bekannter fremder Informationen technisch verhindern kann. Die dürfte wohl grundsätzlich keine (technische) Probleme bereiten, denn die fremden Informationen sind auf einem vom Service-Provider zur Verfügung gestellten Medium gespeichert. Wenn er Kenntnis von den fremden Informationen hat, kann er sie also ohne weiteres löschen.

## Zumutbarkeit

Wenn dem Service-Provider die von ihm bereitgehaltenen fremden Informationen bekannt sind und es ihm technisch möglich ist, deren Nutzung zu verhindern, dann kommt es für seine Haftungsprivilegierung darauf an, ob ihm die Verhinderung der Nutzung durch Dritte zumutbar ist.

Die Zumutbarkeit betrifft die **technischen, wirtschaftlichen und rechtlichen Möglichkeiten** des Service-Providers, die Nutzung der fremden Informationen zu vereiteln. Die konkrete rechtliche Ausgestaltung des Begriffs der Zumutbarkeit wird sich durch die weitere Tätigkeit der Gerichte erst noch entwickeln müssen.

Unproblematisch sind jedenfalls die Fälle, in denen der Service-Provider selbst einen Link auf einen rechtswidrigen Inhalt gesetzt hat und diesen Hyperlink folglich auch selbst wieder beseitigen kann.

Im **Ausgangsfall** ist dem G zumutbar, von ihm gesetzte Links auf andere Web-Seiten, deren Inhalte mittlerweile rechtswidrig geworden sind, zu beseitigen. Dies setzt natürlich die positive Kenntnis der rechtswidrigen Inhalte voraus.

Ansonsten geht es im Wesentlichen um die **Beziehung des Content-Providers zum Service-Provider**, der die rechtswidrigen Informationen des Content-Providers zur Nutzung bereithält und aufgrund der von ihm erkannten Rechtswidrigkeit der Informationen gegen diese im Rahmen des Zumutbaren vorgehen soll.

Mögliche Maßnahmen des Service-Providers bezüglich der rechtswidrigen Informationen sind:

- Korrektur;
- Sperrung;
- Herausnahmeverlangen gegenüber dem Content-Provider;
- Anzeige bei der Aufsichtsbehörde;
- Moderation der Plattform mit rechtswidrigen Informationen.

Bei der Anwendung der verschiedenen Maßnahmen wird zunächst zu differenzieren sein, worauf sich die Rechtswidrigkeit bezieht, das heißt auf zivil-, straf- oder

---

[48] Der Gesetzgeber hat dies als selbstverständlich vorausgesetzt; vgl. BT-Drs. 14/6098, 23 (schon zum TDG).

ordnungsrechtliche Rechtsverstöße. Je nach der Schwere des Unrechts und den dem Service-Provider zustehenden vertraglichen oder außervertraglichen Mitteln, werden dem Service-Provider unterschiedliche der oben genannten Maßnahmen zumutbar sein. Die Einzelheiten können jeweils nur in Zusammenhang mit den konkreten zivil- und strafrechtlichen Tatbeständen bestimmt werden. Allgemein lassen sich dafür folgende Erwägungen heranziehen:

- Bei erforderlichen **Eingriffen oder Sperrungen** der rechtswidrigen fremden Informationen seitens des Service-Providers ist zu prüfen, ob die vertraglichen Regelungen zwischen Service- und Content-Provider eine solche Vorgehensweise vorsehen, und, wenn dies nicht der Fall ist, unter welchen Umständen dennoch ein Eingriff oder eine Sperrung gerechtfertigt und zumutbar ist. Bei offensichtlich strafbaren Informationen wird ein Eingreifen des Service-Providers zumutbar sein, zumindest aber kann der Service-Provider vom Content-Provider die Entfernung der rechtswidrigen Informationen verlangen.
- Wenn sich der Content-Provider weigert, bleibt dem Service-Provider die zumutbare Möglichkeit, die **Aufsichtsbehörde in Kenntnis zu setzen**. Diese hat die Möglichkeit, die weitere Verbreitung des rechtswidrigen Inhaltes zu unterbinden.
- Der Service-Provider muss schließlich prüfen, welche Maßnahmen er aufgrund der Art und Weise, wie er die fremden Informationen zur Nutzung bereithält, ergreifen kann. Hält er über **Foren oder Newsgroups** fremde Informationen zur Nutzung bereit, wird er regelmäßig auch aufgrund der vertraglichen Beziehungen zwischen ihm und dem Content-Provider rechtswidrige Informationen, von denen er positive Kenntnis hat, herausnehmen müssen, d.h. es ist ihm zumutbar, die Foren zu moderieren.[49]
- Schließlich ist die Frage der Zumutbarkeit von Maßnahmen auch daran zu messen, ob sie (z.B. bei der Sperrung) einen erheblichen Aufwand notwendig machen, aber **mit verhältnismäßig geringem Aufwand umgangen** werden können (z.B. durch Ausweichen auf entsprechende Informationsangebote im Ausland oder über andere Netzverbindungen). In diesem Zusammenhang ist darauf hinzuweisen, dass der Gesetzeswortlaut des § 10 TMG keinen Erfolg der Tätigkeit verlangt, sondern nur die zweck- bzw. zielgerichtete Tätigkeit, also die Bemühung um eine Entfernung oder Zugangssperrung.[50]

### 3.2.2.2.4 Grundlinien der Providerverantwortlichkeit

Die Verantwortlichkeitsregeln differenzieren nach der jeweiligen Funktion des Datenmittlers (Content-, Service- oder Access-Provider).

Am Beispiel der Äußerungsdelikte orientiert bedeutet dies:

---

[49] Dies entspricht zumindest teilweise der Situation im Printbereich, wenn der verantwortliche Redakteur im Rahmen seiner Sorgfaltspflichten Leserbriefe vor ihrer Veröffentlichung in seiner Zeitung auf rechtswidrige Inhalte hin kontrollieren lässt.

[50] Spindler/Schuster/Hoffmann, Recht der elektronischen Medien, 3. Aufl. 2015, TMG, § 10 Rn. 44–45.

Der Autor einer Äußerung (**Content-Provider**) trägt für sie die volle Verantwortung. Je weiter der Datenmittler vom Autor entfernt ist, desto geringer wird seine Verantwortung für fremde Informationen und umso geringer werden seine Kontrollpflichten.

Der **Service-Provider**, der fremde Informationen zur Nutzung für Dritte bereithält, haftet grundsätzlich nur bei positiver Kenntnis der Äußerung.

Der **Access-Provider**, welcher lediglich den Zugang zu den Informationen vermittelt, haftet grundsätzlich nicht für solche Äußerungen, und zwar auch dann nicht, wenn er sie kennt. Nur krasse Missbrauchsfälle wurden hiervon schon seit Beginn der gesetzlichen Regelung für Tele- und Mediendienste (heute Telemedien) ausgenommen (z. B. nach einer vom Bundesrat gebildeten Extremfallkonstellation, dass ein bekannter, in Deutschland wohnender Extremist als Access-Provider in bewusstem und gewolltem Zusammenwirken mit Extremisten im Ausland ausschließlich den Zugang zu deren extremistischen Informationen anbietet, deren Verbreitung in Deutschland möglicherweise strafbar ist).[51]

Diese allgemeinen Grundsätze ergeben sich aus § 8 TMG, wobei auf die Regelung in § 7 II S. 2 TMG hinzuweisen ist, wonach Verpflichtungen zur **Entfernung oder Sperrung** nach den allgemeinen Gesetzen unberührt bleiben. Bezüglich der Access-Provider wird eine Sperrungsverpflichtung allerdings von den Gerichten überwiegend abgelehnt.[52]

Weiter ist darauf hinzuweisen, dass nach § 7 II 1 TMG Provider nicht verpflichtet sind, die von ihnen übermittelten oder gespeicherten Informationen **zu überwachen oder nach Umständen zu forschen**, die auf eine rechtswidrige Tätigkeit hinweisen. Dagegen ist die Haftung speziell der Service-Provider in § 10 Nr. 2 TMG insoweit verschärft worden, als sie nur dann nicht verantwortlich sind, sofern sie unverzüglich bei Kenntniserlangung rechtswidriger Inhalte tätig geworden sind, um diese zu entfernen oder den Zugang zu ihnen zu sperren.

Die konkrete Umsetzung dieser Verantwortlichkeitsregeln bereitet im Einzelfall erhebliche Schwierigkeiten, zumal wesentliche Bereiche, wie die **Hyperlinks und Suchmaschinen**, nicht mehr von den Verantwortlichkeitsregeln erfasst werden. Vor der Novellierung des Telediensregesetzes und des Mediendienste-Staatsvertrages im Zuge der Umsetzung der E-Commerce-Richtlinie war die Anwendung der Haftungsregeln auf die Hyperlinks und die Suchmaschine im Grundsatz anerkannt und lediglich deren Einordnung innerhalb der §§ 5 TDG a.F./MDStV a.F. umstritten. Nunmehr finden diese speziellen Haftungsregeln für Hyperlinks weder explizit noch analog Anwendung, so dass wieder die allgemeinen Bestimmungen zum Zuge kommen,[53] und zwar auch nach dem TMG.

Bezüglich **Internetreferenzierungsdienste** (z. B. Google Adwords) hat der EuGH zwischenzeitlich entschieden, dass Art. 14 der E-Commerce-Richtlinie (entspricht § 10 TMG) auf den Anbieter Anwendung findet, wenn dieser keine aktive Rolle gespielt hat, die ihm eine Kenntnis der gespeicherten Daten oder eine Kontrolle über sie verschaffen

---

[51] Siehe dazu BT-Drs. 13/7385 vom 09.04.1997, 51 f., 70.

[52] Z. B. OLG Frankfurt, Beschl. v. 22.1.2008, CR 2008, 242.

[53] BGH v. 18.10.2007 – I ZR 102/05.

konnte.[54] Daraus folgt die grundsätzliche Einbeziehung dieser Dienste in die Haftungspriviligierung des § 10 TMG durch eine europarechtskonforme Auslegung.[55]

Die Anwendung allgemeiner Haftungsregeln führt allerdings nicht zu dem Ergebnis, dass die bisherige Entwicklung der **Literatur und Rechtsprechung zu § 5 TDG a.F.** keine Bedeutung mehr hat. Die dort gefundenen Lösungsansätze und ihre Wertungen können vielmehr in die Ausformung von Pflichten bei der Linksetzung einfließen, weswegen im Folgenden kurz der Meinungsstand vor der Novellierung angeführt wird.

Es wurde vertreten, dass die Aufnahme eines Hyperlinks zugleich eine Übernahme des fremden Inhalts auf der fremden Seite darstellt[56] mit dem Ergebnis, dass der Linksetzende als Content-Provider voll für den fremden Inhalt verantwortlich war. Dies traf zumindest dann zu, wenn der Linksetzende durch die Art und Weise des Verweises sich den Inhalt der verlinkten Web-Seite zu Eigen gemacht hatte und damit über eine objektive Berichterstattung hinausgegangen war.

Linkt z. B. im **Ausgangsfall** der Geschäftsführer G auf eine fremde Web-Seite, die über den Geschäftsführer H des Konkurrenzunternehmens beleidigende Inhalte aufweist, dann kann G durch den Link zum Täter, Mittäter oder Gehilfen im strafrechtlichen Sinne werden.

Dies setzt aber voraus, dass besondere Umstände vorliegen, aus denen sich konkret eine solche Zurechnung ergibt. Beispiele für eine solche Zurechnung finden sich in der Rechtsprechung: In der ersten strafrechtlichen Entscheidung[57] zu diesem Thema war davon auszugehen, dass erst nach Installation des Links rechtswidrige Inhalte auf den angelinkten Web-Seiten zu finden waren. Deshalb wäre für die Zurechnung dieser fremden rechtswidrigen Inhalte eine positive Feststellung des bewussten und gewollten Aufrechterhaltens in Kenntnis der rechtswidrigen Inhalte erforderlich gewesen. Nach einer weiteren zivilrechtlichen Entscheidung[58] kann die Verantwortlichkeit bereits dann gegeben sein, wenn sich der Linksetzende nicht ausreichend von dem angelinkten rechtswidrigen Inhalt distanziert hat. Statt eines Links kann sich eine solche Zurechnung auch dadurch ergeben, dass ausdrücklich Suchworte zum Auffinden der rechtswidrigen Web-Seiten über Suchmaschinen angegeben werden. Letztlich kommt es darauf an, ob der Linksetzende zumutbare Prüfpflichten verletzt hat, wobei

*(Fortsetzung)*

---

[54] EuGH vom 23.03.2010, MMR 2010, 315 ff.

[55] Härting, Internetrecht, 5. Auflage, 2014, S. 551, Rn. 2207.

[56] S. Bortloff, Neue Urteile betreffend die Frage der Verantwortlichkeit von Online-Diensten, ZUM 1997, S. 167, 169; Vassilaki. Computer- und Internetspezifische Entscheidungen der Strafgerichte. Einfluss der Informations- und Telekommunikationstechnik auf die Strafrechtsfortbildung, MMR 1998, 247 (248).

[57] AG Tiergarten, MMR 1998, 49 ff. mit Anmerkung Hüting – Marquard/Radikal.

[58] LG Hamburg, CR 1998, 565 f. – D-Orfdepp – des Monats.

sich der Umfang dieser Prüfungspflichten insbesondere nach der Kenntnis des Linksetzenden von einer etwaigen Rechtswidrigkeit der verlinkten Seite richtet sowie nach dem Zweck und dem Gesamtzusammenhang der Linksetzung.[59]

Die Diskussion über die **Verantwortlichkeit des Linksetzenden** nach allgemeinen Haftungsregeln dreht sich im Wesentlichen in fast allen Rechtsgebieten, insbesondere im Straf-, Delikts-, Wettbewerbs-, Urheber- und Markenrecht, um zwei grundlegende Fragen: Kann der Linksetzende für Inhalte, über die er keine unmittelbare Kontrolle ausübt, überhaupt, und, wenn ja, unter welchen Bedingungen zur Verantwortung gezogen werden?

In den Fällen, in denen dem Verweisenden Beihilfe und Förderung eines fremden Delikts (gem. § 830 II BGB bzw. § 27 StGB) oder Mittäterschaft (§ 830 I BGB bzw. § 25 II StGB) vorgeworfen werden kann, hat der Linksetzende bewusst auf den rechtswidrigen Inhalt verwiesen und somit vorsätzlich die Verbreitung bzw. die fremde rechtswidrige Tat gefördert (z. B. wenn er bewusst ein Link auf Raubkopien gesetzt hat).

Regelmäßig wird es allerdings darum gehen, dass der Linksetzende den fremden rechtswidrigen Inhalt (der sich z. B. nach dem Zeitpunkt der Linksetzung ja auch verändert haben kann) nicht kennt. Noch weitergehend ist es möglich, dass der Linksetzende den Verweis auf Inhalte vornimmt, die sich hinter dem Link verbergen, auf die der Linksetzende verweist (Inhalt auf der zweiten Ebene). Hier geht es um das Bestehen und die **Ausformung von Kontrollpflichten** im Hinblick auf ein Unterlassen bzw. auf Verkehrssicherungspflichten.

Im Hinblick auf die Verantwortlichkeit des Service-Providers nach positiver Kenntnis der rechtswidrigen Informationen lassen sich noch einige konkretisierende Gesichtspunkte anführen. Bei Äußerungsdelikten (z. B. den Beleidigungstatbeständen der §§ 185 ff. StGB) ist bei der Kontrolle des Service-Providers auf grobe Rechtsverstöße zu berücksichtigen, dass die Äußerungen des Content-Providers im Lichte der verfassungsrechtlichen Garantien der Informations-, Presse- und Kunstfreiheit (Art. 5 GG) zu bewerten sind. Die Kontrollpflichten richten sich nach den **jeweils gefährdeten Rechtsgütern.** Bei schwerwiegenden potenziellen Verletzungen (wie Berichterstattung über die Privatsphäre, z. B. den häuslichen und familiären Kreis einer bekannten Persönlichkeit) ist größere Sorgfalt bei der Prüfung der Inhalte auf Rechtswidrigkeit geboten, als dies bei weniger schwerwiegenden potenziellen Rechtsverletzungen (wie der Berichterstattung über die Individualsphäre, z. B. über das berufliche Wirken einer bekannten Persönlichkeit) erforderlich ist. Der BGH[60] hat in dem „Schöner Wetten" Urteil entschieden, dass zumindest Presseorgane nicht für Hyperlinks auf rechtswidrige Angebote haften, soweit diese als Ergänzung eines redaktionellen Artikels ohne Wettbewerbsabsicht gesetzt werden und der Inhalt der verlinkten Seite nicht eindeutig als strafbar erkennbar ist.

---

[59] Heckmann, jurisPraxiskommentar, 2014, Kap. 10 Rn. 373 f.
[60] BGH, Urt. v. 1.4.2004 – I ZR 317/01, MDR 2004, 529 ff.

Die technisch-wirtschaftlichen Gesichtspunkte der **Möglichkeit und Zumutbarkeit des Handelns** bedürfen besonderer Prüfung. Hier ist zu berücksichtigen, dass der Service-Provider als Datenmittler zuerst die Plattform für die Verbreitung fremder Informationen (z. B. über eine Homepage) zur Verfügung stellt und anschließend der Autor (Content-Provider) diese Plattform für seine Aktivitäten nutzt. Dies unterscheidet das Internet von dem klassischen Medium Fernsehen. Dort erstellt zunächst der Autor seinen Beitrag, der danach vom Fernsehen als Datenmittler verbreitet wird.

Das **Medium Fernsehen und das Medium Internet ähneln sich** bezüglich ihrer Flüchtigkeit, nämlich bei Fernseh-Live-Sendungen. Zur Verantwortlichkeit bei Live-Sendungen hat der BGH ausgeführt: „Wo das Fernsehen als Veranlasser oder Verbreiter einer Äußerung zurücktritt und ... gewissermaßen nur als ‚Markt' der verschiedenen Ansichten und Richtungen in Erscheinung tritt, ..." widerspricht „es dem Wesen des Mediums und seiner Funktion, es neben oder gar anstelle des eigentlichen Urhebers der Äußerung in Anspruch nehmen zu können."[61]

Für das Internet als Kommunikationsplattform hat der BGH hingegen entschieden, dass die Grundsätze der Rechtsprechung zu Fernseh-Live-Übertragungen nicht auf ein im Internet eröffnetes Meinungsforum übertragbar sind. Denn die für Live-Sendungen in Rundfunk und Fernsehen geltende mediale Privilegierung kann sich nicht auf Wiederholungen erstrecken, da dem Veranstalter hier die Möglichkeit offen steht, die (erneute) Verbreitung von (beleidigenden) Äußerungen Dritter zu verhindern.[62]

Die Zumutbarkeitsprüfung muss deshalb im Blick auf die Verantwortlichkeit des Providers die besonderen Umstände der Internet-Kommunikation gebührend berücksichtigen.

### 3.2.2.3 Unterlassungs- und Schadensersatzansprüche

Im **Ausgangsfall** möchte die A-GmbH, um schnell bekannt zu werden, in ihrer digitalen Zeitung unter der Rubrik „Klatsch und Tratsch" aus dem Privatleben bekannter Persönlichkeiten berichten. Sie interessiert sich dabei nur für die privaten Angelegenheiten von Personen der Zeitgeschichte. Provider P der A-GmbH möchte wissen, ob er bei rechtswidrigen Inhalten eventuell in Anspruch genommen werden kann.

Die **zivilrechtliche Verantwortlichkeit** wird, wie gesehen, für die Telemedien durch das Telemediengesetz modifiziert. Es handelt sich dabei um die außervertragliche Haftung der Content-, Service- und Access-Provider. Eine vertragliche Haftung der Provider wird sich vielfach auch aus dem mit dem Kunden abgeschlossenen Nutzungsvertrag ergeben. Dessen Regelungen betreffen – wie bei der außervertraglichen Haftung – die technische

---

[61] BGHZ 66, 182 (188).
[62] BGH, Urteil vom 27.03.2007 – VI ZR 101/06.

Absicherung der Host-Systeme und ihrer Verbindung zum Kundensystem sowie Inhaltskontrollen der Dienste.

Vorliegend interessiert nun **bei der außervertraglichen Haftung** die Frage, welche Auswirkungen die §§ 7–10 TMG auf die zivilrechtliche Verantwortlichkeit haben. Hierbei geht es um Unterlassungs- und Schadensersatz- bzw. Entschädigungsansprüche gegenüber den im Internet Beteiligten, speziell gegenüber den Providern.

Vereinfacht formuliert unterscheiden sich Unterlassungs- von Schadensersatzansprüchen folgendermaßen:

Auf der **Tatbestandsseite** erfordern Unterlassungsansprüche lediglich eine Störereigenschaft des Haftenden (also insbesondere eine willentliche und adäquat kausale Herbeiführung einer rechtswidrigen Beeinträchtigung), wohingegen Schadensersatzansprüche darüber hinaus u. a. ein Verschulden des Haftenden voraussetzen.

Auf der **Rechtsfolgenseite** wird diesem Unterschied Rechnung getragen, indem der Störer „nur" die Beseitigung bzw. Unterlassung der Beeinträchtigung schuldet, während der mit Verschulden Handelnde den aus seiner Rechtsverletzung resultierenden Schaden zu ersetzen hat.

### 3.2.2.3.1 Unterlassung

Nachfolgend werden zunächst die allgemeinen Voraussetzungen des Unterlassungsanspruches und dann die sich aus den §§ 7–10 TMG ergebenden Besonderheiten untersucht.

### Allgemeinen Voraussetzungen

Die Unterlassungsansprüche beruhen auf dem **Grundsatz** (entsprechend §§ 823, 1004 BGB), dass diejenigen, die an einer Rechtsgutverletzung als Störer mitwirken, verpflichtet sind, die Beeinträchtigungen zu beseitigen und solche Verletzungen zu unterlassen. Der Anspruch setzt regelmäßig nur voraus, dass ein objektiv rechtswidriger Eingriff in fremde Rechte vorliegt. Auf ein Verschulden kommt es nicht an.

Ist durch die Verbreitung von Inhalten bereits eine Störung eingetreten, dann hat der Verletzte einen Anspruch auf Beseitigung der Beeinträchtigung (z. B. auf Löschung bzw. Sperrung der rechtswidrigen Inhalte). Besteht die objektive, auf Tatsachen gegründete, ernstliche Besorgnis weiterer Störungen (sog. Wiederholungsgefahr), dann hat der Verletzte im Rahmen des **vorbeugenden Unterlassungsanspruches** das Recht zu verlangen, dass der Störer die künftige Abspeicherung rechtswidriger Inhalte verhindert.

Die zentrale Voraussetzung für die Haftung der Provider ist, dass sie als **Störer** in Anspruch genommen werden können. Als Störer haftet nach der allgemeinen Definition verschuldensunabhängig und unabhängig von Art und Umfang seines eigenen Tatbeitrags jeder, der in irgendeiner Weise willentlich und adäquat kausal an der Herbeiführung der rechtswidrigen Beeinträchtigung mitgewirkt hat. Als Mitwirkung genügt die Unterstützung oder Ausnutzung der Handlung eines eigenverantwortlich handelnden Dritten, sofern der Inanspruchgenommene die technische und rechtliche Möglichkeit zur Verhinderung dieser Handlung hatte.[63]

---

[63] BGHZ 148, 13 (17) = NJW 2001, 3265 (3266) – ambiente.de.

Als Störer kommen aufgrund ihres **mittelbaren Tatbeitrags** z.B. Verleger von Printpublikationen und Diensteanbieter im Internet (insbesondere Host- und Access-Provider) sowie die Betreiber von Internet-Auktionen, Suchmaschinen oder kommerziellen Meinungsportalen in Betracht.[64] Auch eine Haftung des Inhabers eines Internet-Zugangs als Mitstörer wird von einigen Gerichten angenommen, wenn über seinen Zugang im Rahmen eines File-Sharings unerlaubt Musikstücke zum Download angeboten werden.

## Besonderheiten aus §§ 7–10 TMG

Da den Dienstanbieter nach § 7 II 1 TMG keine allgemeinen Überwachungspflichten treffen,[65] konkretisiert sich die Verkehrspflicht des Anbieters hinsichtlich rechtsverletzender fremder Inhalte als zumutbare Prüfpflicht. Zudem muss ihm eine Sperrung oder auch Löschung von rechtswidrigen Inhalten technisch möglich und zumutbar sein.

Soweit es bereits an der **positiven Kenntnis der Information** fehlt, scheitert – was meistens der Fall sein wird – eine Störerhaftung der Service- und Access-Provider, die mit fremden Informationen zu tun haben, bereits an diesem Merkmal. Nach Kenntniserlangung müssen sie jedoch Vorsorge treffen, dass es möglichst nicht zu weiteren derartigen Rechtsverletzungen kommt.[66]

Der **Content-Provider** hat hingegen positive Kenntnis, da es sich um seine eigenen Informationen handelt. Er ist nach § 7 I TMG voll verantwortlich und kann deshalb im Folgenden bei der weiteren Prüfung der Verantwortlichkeit der Provider außer Acht gelassen werden.

Hat der Provider positive Kenntnis, weil er mit einem konkreten Hinweis zur Löschung oder Sperrung der Informationen aufgefordert wird, dann besteht unzweifelhaft die Störerhaftung des **Service-Providers**, der Informationen durch Zugänglichmachen verbreitet, sowie des **Access-Providers**, der dies durch Zugangsvermittlung tut.

Anders stellt sich die Haftungslage dar, wenn vom Provider im Rahmen eines **vorbeugenden Unterlassungsanspruches** verlangt wird, künftige Abspeicherungen rechtswidriger Informationen zu unterlassen. Der Provider kann die Beeinträchtigung nur verhindern, wenn er die Informationen vorher auf ihre Rechtswidrigkeit hin prüft.

Hier stellt sich die Frage, ob den Provider als bloße Mittelsperson der Inhalte eine **Prüfpflicht** hinsichtlich deren Rechtswidrigkeit trifft, wenn er selbst gar nicht der Verbotsnorm, gegen die verstoßen wird, unterworfen ist. Denn der Provider bietet nicht eigene, sondern fremde Informationen an. Er stellt lediglich den „Marktplatz"[67] für die Störungen Dritter. Es kommt insoweit entscheidend darauf an, ob dem Provider die

---

[64] Für Betreiber von Internet-Auktionen: BGHZ 158, 236 (251) = MMR 2004, 668 (671); für Suchmaschinen: Volkmann, GRUR 2005, 200 (202 ff.); für Meinungsportale: LG Köln, MMR 2003, 601 (602).

[65] BGH, GRUR 2007, 890 Tz 39 ff.

[66] BGH, MMR 2004, 668, 671 – Internet-Versteigerung I.

[67] Zur Verwendung einer solchen Argumentation im Blick auf das herkömmliche Medium Fernsehen vgl. oben Abschn. 3.2.2.2.4.

Rechtmäßigkeitsprüfung fremden Handelns zuzumuten ist, um ihn gegebenenfalls als Störer auf Unterlassung in Anspruch zu nehmen.

Würde man vom Provider eine umfassende Prüfpflicht in Bezug auf die Rechtswidrigkeit der Informationen verlangen, so wäre sie zwar auf die ihm bekannten Informationen beschränkt, eine Vielzahl von konkreten Hinweisen könnte den Provider letztlich aber doch wieder überlasten. Durch die **Privilegierung in §§ 7–10 TMG** sollte dies aber verhindert werden. Der Zweck der Bestimmungen ist es, den besonderen Gegebenheiten der digitalen Kommunikation und den eingeschränkten Kontrollmöglichkeiten des Providers Rechnung zu tragen.

Hier drängt sich deshalb ein **Vergleich mit der Störerhaftung des Zeitungsverlegers** auf. Die Haftung des Verlegers für die Veröffentlichung von wettbewerbswidrigen Anzeigen und für die Verletzung des allgemeinen Persönlichkeitsrechts wird im Interesse der grundrechtlich geschützten Pressearbeit eingeschränkt. Eine umfassende inhaltliche Prüfung jedes Anzeigenauftrages auf seine rechtliche Zulässigkeit hin würde den Verleger überfordern und den Öffentlichkeitsauftrag der Presse unzulässig behindern. Die Presse haftet deshalb nur bei offensichtlichen oder groben Verstößen, das heißt wenn sie Zweifel an der Zulässigkeit der zu veröffentlichenden Anzeige haben muss.[68]

Die **Übertragung dieses Grundsatzes** der Pressehaftung auf andere Rechtsbereiche, bei denen es um die Inanspruchnahme von Mittelspersonen und damit um die Einführung der Zumutbarkeit der Rechtmäßigkeitsprüfung fremden Handelns geht, ist in der Rechtsprechung des BGH angelegt.

Auf den Provider angewendet bedeutet dies, dass für ihn die Möglichkeit, das erstmalige Zugänglichmachen eines rechtswidrigen Inhaltes zu verhindern, nur gegeben ist, wenn es sich um eine grobe und deswegen leicht erkennbare Rechtswidrigkeit handelt.

Um die Haftung des (mittelbar) verantwortlichen Störers einzuschränken, setzt der BGH als haftungsbegrenzendes Element die **Verletzung von zumutbaren Prüfpflichten** voraus, die dogmatisch spiegelbildlich zu den Verkehrspflichten in § 823 I BGB einzuordnen sind.[69] Was zumutbar ist, muss dabei anhand der Umstände des Einzelfalls unter Berücksichtigung und Abwägung aller betroffenen Interessen und relevanter rechtlicher Wertungen bestimmt werden.[70] Praktisch wird dies für den Provider bedeutsam, denn wenn ihm eine Prüfung der Inhalte auf die Rechtswidrigkeit hin nicht zumutbar ist, dann muss er auch nicht die Kosten einer ersten Abmahnung tragen und auch keine strafbewehrte Unterlassungserklärung abgeben.

Der BGH[71] hat zum Beispiel bezüglich der **Haftung eines Verlages**, der Inhalte in pressemäßiger Weise verbreitet, für persönlichkeitsrechtsverletzende Kommentare durch Nutzer in den entsprechenden Internet-Foren des Verlages entschieden, dass eine Kontrolle der Foren in Zukunft für bestimmte Inhalte zumutbar sei. Zwar sei es dem Forenbetreiber

---

[68] BGH, GRUR 2006, 429, Urteil v. 26.01.2006, Az. I ZR 83/03.

[69] Spindler/Schuster/Spindler/Volkmann, Recht der elektronischen Medien, 3. Auflage 2015, BGB § 1004 Rn. 21 f.

[70] BGHZ 173, 188 (201 f.) Tz. 38 = CR 2007, 728 (732).

[71] Ebd., a. a. O.

grundsätzlich nicht zumutbar, ab Kenntnis für die Zukunft sämtliche Foren auf derartige Rechtsverletzungen zu überprüfen, jedoch sei eine Überprüfungspflicht bezüglich eines konkreten Forums, bei dem das Auftreten erheblicher Rechtsverletzungen zu erwarten sei, zumutbar, da sonst für den Verletzten, der andernfalls lediglich Löschungsansprüche geltend machen könne, ein „Vakuum" für grundrechtlich geschützte Positionen entstünde.[72]

Die überwiegende **Auffassung im Schrifttum** differenziert hier zwischen Printpublikationen und Foren, in denen Beiträge in Echtzeit eingestellt werden, so dass schon aus der Natur der Sache keine gleich wirksamen Überprüfungen erfolgen können.[73] Allerdings bieten Webforen grundsätzlich die Möglichkeit, automatische technische Filter einzusetzen, die bereits anhand bestimmter Begriffe zahlreiche rechtswidrige Beiträge aufdecken und ihre Verbreitung verhindern können.[74]

Maßgeblich bleibt aber der mögliche und zumutbare Umfang solcher Maßnahmen, so dass **regelmäßig eine Abwägung** erfolgen muss zwischen dem wirtschaftlichen Bestand eines grundsätzlich durch die Rechtsordnung gebilligten Geschäftsmodells des Diensteanbieters auf der einen Seite und den über Art. 14 GG geschützten Interessen der Rechtsinhaber in einem bestimmten Umfeld auf der anderen Seite.[75]

Im **Ausgangsfall** stellt sich hinsichtlich der Haftung des Providers P der A-GmbH die Frage, ob er nach positiver Kenntnis der Berichte über das Privatleben von Personen der Zeitgeschichte auf Unterlassung in Anspruch genommen werden kann. Wenn sich rechtswidrige Inhalte in der digitalen Zeitung befinden, dann wirkt der P als Störer daran mit. Es kommt weder auf die volle Verantwortlichkeit eines Dritten, hier die A-GmbH, noch auf ein Verschulden des P an.

Die entscheidende Frage ist nun, inwieweit vom Service-Provider P als bloßer Mittelsperson verlangt werden kann, künftige Abspeicherungen rechtswidriger Inhalte der A-GmbH zu unterlassen. Denn dies setzt eine Prüfungspflicht des P hinsichtlich der Rechtswidrigkeit der Inhalte voraus, mit dem Ergebnis, dass ihm eine vollständige Rechtsprüfung auferlegt würde. Für P würde das bedeuten, dass er nicht nur in diesem Einzelfall, sondern auch wenn er über andere Kunden, für die er Service-Provider ist, weitere Hinweise erhält, jeweils deren Inhalte beim Vorliegen eines entsprechenden vorbeugenden Unterlassungsanspruches auf ihre Rechtswidrigkeit hin prüfen müsste. P ist insoweit jedoch nur zumutbar, dass er solche Inhalte auf offensichtliche oder grobe Rechtsverstöße hin überprüft.

*(Fortsetzung)*

---

[72] Spindler/Schuster/Spindler/Volkmann, Recht der elektronischen Medien, 3. Auflage 2015, BGB § 1004 Rn. 21f.

[73] BGH, MMR 2009, 752 (754).

[74] Spindler/Schuster/Spindler/Volkmann, Recht der elektronischen Medien, 3. Auflage 2015, BGB § 1004 Rn. 21f.

[75] Ensthaler/Heinemann, WRP 2010, 309, 313 f.

Für P wird es im Einzelfall vielfach schwierig sein festzustellen, ob die von der A-GmbH zur Nutzung bereitgehaltenen Inhalte aus dem Privatleben einer Person der Zeitgeschichte einem überwiegenden Informationsinteresse der Öffentlichkeit entsprechen und somit rechtmäßig sind oder die Berichterstattung zur Befriedigung von Unterhaltungsbedürfnissen dient und damit in die Persönlichkeitsrechte der betroffenen Personen der Zeitgeschichte eingreift. Nur wenn die Rechtswidrigkeit der Inhalte für P leicht erkennbar ist, dann kann er als Störer auf Unterlassung in Anspruch genommen werden.

### 3.2.2.3.2 Schadensersatzansprüche

Auch die Providerhaftung für Schadensersatzansprüche ist in den §§ 7–10 TMG geregelt. In ihrer Grundstruktur geht sie von der Haftung nach den allgemeinen Gesetzen aus, die durch die Regelungen der §§ 7–10 TMG modifiziert wird. Dies **betrifft den Service- und den Access-Provider**, nicht aber den Content-Provider.

Der **Content-Provider** haftet nach § 7 I TMG in vollem Umfang für seine eigenen Informationen, d. h. er ist regelmäßig für von ihm begangenen Rechtsverstöße schadensersatzpflichtig.

Es ist davon auszugehen, dass den Content-Provider ein **Verschulden** trifft, wenn er alle tatbestandlichen Umstände kennt, aus denen sich die Rechtswidrigkeit seines Verhaltens ergibt. Dazu ist von jedem Datenmittler eine umso größere Sorgfalt zu erwarten, je schwerwiegender die potenzielle Rechtsgutverletzung ist. Dies gilt insbesondere für Persönlichkeitsrechtsverletzungen und bei Verstößen gegen Ausschließlichkeitsrechte im Urheber- oder Wettbewerbsrecht.

Der Content-Provider ist in jedem Einzelfall verpflichtet, sorgfältig die Rechtmäßigkeit seines Handelns im Voraus zu überprüfen.

Dieselben strengen Anforderungen gelten für den **Nutzer von Daten**. Er darf sich ebenfalls nicht ohne nähere Prüfung auf die Rechtmäßigkeit seines Verhaltens verlassen, sodass ihn regelmäßig für seine Rechtsverstöße eine Schadensersatzpflicht trifft.

Der **Access-Provider** ist nach § 8 TMG für fremde Informationen grundsätzlich nicht verantwortlich. Er ist – mit Ausnahme des Netzbetreibers – am weitesten von den fremden Informationen entfernt; ihm obliegen keine schadensersatzbewehrten Kontrollpflichten.

Der **Service-Provider** kann nach § 10 TMG nur zur Verantwortung gezogen werden, wenn er von fremden Informationen positive Kenntnis hat und es ihm technisch möglich und zumutbar war, deren Nutzung zu verhindern. Seine Haftung ist nach positiver Kenntnis der von ihm bereitgehaltenen fremden, rechtswidrigen Informationen auf eine Prüfung auf grobe Rechtsverstöße beschränkt, wie dies für die Verlegerhaftung als Modell für die Providerhaftung bereits dargestellt worden ist.

Im Gegensatz zu Beseitigungs- und Unterlassungsansprüchen geht es bei Schadensersatzansprüchen nicht vorrangig um die Beendigung einer Störung bzw. einer rechtswidrigen Beeinträchtigung sondern um den **Ersatz für einen eingetretenen Schaden.** Der Gesetzgeber sieht hierfür in den §§ 249 ff. BGB grundsätzlich die Naturalrestitution vor – also die Herstellung des Zustands, der ohne das schädigende Ereignis bestehen würde. Unter bestimmten Voraussetzungen kann Schadensersatz nach diesen Vorschriften auch in Geld gefordert bzw. geleistet werden.

Je nach verletztem Rechtsgut kommen verschiedene Formen des Schadensersatzes in Betracht:

- So kann z.B. beim rechtswidrigen Download eines urheberrechtlich geschützten Werks ein Anspruch auf Ersatz des Lizenzschadens, der Rechtsverfolgungskosten und gegebenenfalls auch Ersatz von Aufwendungen für die Ermittlung der IP-Adresse und der Person des Handelnden verlangt werden;
- Bei der Verletzung von Persönlichkeits- und sonstiger absoluter Rechte können sich z.B. auch Ansprüche auf Ersatz der immateriellen Schäden (Schmerzensgeld) ergeben.

### 3.2.2.4 Rechtsbereiche zivilrechtlicher Online-Haftung im Überblick

Im **Ausgangsfall** hat die A-GmbH den Nutzern per ftp Software gegen Entgelt zur Verfügung gestellt. Die Software ist virenverseucht. Mit der Prüfung durch herkömmliche Virenprogramme hätte die A-GmbH dies erkennen können. Die Verwendung der Software führt wegen der Virenverseuchung bei zahlreichen Nutzern zu erheblichen Schäden. Ist die A-GmbH schadensersatzpflichtig?

Die zivilrechtliche Haftung auf Schadensersatz oder Unterlassen ergibt sich aus dem Bürgerlichen Gesetzbuch und anderen Zivilrechtsbestimmungen.

Im Online-Bereich haben sich in den letzten Jahren, speziell mit der zunehmenden Kommerzialisierung des Internets, **einige Haftungstatbestände als besonders praxisrelevant** herausgestellt. Dies betrifft das Urheberrecht und den gewerblichen Rechtsschutz.[76] Bei Letzterem stehen das Kennzeichenrecht und das Wettbewerbsrecht im Vordergrund. Immer größere praktische Bedeutung gewinnt aber auch das allgemeine Deliktsrecht mit seinem Rechtsgüterschutz in § 823 I BGB. Die Relevanz der genannten Rechtsmaterien wird im Folgenden kurz erläutert.

### Urheberrecht

Die Digitalisierungstechnik ermöglicht es, ohne besonders großen technischen oder wirtschaftlichen Aufwand Musik, Texte oder Fotografien ins Netz zu stellen. Häufig werden auf diese Weise fremde, urheberrechtlich geschützte Werke ohne Berücksichtigung der rechtlichen Zulässigkeit genutzt. Außerdem wurden neue schutzfähige Werkarten in das Urheberrechtsgesetz aufgenommen, die für das Internet bedeutsam sind, wie z.B. Computerprogramme (§ 2 I Nr. 1 UrhG), Datenbankwerke (§ 4 UrhG) und Multi-Media-Werke, über die z. Z. noch diskutiert wird (ausführlich dazu in Kap. 5.).

Der Nutzer verstößt durch die **unzulässige Vervielfältigung, Bearbeitung oder Verbreitung** solcher Werke über das Internet gegen absolute Rechte des Urhebers, die diesem gegen

---

[76] Allgemein zum Urheberrecht und zum gewerblichen Rechtsschutz siehe Eisenmann: Grundriss gewerblicher Rechtsschutz und Urheberrecht, 10. Aufl. 2015, 1 ff.

jedermann zustehen. Solche nach § 97 I UrhG geschützten Ausschließlichkeitsrechte sind, um ein Beispiel zu nennen, durch die Verteilung von Raubkopien über das Netz[77] verletzt.

## Kennzeichenrecht

Mit der stetig steigenden Zahl von Homepage-Anbietern und Nutzern im WWW und mit der zunehmenden Verbreitung der digitalen Post (E-Mail) haben sich zwangsläufig zahlreiche Kennzeichenkonflikte ergeben. Sie sind dadurch bedingt, dass die Erreichbarkeit über Homepage und E-Mail nur durch eine eindeutige, einmal existierende Internet-Adresse gewährleistet werden kann. Hierfür werden aber vielfach die außerhalb des Internets für Unternehmen geschützten Kennzeichen als **Domain-Bestandteil** genutzt.

In diesem Bereich sind auch digitale Adressenhändler tätig, die wertvolle Marken, geschäftliche Bezeichnungen oder Namen als Bestandteil von Domain-Namen (dazu unter Abschn. 3.2.2.5) für sich eintragen lassen, um anschließend zu versuchen, sie an die betroffenen Firmen zu verkaufen (sog. **domain-grabbing**).[78] So kann die Verwendung einer Domain mit dem Städtenamen eine unberechtigte Namensanmaßung darstellen.[79]

## Wettbewerbsrecht

Mit der Zunahme des geschäftlichen Verkehrs im Internet gewinnt das Wettbewerbsrecht insbesondere im Bereich des Online-Marketing ständig an Bedeutung. Die im Wettbewerbsrecht zur Generalklausel des § 3 UWG entwickelten Fallgruppen des Kundenfangs, der Behinderung, der Ausbeutung, des Rechtsbruchs und der Marktstörung finden sich auch im Internet wieder (Näheres dazu unter Absch. 6.1.2).

Bei der **Verwendung von Internetadressen** können neben dem Kennzeichenrecht wettbewerbsrechtliche Aspekte wie die unlautere Behinderung des Wettbewerbs eine Rolle spielen (z. B. wenn die Eintragung eines Kennzeichens als Second-Level-Domain mit dem Ziel erfolgt, dem Inhaber des Zeichens die Nutzung dieser Bezeichnung für eigene geschäftliche Zwecke unmöglich zu machen).

Die unaufgeforderte **Zusendung werbender E-Mails** bei Telemedien ist ein weiterer Beispielsfall für wettbewerbswidriges Verhalten im Internet.[80]

Schließlich können Wettbewerbsverstöße durch neue Formen der internetspezifischen Markennutzung entstehen, wie z. B. die unberechtigte Bezugnahme auf ein anderes Unternehmen durch **Hyperlinking** in der Form, dass der falsche Eindruck einer Zusammenarbeit oder Unterstützung mit dem verlinkten Unternehmen entsteht. Dies ist z. B. der Fall, wenn ein Unternehmen auf seiner eigenen Homepage einen Hyperlink setzt, der das fremde Logo oder den Slogan des angelinkten Unternehmens für seinen eigenen

---

[77] AG Nagold, CR 1996, 240 – bezüglich eines Mailbox-Betreibers.

[78] So z. B. LG Hamburg, Urt. v. 12.8.2008 – 312 O 64/08, MMR 2009, 70; dort für die Domain: area45cycles.de.

[79] So z. B. bei „berlin.com", KG vom 15.03.2013 – 6 U 41/12, MMR 2013, 656.

[80] In der Rechtsprechung findet sich dies (noch in den Tele- und Mediendiensten) erstmals beim LG Traunstein, Beschluss vom 14. Oktober 1997 – 2 HKO 3755/97, MMR 1998, 109 f.

Link nutzt.[81] Die grafische Gestaltung des Kennzeichens als sog. Icon ist zur Verlinkung nämlich nicht erforderlich und stellt daher eine Verletzung dar. Ebenfalls eine Verletzung des Kennzeichens ist eine solche Verlinkung, die das Kennzeichen in einen rufausbeutenden oder verwässernden Zusammenhang setzt.[82]

**Allgemeines Deliktsrecht**

Der Rechtsgüterschutz in § 823 I BGB spielt im Online-Bereich im Hinblick auf die **Verletzung der allgemeinen Persönlichkeitsrechte** eine wachsende Rolle. Zum einen können die schädigenden Auswirkungen von Rechtsgutverletzungen wegen des im Internet potenziell wesentlich größeren Adressatenkreises unter Umständen viel gravierender sein. Zum anderen ist es jedem möglich, mit dem Internet ein großes Publikum zu erreichen, ohne dass – wie bei den herkömmlichen Medien üblich – eine gewisse Professionalität hinsichtlich Form und Inhalt (z. B. bei der Berichterstattung über Dritte) gewährleistet sein muss.

Ein weiteres sonstiges Recht im Sinne des § 823 I BGB ist das **Recht am eingerichteten und ausgeübten Gewerbebetrieb.**[83] Es kann z. B. durch einen über das Internet verbreiteten rechtswidrigen Boykottaufruf[84] unmittelbar verletzt werden, wobei der Verletzungserfolg mit dem Zugänglichmachen des Inhaltes eintritt.

Der Verletzungserfolg tritt u. U. auch erst dadurch ein, dass der Nutzer aufgrund der zugänglich gemachten Inhalte weitere Handlungen vornimmt. Solche **mittelbaren Rechtsverletzungen** der in § 823 I BGB genannten Rechtsgüter (z. B. Leben, Körper, Gesundheit und Eigentum) können sich aufgrund von über das Internet zugänglich gemachten Falschinformationen in technischen Anleitungen ergeben, die der Nutzer befolgt. Ebenso ist daran zu denken, dass online übermittelte Software virenbehaftet oder sonst fehlerhaft ist und beim Nutzer einen weiteren Sach- oder Vermögensschaden verursacht.

Im **Ausgangsfall** führt nicht das Zugänglichmachen der virenverseuchten Software durch die A-GmbH unmittelbar zu einer Rechtsverletzung, aber die Verwendung der Software durch die Nutzer. Der Verletzungserfolg tritt also mittelbar ein. Die A-GmbH hat den Erfolg dadurch fahrlässig herbeigeführt, dass sie die angebotene Software nicht mit einem herkömmlichen Virenprogramm geprüft hat. Sie hat damit schuldhaft gehandelt und ist schadensersatzpflichtig.

---

[81] Vgl. LG Braunschweig, MMR 2001, 187 – FTPX-Explorer, LG München, MMR 2000, 566 – FTP-Explorer.

[82] Spindler/Schuster/Müller, Recht der elektronischen Medien, 3. Auflage 2015, BGB § 12 Rn. 92–94.

[83] Vgl. dazu Jauernig/Teichmann, Kommentar zum BGB, 15. Auflage 2014, § 823 Rn. 95 ff.

[84] MüKoBGB/Wagner, BGB, 6. Auflage 2013, § 823 Rn. 278–283.

### 3.2.2.5 Domainrecht

Im **Ausgangsfall** überlegt die A-GmbH, welchen Domain-Namen sie im Interesse einer größeren Werbewirksamkeit wählen soll und welche anderen diesbezüglichen Möglichkeiten sie hat, Aufmerksamkeit zu erlangen. Hinsichtlich des Domain-Namens möchte die A-GmbH am liebsten www.berlin.de wählen.

Wenn dieser nicht mehr frei ist oder rechtliche Bedenken dagegen bestehen, dann möchte die A-GmbH als Alternative den Namen www.artis.de nehmen. Dies ist zwar die geschäftliche Bezeichnung ihres in derselben Branche tätigen Konkurrenten K1, der diesen Namen allerdings nicht für seinen Internet-Auftritt als Domain-Namen verwandt hat.

Schließlich findet die A-GmbH den Namen www.marmara.de einer anderen, ebenfalls in derselben Branche tätigen Konkurrentin K2 interessant. K2 ist Inhaberin der entsprechenden Marke für ihre Waren und Dienstleistungen. Sie will aber vorläufig mit diesem Markennamen als Domain-Namen nicht ins Internet gehen.

Sollte diese Wahl rechtlich auch nicht zulässig sein, dann möchte die A-GmbH wissen, ob sie diesen Markennamen als Stichwort (Keyword) für die Suchmaschinen im Internet benutzen kann. Sie würde dann diese Markenbezeichnung als Wort häufiger in ihrer Internet-Präsentation benutzen.

Die unter dem Begriff „Domainrecht" zusammengefassten Teilrechtsgebiete haben keinen Niederschlag in einem eigenständigen Gesetz gefunden, sondern basieren auf verschiedenen gesetzlichen Regelungen sowie auf einer umfangreichen Rechtsprechung. Da das Domainrecht mehrere Rechtsgebiete tangiert – u. a. das Marken- und das Namensrecht – und Internet-Domains eine zunehmend wichtige Rolle im Wirtschaftsverkehr spielen, gibt es eine Vielzahl gerichtlicher Entscheidungen und höchstrichterlicher Rechtsprechung zu diesem Bereich.

Das **Domainrecht** beschreibt die rechtlichen Aspekte der Wahl eines Domainnamens, also letztlich die eindeutige und individuelle Adresse eines Users, mit der eine Identifizierung im www möglich wird. Diese Domain wird über das DNS-System mit einer sog. IP-Adresse verknüpft.

Eine **Domain** ist ein zusammenhängender Teilbereich des hierarchischen Domain Name System (DNS), wodurch ein beliebiges physisches oder virtuelles Objekt weltweit eindeutig adressiert werden kann.[85] Der vollständige Name einer Domain besteht dabei

---

[85] Wikipedia: https://de.wikipedia.org/wiki/Domain_(Internet)

regelmäßig aus der sog. Top-Level-Domain (z. B. „.de" oder „.com") sowie der Second-Level-Domain (z. B. "google").

Aufgrund der eindeutigen Zuordnung einer Domain zu einer IP-Adresse kann letztlich jede Domain nur einmal vergeben werden. Für die **Einrichtung der Top-Level-Domain** „.de" ist die DENIC eG zuständig, wobei die Domainregistrierung über Provider erfolgen kann, die z. B. Mitglied der DENIC sind. Aus rechtlicher Sicht wird zwischen dem Domaininhaber und der DENIC ein Domainvertrag (dazu bereits mehr unter Abschn. 2.3.2) geschlossen.

Die Vergabe der Domains erfolgt dabei nach dem **Prioritätsprinzip**. Vergeben wird eine Domain also grundsätzlich an denjenigen, der diese zuerst beantragt hat, unabhängig von der materiellen Rechtsposition des Beantragenden.

**Ausnahmen vom Prioritätsprinzip** können sich insbesondere aus folgenden Konstellationen ergeben:

- Das Namensrecht eines Dritten kann der Domainregistrierung entgegenstehen. In Betracht kommt insbesondere der **Namensschutz** natürlicher oder auch juristischer Personen nach § 12 BGB. Der Namensträger kann insbesondere wegen Namensanmaßung unmittelbar aus § 12 BGB gegen den Domaininhaber vorgehen, wenn durch den unbefugten Namensgebrauch eine Zuordnungsverwirrung ausgelöst und ein schutzwürdiges Interesse des Namensträgers verletzt wird.[86]
- Weiterhin können **markenrechtliche Ansprüche** einer Domainregistrierung entgegenstehen. Verletzt die verwendete Domain z. B. geschützte Marken oder geschäftliche Bezeichnungen im Sinne des MarkenG, kann der jeweilige Markeninhaber hieraus gegen den Domaininhaber vorgehen.

Problematisch und von den Umständen des Einzelfalls abhängig sind dagegen Konstellationen, in denen sowohl Domaininhaber als auch eine andere Person jeweils eigene materielle Rechtspositionen an der Domain geltend machen können (sog. **Recht der „Gleichnamigen"**).[87] Als Beispiel können Streitigkeiten zwischen Personen, die denselben Namen haben, genannt werden. Nach der Rechtsprechung des BGH gilt in derartigen Fällen regelmäßig der Prioritätsgrundsatz, soweit die gegenüberstehenden Rechtspositionen gleichrangig sind.[88] Ausnahmen von diesem Grundsatz können sich allerdings ergeben, wenn zugunsten einer Partei eine besondere Verkehrsgeltung (z. B. aufgrund eines überragenden Bekanntheitsgrades) festgestellt werden kann.[89]

Eine weitere praxisrelevante Fallgruppe stellt das so genannte **Domaingrabbing** dar. Der Begriff wird jedoch nicht einheitlich verwendet. Einerseits werden hierunter Konstellationen verstanden, in denen insbesondere bekanntere Produkt- oder

---

[86] Heckmann, Internetrecht, jurisPraxisKommentar, 2014, Abschn. 2.2, Rn. 17.

[87] Ebd., Abschn. 2.2, Rn. 96.

[88] BGH, CR 2002, S. 525 – shell.de.

[89] Heckmann, Internetrecht, jurisPraxisKommentar, 2014, Abschn. 2.2, Rn. 105.

Unternehmensnamen als Domain registriert und anschließend dem jeweiligen Rechteinhaber zum Kauf bzw. zur Übertragung angeboten werden. Der Rechteinhaber kann hier insbesondere aus den o. a. Rechten gegen den Domaininhaber vorgehen.

Mit Domaingrabbing wird vielfach aber auch die – häufig umfangreiche – Registrierung von Gattungsbegriffen und das anschließende Anbieten bzw. Handeln der so registrierten Domains verbunden. Soweit hierdurch keine Marken- oder Namensrechte Dritter verletzt werden, was bei Domain-Registrierungen von Gattungsbegriffen häufig der Fall ist, wird es sich vielfach um rechtlich zulässiges Verhalten handeln. Die Schwelle zum unzulässigen Domaingrabbing ist allerdings regelmäßig dann überschritten, wenn die Gattungsdomain unter mehreren verschiedenen Top-Level-Domains registriert wird.[90]

Im **Ausgangsfall** wäre der A-GmbH zu raten, auf die Verwendung des Domain-Namens www.berlin.de zu verzichten, denn die Bezeichnung von Städtenamen ist auch bei Verwendung nur als Bestandteil einer Domain namensrechtlich nach § 12 BGB geschützt. Durch den Gebrauch dieses Namens würde die A-GmbH den Eindruck erwecken, dass die Stadt Berlin selbst unter dieser Domain als Namensträgerin im Internet auftritt.

Der A-GmbH ist aus rechtlichen Gründen auch von der Verwendung des Domain-Namens www.artis.de abzuraten. Für K1 ist ihre Firma (Artis) gemäß § 5 Markengesetz als Unternehmenskennzeichen geschützt. Nach § 15 II MarkenG ist es deshalb der A-GmbH untersagt, diese geschäftliche Bezeichnung unbefugt und in einer Weise zu benutzen, die geeignet ist, Verwechslungen mit der Person hervorzurufen, auf die die geschützte Bezeichnung verweist. Dies würde durch die Verwendung des Domain-Namens geschehen, da beide Unternehmen in der gleichen Branche tätig sind. Es ist also unerheblich, ob der Konkurrent K1 diese Bezeichnung selbst als Domain-Namen nutzt.

Auch mit ihrem Wunsch, den Domain-Namen www.marmara.de zu verwenden, hat die A-GmbH aus rechtlicher Sicht kein Glück. K2 ist Inhaberin der Marke Marmara und kann daher nach § 14 II Nr. 1 MarkenG der A-GmbH untersagen, ohne ihre Zustimmung ein Zeichen für Waren oder Dienstleistungen zu benutzen, welches mit demjenigen identisch ist, für das die Marke der K2 Schutz genießt. Da die A-GmbH und K2 in derselben Branche tätig sind, liegen auch hier die Voraussetzungen für einen Unterlassungsanspruch gegen die A-GmbH vor.

Von der Verwendung der Marke Marmara oder der geschäftlichen Bezeichnung Artis als Keyword auf ihrer Homepage ist der A-GmbH ebenfalls abzuraten. Denn mit den entsprechenden Keywords weist die A-GmbH auf ihre Homepage und damit auf ihren Geschäftsbetrieb hin. Sie benutzt also die Bezeichnungen als geschäftliche

(*Fortsetzung*)

---

[90] LG Hamburg, MMR 2009, 70; Heckmann, Internetrecht, jurisPraxisKommentar, 2014, Abschn. 2.2, Rn. 136.

Bezeichnungen im Sinne des § 15 MarkenG. Da die A-GmbH und K1 bzw. K2 in derselben Branche tätig sind, begründet die Verwendung der geschäftlichen Bezeichnung Artis oder Marmara durch die A-GmbH eine Verwechslungsgefahr. Für einen Unterlassungsanspruch ist die Störereigenschaft der A-GmbH gegeben. Die A-GmbH hätte die Verletzung der Marke, der geschäftlichen Bezeichnung und auch des Namens selbst veranlasst. Anders wäre dies allerdings, wenn das Keyword für den unbefangenen Benutzer nicht sichtbar wäre. In diesem Fall scheidet eine Verletzung mangels Wahrnehmbarkeit des Zeichens durch die angesprochenen Verkehrskreise regelmäßig aus.[91]

Soweit das Verhalten der A-GmbH – was nach einer solchen Rechtsberatung der Fall wäre – als vorsätzlich anzusehen ist, bestünde sogar nach § 14 IV MarkenG für die Marke und nach § 15 V MarkenG für die geschäftliche Bezeichnung ebenso wie für den Namen nach § 823 I BGB ein Schadensersatzanspruch.

Im Übrigen würde die A-GmbH selbst dann Störer sein, wenn sie die Eingabe der genannten Suchbegriffe in die Suchmaschinen überhaupt nicht veranlasst hätte. Denn als Mitwirkung kann auch die Unterstützung oder Ausnutzung der Handlung eines eigenverantwortlich handelnden Dritten genügen, sofern der in Anspruch Genommene die rechtliche Möglichkeit zur Verhinderung dieser Handlung hatte.[92] So kann die A-GmbH den Link auf ihre Domain-Adresse unter dem Suchwort Artis und Marmara durch den Betreiber der Suchmaschine ohne weiteres entfernen lassen.

### 3.2.3  Strafrecht

Im **Ausgangsfall** stellt die A-GmbH per ftp Software-Programme als kostenlosen Service für die Nutzer der Web-Seiten der A-GmbH zum Herunterladen zur Verfügung. Dabei weist sie darauf hin, dass die Software-Programme nur für den privaten Gebrauch sind. Sie werden als Software-Produkte der A-GmbH im Internet bereitgehalten, obwohl sie von einem anderen ftp-Rechner heruntergeladen wurden. Dort werden sie zwar vom Urheber kostenlos zur Weitergabe angeboten, allerdings nur für nicht-kommerzielle Anbieter. Der Geschäftsführer G der A-GmbH wusste von dieser Konstellation. Hat er sich strafbar gemacht?

Die Haftung im Internet umfasst neben der zivilrechtlichen Verantwortlichkeit auch **Straftaten und Ordnungswidrigkeiten,** wie sie im Straf- und Ordnungswidrigkeitenrecht

---

[91] Ingerl/Rohnke, MarkenG, 3. Auflage 2010, § 26 Rn. 57.
[92] BGH, GRUR 2001, 1038 f. – ambiente.de.

geregelt sind. Das Strafrecht betrifft den Teil der Rechtsordnung, der die Voraussetzungen der Strafbarkeit und die einzelnen Elemente des strafwürdigen Verhaltens bestimmt sowie die Rechtsfolgen der Straftat regelt (kriminelles Unrecht). Das Ordnungswidrigkeitenrecht erfasst im Unterschied zu diesem kriminellen Unrecht bloße Ordnungswidrigkeiten, deren Begehung mangels Strafwürdigkeit nur mit einer Geldbuße bedroht ist (§ 1 OWiG).[93]

Das Straf- und Ordnungswidrigkeitenrecht finden sich in **Bundes- und Landesgesetzen.** Die Hauptquelle für das Strafrecht ist im Bereich der Bundeskompetenz das Strafgesetzbuch (StGB). Daneben gibt es zahlreiche Gesetze des so genannten Nebenstrafrechts, in dem bestimmte Handlungen als strafbar oder bußbar angesehen werden.[94] Die Ordnungswidrigkeiten sind auf Bundesebene im Ordnungswidrigkeitengesetz (OWiG) und in zahlreichen anderen Gesetzen geregelt. Im Bereich der Länderkompetenz finden sich strafrechtliche Vorschriften in speziellen Mediengesetzen (z B. den Pressegesetzen der Länder[95]) und im Ordnungswidrigkeitsrecht (z. B. im Rundfunk-Staatsvertrag (§ 49 RStV)).

### 3.2.3.1 Straf- und Ordnungswidrigkeitstatbestände

Die allgemeinen Straftat- und Ordnungswidrigkeitstatbestände können ohne weiteres ihre Rechtsgüterschutzfunktion im Internet ausüben, weil sie keiner besonderen körperlichen Begehungs- oder Erscheinungsform bedürfen und nicht speziell für andere Bereiche als die der elektronischen Daten geschaffen wurden.

Das Strafrecht schützt **sowohl in der körperlichen als auch in der körperlosen Welt** des Internets Individualrechtsgüter (z. B. das Leben, die körperliche Unversehrtheit, die persönliche Freiheit, die Ehre und das Vermögen) sowie Universalrechtsgüter (z. B. den Bestand des Staates und seine freiheitlich-demokratische Grundordnung, die Rechtspflege und die Sicherheit des Geldverkehrs). Das Ordnungswidrigkeitenrecht schützt ebenfalls in der körperlichen wie in der körperlosen Welt des Internets die Ordnungsinteressen der Allgemeinheit.

Die in der Praxis **häufigsten Straftaten im Netz** werden wie folgt erfasst:

- Im Strafgesetzbuch (StGB) in den §§ 185 ff. StGB (Beleidigung), § 263 StGB (Betrug), § 203 StGB (Verletzung von Privatgeheimnissen), § 267 StGB (Urkundenfälschung), § 303 StGB (Sachbeschädigung) und in § 265a StGB (Erschleichen von Leistungen);
- Im Wettbewerbsstrafrecht sind es die § 16 UWG (Strafbare Werbung), § 17 UWG (Verrat von Geschäfts- und Betriebsgeheimnissen) und § 18 UWG (Rechtswidrige Verwertung von Vorlagen);
- Im Urheberrechtsgesetz (UrhG) in § 106 UrhG (Unerlaubte Verwertung urheberrechtlich geschützter Werke), § 108 UrhG (Unerlaubte Eingriffe in verwandte

---

[93] Vgl. BVerfGE 22, 49 (79).

[94] Für den Datenschutz z. B. § 43 BDSG für Ordnungswidrigkeiten und § 44 BDSG für Straftaten.

[95] Z. B. die Strafbestimmungen der §§ 21–22 des Pressegesetzes für das Land Nordrhein-Westfalen vom 24. Mai 1966, www.recht.nrw.de (https://recht.nrw.de/lmi/owa/br_text_anzeigen?v_id= 10000000000000000330)

Schutzrechte) und § 108b UrhG (Unerlaubte Eingriffe in technische Schutzmaßnahmen und zur Rechtewahrnehmung erforderliche Informationen).

**Spezielle computerorientierte Straftatbestände** regelt das Strafgesetzbuch (StGB) in § 202a StGB (Ausspähen von Daten – Hacking), § 263a StGB (Computerbetrug), §§ 268–270 StGB (Fälschung von Daten), § 303a StGB (Datenveränderung) und in § 303b StGB (Computersabotage).

Diese Tatbestände sind betroffen bei dem so genannten „Phishing" und dem „Pharming". **Phishing** ist eine Form des Trickbetrugs. Der Phisher schickt seinem Opfer offiziell wirkende E-Mails, die es verleiten sollen, Passwörter an den Täter preiszugeben. Angriffsziel sind vor allem Zugangsdaten zum Online-Banking. **Pharming** ist eine Weiterentwicklung des Prinzips. Dabei sorgt ein Computervirus dafür, dass der befallene Rechner gefälschte Web-Seiten im Internet aufruft, auch wenn die korrekte Adresse eingegeben wurde.

Schon das Zusenden der Massen-E-Mails erfüllt den Tatbestand des § 269 StGB (Fälschung beweiserheblicher Daten). Verschafft sich der Täter anschließend mit den erlangten Daten Zugang zu den Konten oder Depotinformationen des Opfers, wird zudem § 202a StGB (Ausspähen von Daten) verletzt. Der Täter erfüllt weiterhin § 263a StGB (Computerbetrug), wenn er die erlangten Zugangsdaten und die TAN dazu einsetzt, eine Vermögensverfügung zum Nachteil des Opfers vorzunehmen.[96]

Im Urheberrechtsgesetz (UrhG) ist der bereits erwähnte § 106 UrhG im Zusammenhang mit den speziellen Vorschriften der §§ 69a ff. UrhG bezüglich der Software-Piraterie betroffen.

Im **Ausgangsfall** macht G sich nach § 106 UrhG wegen unerlaubter Verwertung eines urheberrechtlich geschützten Werkes strafbar. Der Urheber U hat zwar sein Software-Produkt kostenlos verteilt, aber er hat seine Software ausdrücklich mit einer Verwendungsbeschränkung dahingehend versehen, dass die Weitergabe nur durch nicht-kommerzielle Dritte erlaubt ist. Hiergegen hat G als Geschäftsführer der A-GmbH vorsätzlich verstoßen. Sein Verhalten ist rechtswidrig und schuldhaft. Daran ändert auch die Tatsache nichts, dass G gegenüber den Nutzern den Gebrauch der Software-Programme auf private Zwecke beschränkt hat. Denn sein strafrechtliches Verhalten besteht bereits in der Weitergabe durch die A-GmbH als kommerziellem Dritten.

Im Übrigen ist bei Software auch die private Kopie grundsätzlich verboten. Lediglich eine Sicherungskopie des Programms darf nach § 69d II UrhG hergestellt werden.

---

[96] Ausführlich dazu bei Knupfer, Phishing for Money, MMR 2004, 641 f.

### 3.2.3.2 Besonderheiten der Verbreitungsdelikte

Eine ganz andere Ausgangssituation als bei den eben genannten Tatbeständen ergibt sich bei der **Verbreitung von strafrechts- oder ordnungswidrigen Daten** im Internet. Hier knüpfen die einschlägigen Tatbestände für ein strafrechts- bzw. ordnungswidrigkeitenrelevantes Verhalten an das Verbreiten oder sonstige Zugänglichmachen von Schriften an.

Der **Schriftenbegriff** in § 11 III StGB ergänzt das Wort „Datenspeicherung" (entsprechend in den Ordnungswidrigkeitstatbeständen, §§ 116, 119 u. 120 OWiG) und stellt damit klar, dass auch die unkörperliche Speicherung erfasst ist, d. h. als „Schriften" im Sinne des § 11 III StGB sind sowohl Datenträger als auch elektronische Datenspeicher zu verstehen.

Die „**Datenspeicher**" umfassen Datenträger aller Art (wie USB-Sticks, Festplatten) sowie webbasierte Arbeitsspeicher (z. B. Dropbox.de), d. h. flüchtige Datenspeicher. Nicht eingeschlossen sind Echtzeit-Übertragungen (wie z. B. Fernseh-Live-Übertragungen) oder die kurzfristige Zwischenspeicherung, um Echtzeit-Übertragungen zu ermöglichen. Unter Echtzeit-Übertragung fällt auch die paketweise Datenübermittlung, bei der im strengen Sinne keine Echtzeit vorliegt.[97]

Eine (z. B. pornografische) Schrift im Sinne des § 11 III StGB liegt – wenn die anderen Kriterien des § 184b StGB erfüllt sind – folglich schon mit der Speicherung vor. Dies macht zum einen deutlich, dass in Datenspeichern vorhandene Informationen unabhängig von ihrer Wahrnehmbarmachung auf einem Bildschirm als Schriften im Sinne des § 11 III StGB behandelt werden. Zum anderen kommt es nicht darauf an, wie die in den Datenspeichern vorhandenen Informationen wahrnehmbar gemacht werden, also z. B. über einen Bildschirm oder über das Ausdrucken von Dateien.

Für den Begriff des „**Besitzes**" im Sinne des § 184b II, IV StGB (von kinderpornografischem Material) bedeutet dies, dass ein Vorhandensein solchen Materials im Datenspeicher des Nutzers den Tatbestand des Besitzes[98] erfüllt. Das Anzeigen auf einem Bildschirm reicht dazu aus, wenn die Abbildung im RAM – Random Access Memory (z. B. flüchtiger Video-Speicher) gespeichert ist.[99] Strafbar kann demnach auch der Nutzer sein, der sich solches Material ansieht, ohne es auf einem nicht flüchtigen Datenträger zu speichern.[100]

Zu den Tatbeständen, welche die Verbreitung, die Zugänglichmachung oder den Besitz von Daten mit strafbaren oder ordnungswidrigen Inhalten erfassen, gehören **im Strafgesetzbuch** § 86 StGB (Verbreitung von Propagandamitteln verfassungswidriger Organisationen), § 86a StGB (Verwendung von Kennzeichen verfassungswidriger Organisationen), § 111 StGB (Öffentliches Auffordern zu Straftaten), § 130 II StGB (Volksverhetzung), § 130a I StGB (Anleitung zu Straftaten), § 131 StGB (Gewaltdarstellung) und § 184 StGB (Pornografie).

Im **Ordnungswidrigkeitengesetz** sind als Verbreitungstatbestände zu erwähnen § 116 OWiG (Öffentliche Aufforderung zu Ordnungswidrigkeiten), § 119 III OWiG (Grob

---

[97] So BGH, NJW 2001, 3558 (3559 f.).

[98] Dies gilt z. B. auch für das „Vorrätighalten" von Propagandamitteln (§ 86 I StGB).

[99] Vgl. BT-Drs. 13/7385, 36.

[100] Vgl. Harms, NStZ 2003, 646; LG Stuttgart, NStZ 2003, 36.

anstößige und belästigende Handlungen) und § 120 I Nr. 2 OWiG (Werbung für Prostitution). Weitere Ordnungswidrigkeitstatbestände finden sich in § 16 TMG. Hierzu gehört insbesondere § 16 I TMG, wonach z. B. die Verschleierung der klaren Absendererkennung und der klaren Werbekennzeichnung bei Werbe-E-Mails einen Ordnungswidrigkeitstatbestand darstellen, der mit bis zu € 50.000,00 Geldbuße geahndet werden kann.

In den Straf- und Ordnungswidrigkeitsbestimmungen ist ein zentraler Begriff der des **„öffentlichen Zugänglichmachens"**, der von dem des Besitzes zu unterscheiden ist. Beim Besitz (wie bei der bereits erwähnten Kinderpornografie in § 184 V StGB) oder auch beim gezielten Überlassen von Schriften (wie in § 184 I Nr. 1, 3 StGB) ist bereits die Individualkommunikation strafbar. Der Begriff des öffentlichen Zugänglichmachens bedeutet hingegen in seiner Grundstruktur die Möglichkeit der Wahrnehmung strafbarer Inhalte für eine unbestimmte Zahl von Personen oder eine größere Anzahl von bestimmten Personen (z. B. alle Mitglieder eines Sportvereins). Eine private Speicherung des rechtswidrigen Inhaltes reicht also nicht aus.

Für das Zugänglichmachen einer Schrift im Sinne des § 11 III StGB wird dennoch bereits die **Möglichkeit der öffentlichen Wahrnehmung**, d. h. die Möglichkeit des Abrufes der rechtswidrigen Inhalte, als ausreichend anzusehen sein. Ein Content-Provider macht sich also bereits dann strafbar, wenn er eigene rechtswidrige Informationen zur Nutzung durch Dritte bereithält, ohne dass Dritte tatsächlich davon Kenntnis genommen haben müssen. Die tatsächliche Nutzung spielte keine Rolle. So hat der BGH[101] festgestellt, dass der Content-Provider die rechtswidrigen Informationen auch ohne tatsächliche Nutzung zugänglich macht.

Abschließend ist festzuhalten, dass deutsche Gerichte auch eine im Ausland von einem Ausländer über einen ausländischen Server im Internet begangene Volksverhetzung (§ 130 I, III StGB) bestrafen können, wenn der Server Internetbenutzern in Deutschland zugänglich ist. Der nach § 9 I 3. Alt. StGB **zum Tatbestand gehörende Erfolg tritt im Inland ein**, wenn die volksverhetzenden Äußerungen konkret zur Friedensstörung im Inland geeignet sind.[102]

### 3.2.3.3 Strafrechtliche Verantwortlichkeit im Bereich des TMG

Die §§ 7–10 TMG beziehen sich auf den objektiven Strafrechtstatbestand. Wenn sie durch ihre Privilegierung diesen ausschließen, entfällt die Strafbarkeit. Ansonsten richtet sich die Prüfung der Strafbarkeit nach den allgemein geltenden Gesetzen. Hierunter sind die Strafbestimmungen im Strafgesetzbuch und im Nebenstrafrecht sowie die Ordnungswidrigkeitsbestimmungen im Gesetz über die Ordnungswidrigkeiten (OWiG) und in anderen Gesetzen zu verstehen.

---

[101] BGH, NJW 2001, S. 3558 (3559 f.).

[102] BGH, Urteil vom 12. Dezember 2000, 1 StR 184/00, NJW 2001, S. 624 – Auschwitzlüge II. Der BGH hebt damit das Urteil des LG Mannheim vom 10. November 1999, 5 KLs 503 JS 9551/99 – Auschwitzlüge I, auf. Vgl. dazu aber auch Ausführungen in Spindler/Schuster, Recht der elektronischen Medien, 3. Aufl. 2015, § 9 StGB, Rn. 1–4, wonach die zitierte Entscheidung der Auffassung der Vertreter einer extensiven Auslegung des Territorialprinzips entspricht und einen potentiellen Konflikt mit den Grundsätzen des völkerrechtlichen Souveränitätsprinzips begründet.

Die konkreten Auswirkungen der §§ 7–10 TMG auf das Straf- und Ordnungswidrigkeitenrecht müssen hier nicht im Einzelnen behandelt werden, es genügt, wenn auf **einige Grundzüge** der strafrechtlichen Verantwortlichkeit eingegangen wird.

## Nutzer

Der Nutzer (von Online-Diensten) haftet ohne jegliche Privilegierung nach den allgemeinen Gesetzen. Wenn er „aktiv" an offenen Diskussionsforen und -communities im Netz (z. B. Facebook) teilnimmt, ist er (z. B. für seine beleidigenden Äußerungen in einem solchen Forum) strafrechtlich voll verantwortlich. Soweit er lediglich „passiv" an der Netzkommunikation teilnimmt (z. B. fremde rechtswidrige Inhalte wahrnimmt oder selbst zwischenspeichert), macht er sich regelmäßig nicht strafbar. Anders ist dies, wenn Straftatbestände den „Besitz" (§ 184b IV S. 2 StGB – Kinderpornografie) oder das „Vorrätighalten" (z. B. § 86 I StGB – Propagandamittel verfassungswidriger Organisationen) unter Strafe stellen. Mit dem Zwischenspeichern solcher fremder rechtswidriger Informationen sind die genannten Straftatbestände erfüllt.

## Content-Provider

Die Content-Provider sind nach § 7 TMG für eigene Informationen, die sie zur Nutzung bereithalten, nach den allgemeinen Gesetzen verantwortlich. Der Content-Provider haftet also ohne jegliche Privilegierung für sein eigenes, aktives Tun nach den allgemeinen Straf- und Ordnungswidrigkeitsvorschriften (z. B. wenn er beleidigende Informationen auf seiner Homepage für Dritte zugänglich macht).

## Access-Provider

Die Access-Provider sind nach den § 8 TMG für fremde Informationen, die auf fremden Rechnern im In- oder Ausland gespeichert sind und zu denen sie lediglich den Zugang zur Nutzung vermitteln, nicht strafrechtlich verantwortlich. Sie machen sich außerdem nach § 9 TMG dann nicht strafbar, wenn es sich um ein automatisches und kurzzeitiges Speichern fremder Informationen handelt, wie es beim Zugang zu Online-Informationen über Proxy- und Cache-Speicher geschieht.

Voraussetzung ist allerdings, dass die Speicherung aufgrund einer Nutzerabfrage geschieht und nicht etwa, wie bei **Spiegelungen** auf Proxy- und Cache-Speichern, unabhängig von einer solchen konkreten Abfrage eines Nutzers veranlasst wird. Spiegelungen sind exakte Kopien der Daten auf demselben Rechner oder auf verschiedenen Rechnern.

Im **Marquard-Fall**[103] hatte die Anbieterin einer privaten Homepage (Frau Marquard) einen Hyperlink auf eine als verfassungsfeindlich eingestufte Zeitschrift (Radikal) gelegt. Der Server, auf dem ihre Homepage abgespeichert war, stand in den USA. Der Rechner der Zeitschrift Radikal befand sich in den Niederlanden. Nach Bekanntwerden des Verfahrens gegen Frau Marquard in der Internet-Gemeinde

*(Fortsetzung)*

---

[103] AG Berlin–Tiergarten, MMR 1998, S. 49 – Marquard/Radikal.

wurden so genannte „Spiegelungen" der Radikal-Homepage weltweit auf zahlreichen Proxy-Cache-Rechnern von Providern gespeichert. Diese Spiegelungen beruhen nicht auf einer konkreten Nutzer-Anfrage. Sie stellen vielmehr das Angebot fremder Inhalte (von der Radikal-Homepage) seitens dieser Provider an Dritte dar. Diese hafteten folglich nicht als Access- sondern als Service-Provider nach §§ 5 II TDG a.F./ MDStV a.F. (bzw. § 11 TDG/§ 9 MDStV), heute nach § 8 TMG.

Gegen den Access-Provider können **aufsichtsbehördliche Sperrungsanordnungen** gerichtet werden, wenn Maßnahmen gegenüber dem Content-Provider nicht durchführbar oder nicht Erfolg versprechend sind und eine Sperrung technisch möglich und zumutbar ist.

Im Anwendungsbereich der Telemedien sieht § 7 II S. 2 TMG die Möglichkeit vor, dass sich für den Access-Provider nach den allgemeinen Gesetzen **Verpflichtungen zur Sperrung** der Nutzung rechtswidriger Inhalte ergeben, wenn der Access-Provider von den Inhalten positiv Kenntnis erlangt hat und eine Sperrung ihm technisch möglich und zumutbar ist. Diese Verpflichtungen zur Sperrung der Nutzung von Informationen können allerdings nur aus der verschuldensunabhängigen verwaltungsrechtlichen „Nichtstörer"-Haftung oder aus der zivilrechtlichen „Störerhaftung" (z. B. entspreche §§ 1004, 823 BGB) resultieren, nicht aber aus strafrechtlichen Vorschriften. Die strafrechtliche Begründung von Kontroll- oder Abhilfepflichten aufgrund einer Garantenpflicht (§ 13 StGB) des Access-Providers allein wegen der Eröffnung des Netzzuganges ist somit ausgeschlossen.

**Beispielsfall**[104]: Der Access-Provider T hat Anhaltspunkte dafür erhalten, dass er seinen Nutzern den Zugang zu den Inhalten einer in Deutschland verbotenen linksradikalen Untergrund-Zeitung vermittelt, in der für terroristische Vereinigungen geworben bzw. zu Straftaten angeleitet wird (§§ 129a, 130a, 140 StGB). Die Internet-Version der Zeitung ist von einer niederländischen Gruppe in das Internet gestellt worden. Trotz dieser Anhaltspunkte sperrt T die Inhalte nicht. Dennoch macht sich T hier nicht strafbar.

Der Gesetzgeber hat die strafrechtliche und deliktische Verantwortlichkeit ausdrücklich auf die §§ 7–10 TMG beschränkt. Davon unberührt bleibt lediglich die in § 7 II S. 2 TMG geregelte verschuldensunabhängige Verpflichtung des T, die bekannten Inhalte zu sperren.

---

[104] In Anlehnung an die Einstellungsverfügung der Generalbundesanwaltschaft, abgedruckt in MMR 1998, 93 ff. (94).

Soweit der Schwerpunkt der Vorwerfbarkeit auf einem positiven Tun liegt, kommt allerdings eine Strafbarkeit von Providern in Betracht, wenn zusätzliche Handlungen vorgenommen oder Dienste zur Verfügung gestellt werden, die in besonderer Weise die Speicherung strafbarer Inhalte unterstützen oder direkt dazu einladen (z.B. bei Serviceprovidern durch die Bewerbung des Speicherplatzes für den Up- und Download von Raubkopien).[105]

## Service-Provider

Im **Ausgangsfall** wird der Provider P von der A-GmbH auf Inhalte der Homepage eines Kunden des Providers P aufmerksam gemacht, die beleidigende Äußerungen gegenüber dem Sportler S enthalten. P entfernt diese beleidigenden Äußerungen trotzdem nicht von seinem Rechner.

Die Service-Provider sind nach § 10 TMG für fremde Informationen, die sie für einen Nutzer speichern, nicht verantwortlich, sofern sie keine positive Kenntnis von deren rechtswidrigem Inhalt haben oder unverzüglich tätig geworden sind, um die Informationen zu entfernen oder den Zugang zu ihnen zu sperren oder ihnen ein Entfernen oder Sperren technisch nicht möglich oder nicht zumutbar ist.[106]

Umstritten ist, ob für den **Schwerpunkt des strafrechtlichen Vorwurfs**[107] gegen den Service-Provider an dessen aktives Tun (zum Beispiel Zurverfügungstellen von Speicherkapazitäten für die Homepage des Kunden) oder an das Unterlassen eines Einschreitens (zum Beispiel Löschen des rechtswidrigen fremden Inhalts des Kunden) anzuknüpfen ist.

Die grundsätzliche **Einordnung als aktives** Tun impliziert, die Rolle des Service-Providers eher als die eines inhaltlichen Anbieters und weniger als die eines technischen Dienstleisters anzusehen. Dem steht aber entgegen, dass der Service-Provider in erster Linie seinen Kunden die technische Möglichkeit verschafft, selbst ein inhaltliches Angebot zur Verfügung zu stellen. In der Schaffung einer solchen, von den Kunden frei nutzbaren Kommunikationsplattform liegt eine der wesentlichen Neuerungen und ein Mehrwert des Internets. Dass der Service-Provider selbst Inhaltsangebote zur Verfügung stellt, tritt dahinter zurück. Für solche Inhalte ist der Service-Provider schließlich auch voll verantwortlich.

Die Beiträge seiner Nutzer auf der ihnen zur Verfügung gestellten Kommunikationsplattform sind deshalb nicht als Teil eines inhaltlichen Gesamtangebotes des

---

[105] Sieber in: Hoeren/Sieber/Holznagel, Allgemeine Probleme des Internetstrafrechts, 39. Ergänzungslieferung 2014, Teil 19.L Rn. 25.

[106] Zu den Einzelheiten vgl. oben Abschn. 3.2.2.2.3.

[107] In Fällen eines mehrdeutigen Verhaltens, wie es auch beim Service-Provider vorliegen kann, fragt die Rechtsprechung, ob der Schwerpunkt der Vorwerfbarkeit im Tun oder im Unterlassen liegt; vgl. BGHSt 6, 46, 59; BGH, NJW 1953, 1924.

Service-Providers zu sehen. Dies dürfte auch nicht im Interesse seiner Kunden liegen. Im Vordergrund steht deshalb eine rein technische Dienstleistung des Service-Providers, nämlich das Zurverfügungstellen von Speicherplatz für seine Kunden.

Für den Schwerpunkt des strafrechtlichen Vorwurfs gegenüber dem Service-Provider ist daher an das **Unterlassen eines Einschreitens** gegen einen rechtswidrigen Inhalt anzuknüpfen.[108]

Unterlassen ist dabei im Sinne eines unechten Unterlassungsdeliktes zu verstehen, d. h. es zu unterlassen, einen Erfolg (z. B. Ehrkränkung eines Dritten auf der Homepage des Kunden), der zum Tatbestand eines Strafgesetzes gehört (hier Beleidigung gemäß § 185 StGB), abzuwenden. Ein solcher Unterlassungsvorwurf erfordert zusätzlich zur Verwirklichung des objektiven Tatbestandes eine **Garantenpflicht** nach § 13 StGB, um dem aktiven Tun gleichgestellt zu werden. Danach ist der Unterlassungstäter (hier der Service-Provider) für die Abwendung eines Erfolges (hier Ehrkränkung) dann strafrechtlich verantwortlich, wenn er rechtlich dafür einzustehen hat, dass der Erfolg nicht eintritt (Garantenpflicht). Die Garantenpflicht setzt voraus, dass bestimmte Umstände[109] diese Garantenstellung begründen. Dazu lassen sich die Garantenverhältnisse auf zwei Grundstrukturen zurückführen, nämlich auf besondere Schutzpflichten für bestimmte Rechtsgüter und auf die Verantwortlichkeit für bestimmte Gefahrenquellen.

Die für den betrachteten Fall der Ehrverletzung in Frage kommende **Verantwortlichkeit für bestimmte Gefahrenquellen** (Gewährung des Netzzugangs, Zurverfügungstellung von Speicherkapazität für die Homepage eines Kunden) kann sich in erster Linie aus einer Verkehrssicherungspflicht ergeben. Eine generelle Verpflichtung zur Überwachung seiner Kunden besteht für den Service-Provider jedoch nicht. Auch die einfachen vertraglichen Beziehungen zu seinen Kunden stellen insoweit keine ausreichende Grundlage dar.

In Frage kommt weiter eine Garantenpflicht **aus vorangegangenem Tun** (Ingerenz). Dies setzt voraus, dass der Service-Provider im Vorfeld objektiv pflichtwidrig gehandelt hat und diese Pflichtwidrigkeit die nahe Gefahr eines Tatbestanderfolges hervorruft. Da das Verhalten des Service-Providers (Speicherkapazitäten zur Verfügung zu stellen) rechtmäßig ist und offensichtlich auch keine besonders nahe liegende Gefahr für rechtswidrige Inhalte schafft, scheidet eine Garantenpflicht grundsätzlich aus.

Eine andere Beurteilung ergibt sich auch nicht aus dem Gesichtspunkt der **Herrschaft über eine Gefahrenquelle**, deren Kontrolle dem Service-Provider obliegt. Die tatsächliche Sachherrschaft besteht beim Service-Provider darin, auf die bei ihm gespeicherten Daten Einfluss nehmen zu können (sie z. B. aus dem Speicher zu löschen). Die Annahme konkreter Umstände, aus denen sich eine solche Verantwortlichkeit des Service-Providers ableiten lässt, ist jedoch der Rechtsordnung nicht zu entnehmen.

---

[108] Für ein Unterlassen spricht sich auch die herrschende Lehre aus, siehe Sieber in: Hoeren/Sieber/ Holznagel, Allgemeine Probleme des Internetstrafrechts, 39. Ergänzungslieferung 2014, Teil 19.1 Rn. 22.

[109] Diese gehören zu den ungeschriebenen Tatbestandsmerkmalen des unechten Unterlassungsdeliktes, BGHSt GrS 16, 155, 158.

Man wird grundsätzlich auch nicht von einer **extremen (internetspezifischen) Gefahrenquelle** durch die verschiedenen Internet-Dienste ausgehen können. Vonseiten des Gesetzgebers fehlt es insoweit an strafbewehrten Verkehrssicherungspflichten, die aus Gründen des Bestimmtheitsgrundsatzes nach Art. 103 II GG aber erforderlich sind. Danach kann eine Tat nur dann bestraft werden, wenn die Strafbarkeit gesetzlich bestimmt ist, bevor die Tat begangen wurde.

Die Annahme einer etwaigen Pflicht des Service-Providers zur Überwachung der „Gefahrenquelle" Internet scheidet außerdem **wegen des eigenverantwortlichen Handelns** der Kunden aus, die die rechtswidrigen Inhalte in strafbarer Weise zum Abruf bereithalten.

In dem Zurverfügungstellen von Speicherplatz seitens des Service-Providers ist regelmäßig auch nicht eine rechtswidrige Beteiligung in Form der **Beihilfe, Anstiftung oder Mittäterschaft** zu sehen. Im Normalfall werden die vom Service-Provider zur Verfügung gestellten Internet-Dienste in rechtmäßiger Form von seinen Kunden genutzt.

Eine allgemeine Garantenpflicht des Service-Providers, rechtswidrige Inhalte Dritter zu verhindern, besteht somit grundsätzlich nicht.[110]

Im **Ausgangsfall** macht sich der Provider P als Mittäter oder Gehilfe der beleidigenden Äußerungen des Kunden K gegenüber dem Sportler S dann strafbar, wenn er nach Kenntniserlangung nicht unverzüglich tätig geworden ist, um die beleidigenden Äußerungen zu entfernen oder den Zugang zu ihnen zu sperren. Ohne derartige Kenntniserlangung ist er mangels Garantenstellung nicht strafbar.

Unabhängig von der strafrechtlichen Verantwortlichkeit besteht die Möglichkeit der verschuldensunabhängigen (zivilrechtlichen) Störerhaftung, nach der der Sportler S gegenüber dem Provider P einen Anspruch auf Beseitigung der verletzenden Äußerungen des Kunden K hat. Das TMG ändert an dieser Rechtlage nichts.

### 3.2.4  Öffentliches Recht

Im **Ausgangsfall** möchte die A-GmbH (mit weniger als 50 Mitarbeitern) in ihrem digitalen Stadtführer, der Teil ihres Internet-Angebotes ist, auch einen „erotischen" Nachtspaziergang durch Berlin anbieten, der jugendgefährdende Inhalte enthält. Geschäftsführer G möchte wissen, ob er einen Jugendschutzbeauftragten bestellen muss.

---

[110] Vgl. die Ausführungen bei Hoeren/Sieber/Holznagel, Multimedia-Recht, 41. Ergänzungslieferung März 2015, Teil 19.1 Rn. 28 ff.

Die folgenden Ausführungen beschränken sich auf den Ausschnitt des öffentlichen Rechts, der für das Internet relevant ist. Er umfasst im Wesentlichen medienrechtliche[111] und datenschutzrechtliche Regelungen, die sich sowohl in Bundes- als auch in Landesgesetzen finden. Behandelt werden nur einige wichtige allgemeine medienrechtliche Regelungen. Der Datenschutz wird in Kap. 4 gesondert dargestellt.

### 3.2.4.1 Anbieterkennzeichnung

Nach der in §§ 5, 6 TMG geregelten Anbieterkennzeichnung sind die Diensteanbieter verpflichtet, für ihre Angebote u. a. Name und Anschrift sowie bei Personenvereinigungen und -gruppen auch Name und Anschrift des Vertretungsberechtigten anzugeben.

Die Regelungen wollen dem Nutzer ein **Mindestmaß an Transparenz** und Information über die natürliche oder juristische Person oder Personengruppe, die ihm das Angebot macht, sicherstellen, denn durch die räumliche Trennung der möglichen Telemedienpartner (Nutzer/Anbieter) fehlt die unmittelbare Erfahrung bezüglich der Person des Anbieters. Die Flüchtigkeit des Mediums erschwert außerdem dauerhaft verkörperte Anhaltspunkte über dessen Identität. Die §§ 5, 6 TMG dienen damit auch als Anknüpfungspunkte für die Rechtsverfolgung im Streitfalle.

Die Verpflichtung der Diensteanbieter zur Information setzen in § 6 TMG eine kommerzielle Kommunikation und in § 5 TMG eine geschäftsmäßige, in der Regel gegen Geld angebotene Dienstleistung voraus.[112] Das Merkmal der **Entgeltlichkeit** erfordert eine wirtschaftliche Gegenleistung. Damit unterliegen Telemedien, die ohne den Hintergrund einer Wirtschaftstätigkeit bereitgehalten werden, nicht den Informationspflichten des Telemediengesetzes. Dies sind z. B. Homepages, die rein privaten Zwecken dienen und keine Dienste bereitstellen, die sonst nur gegen Entgelt verfügbar sind, oder entsprechende Informationsangebote von Idealvereinen.

Ein **Verstoß** gegen die Pflicht zur Anbieterkennzeichnung nach § 5 I, II Nr. 1 TMG wird als Ordnungswidrigkeit gemäß § 16 TMG verfolgt und mit einer Geldbuße von bis zu 50.000 € geahndet.

Festzuhalten ist, dass das TMG nicht die **Pflichtangaben für E-Mails** regelt. Diese beruhen auf dem zum 01.01.2007 in Kraft getretenen Gesetz über elektronische Handelsregister und Genossenschaftsregister sowie das Unternehmensregister. Mit ihm wurden die entsprechenden Normen im Handelsgesetzbuch (§ 37a), im GmbH-Gesetz (§ 35) und im Aktiengesetz (§ 80) geändert. Nach diesen Vorschriften muss ein Unternehmer auf seinen Geschäftsbriefen entsprechende Pflichtangaben vornehmen. Dies hat der Gesetzgeber nun auch für E-Mails klargestellt.[113]

---

[111] Überblick mit Links zum Medienrecht unter http://www.urheberrecht.org

[112] Weitergehende Informationspflichten, insbesondere nach den Regeln zum Fernabsatz, im Fernunterricht, dem Teilzeitwohnrecht oder dem Preisangaben- oder dem Preisklauselgesetz und der Preisangabenverordnung sowie nach handelsrechtlichen Bestimmungen, bleiben unberührt.

[113] Eine ausführliche Zusammenstellung der einzelnen Pflichtangaben befindet sich bei der IHK Hamburg unter https://www.hk24.de/recht_und_steuern/wirtschaftsrecht/unternehmensgruendung-und-fuehrung/pflichtangaben_briefe/1156854

### 3.2.4.2 Jugendschutzbeauftragter

Nach § 7 JMStV[114] muss, wer geschäftsmäßig Telemedien allgemein zugänglich anbietet, einen Jugendschutzbeauftragten bestellen, wenn die Telemedien jugendgefährdende Inhalte enthalten. Der Provider kann nach § 7 II JMStV unter bestimmten Umständen (z. B. wenn er weniger als 50 Mitarbeiter hat) seine Verpflichtung auch dadurch erfüllen, dass er eine Organisation der freiwilligen Selbstkontrolle[115] mit der Wahrnehmung der Aufgaben eines Jugendschutzbeauftragten betraut.

Diese Pflicht trifft in erster Linie denjenigen, der für die Inhalte selbst verantwortlich ist, also den Content-Provider. Aber auch der Service-Provider ist verpflichtet, einen Jugendschutzbeauftragten zu bestellen.

Ein Verstoß gegen die genannten Pflichten wird nach § 24 I Nr. 8 JMStV als Ordnungswidrigkeit verfolgt.

> Im **Ausgangsfall** hat die A-GmbH nach § 7 JMStV einen Jugendschutzbeauftragten zu bestellen, da sie Telemedien bereithält, die jugendgefährdende Inhalte enthalten, wie hier den „erotischen" Nachtspaziergang durch Berlin. Die A-GmbH kann allerdings stattdessen eine Organisation der Freiwilligen Selbstkontrolle mit der Wahrnehmung der Aufgaben eines Jugendschutzbeauftragten (z. B. die „Freiwillige Selbstkontrolle Multimedia") betrauen, da sie weniger als 50 Mitarbeiter beschäftigt.

## 3.3    Interessante Online-Sachverhalte

### 3.3.1    Strafbarkeit und Haftung durch Setzen von Hyperlinks

Der BGH[116] hatte in dem **Urteil „Schöner Wetten"** über die Prüfpflichten eines Presseunternehmens zu entscheiden, das einen Link auf eine Web-Seite veröffentlichte, auf der ein ausländisches Unternehmen unter Verletzung des § 284 StGB Glücksspiele anbot. Der BGH stellte fest, das Pressunternehmen habe weder beim Setzen noch beim Aufrechterhalten des Hyperlinks zumutbare Prüfpflichten verletzt. Weder habe es sich den Inhalt des durch den Hyperlink leicht zugänglichen Internetauftritts zu Eigen gemacht noch zur Teilnahme an dem ungenehmigten Glücksspiel aufgefordert. Eine Verletzung von Prüfpflichten sei nur dann möglich, wenn sich dem Presseunternehmen die Erkenntnis einer Strafbarkeit des Online-Glücksspiels aufgedrängt hätte.

Bemerkenswert ist in diesem Zusammenhang die Entscheidung des OLG München,[117] in der es um einen Link auf eine Web-Seite mit Kopierschutzumgehungen ging. Anders

---

[114] Jugendmedienschutz-Staatsvertrag, GBL. BW 2007, 111.

[115] Z. B. die „Freiwillige Selbstkontrolle Multimedia" (FSM); im Internet unter http://www.fsm.de

[116] BGH, MMR 2004, 529 ff.

[117] Entscheidung des OLG München, MMR 2005, 768 ff.

als in der Entscheidung „Schöner Wetten" wurde der Link auf eine rechtswidrige Web-Seite hier nicht mehr als von der Pressefreiheit gedeckt angesehen.

Das OLG München sah den wesentlichen Unterschied zu der BGH-Entscheidung „Schöner Wetten" darin, dass der Antragsgegner hier von der Rechtswidrigkeit des gelinkten Inhaltes gewusst habe. Das würde im Ergebnis dazu führen, dass der rechtstreue Journalist bestraft wird, während der juristisch gedankenlose Journalist nicht erfasst würde,[118] weil er sich einer minimal sorgfältigen Betrachtung der verlinkten Webseite entzogen und sich ihm deshalb die Rechtswidrigkeit der Webseite nicht aufgedrängt hat.

Gegen diese Entscheidung ist Verfassungsbeschwerde eingelegt worden, die jedoch als unzulässig abgewiesen wurde.[119]

## 3.3.2   Haftung für Foren und Portale

Grundsätzlich handelt es sich bei Blogs, Communities, Foren, Portalen, Gästebüchern und Online-Marktplätzen um für den Provider fremde Inhalte, für die er lediglich den Speicherplatz zur Verfügung stellt. Er handelt also als Service-Provider.

Der **Service-Provider** wird regelmäßig Inhalte auf diesen Seiten weder vorab kontrollieren noch auswählen, sodass es sich zweifelsfrei um für ihn fremde Inhalte handelt, für die er nur eingeschränkt haftet. Allerdings treffen denjenigen Link-Listen-Betreiber, der es Dritten ermöglicht, auf der eigenen Webseite Links zu platzieren, vor allem dann Überwachungs- und Kontrollpflichten, wenn wegen der pornografischen Ausrichtung des Internetangebotes eine erhöhte Wahrscheinlichkeit für persönlichkeitsrechtsverletzende Eintragungen besteht.[120]

Für die Abgrenzung zur Haftung für eigene Inhalte, die dazu dient, zwischen Täter und bloßem Störer zu unterscheiden, genügt für die **Qualifizierung als fremder Inhalt** nicht, dass lediglich darauf hingewiesen wird, dass es sich um fremde Inhalte handelt. Erforderlich ist vielmehr eine deutliche Distanzierung von dem fremden Inhalt und eine äußerlich klare Erkennbarkeit, dass es sich um Fremdinhalte handelt.[121]

Der BGH[122] hat in diesem Zusammenhang entschieden, dass der **Forenbetreiber** nicht verpflichtet ist, die von den Nutzern in das Netz gestellten Beiträge vor der Veröffentlichung auf eventuelle Rechtsverletzungen zu überprüfen. Etwas anderes soll jedoch gelten, wenn das Einstellen urheberrechtswidriger Inhalte in das Forum dem Interesse des Plattformbetreibers dient, was aus dem Umstand geschlossen werden kann, dass der Plattformbetreiber die Inhalte vor Freischaltung auf Vollständigkeit und Richtigkeit überprüft oder sich von dem Nutzer die Rechte an dem hochgeladenen Inhalt einräumen lässt.[123]

---

[118] Siehe Hoeren, Anmerkung zu OLG München, MMR 2005, 773.

[119] BVerfG, GRUR 2005, 1032 f.

[120] OLG München, Urteil v. 27.03.06, 18 U 5348/04 – Playboy-Fotos.

[121] BeckOK UrhR/Reber, UrhG, 8. Auflage 2014, § 97 Rn. 59.

[122] BGH, Urteil vom 25. 10. 2011 – VI ZR 93/10, GRUR 2012, 311.

[123] BeckOK UrhR/Reber, UrhG, 8. Aufl. 2014, § 97 Rn. 61.

Wenn der Service-Provider zudem im Interesse des eigenen guten Rufes mit systematischen Kontrollen wirbt, kann er damit aus der Sicht des Nutzers in eine verantwortliche Rolle für die Inhalte gelangen.

In einer Entscheidung des LG Köln[124] wird die nach außen beworbene Vorkontrolle der Kleinanzeigen bereits als ein Zueigenmachen der Anzeigeninhalte seitens der **Portalbetreiber** gewertet. Die Portalbetreiber sollten deshalb einen Hinweis in ihrem Portal aufnehmen, dass inhaltliche Kontrollen der Portalbeiträge nicht mit einer inhaltlichen Verantwortung für diese Beiträge gleichzusetzen sind.[125]

In einem anderen Fall hatte der BGH[126] über Unterlassungs- und Auskunftsansprüche gegen den Betreiber eines **Ärztebewertungsportals** zu entscheiden. Dabei hat er u. a. festgestellt, dass der Diensteanbieter nach §§ 14 II, 15 V S. 4 TMG auf Anordnung der zuständigen Stellen im Einzelfall Auskunft über Bestands-, Nutzungs- und Abrechnungsdaten erteilen darf, soweit dies unter anderem für Zwecke der Strafverfolgung erforderlich ist. In Ermangelung einer gesetzlichen Ermächtigungsgrundlage im Sinne des § 12 II TMG ist der Diensteanbieter dagegen grundsätzlich nicht befugt, ohne Einwilligung des Nutzers dessen personenbezogene Daten zur Erfüllung eines Auskunftsanspruchs wegen einer Persönlichkeitsrechtsverletzung an den Betroffenen zu übermitteln.

### 3.3.3  Haftungserweiterung über den Plattformbetreiber hinaus

Immer häufiger wird der Versuch unternommen, den administrativen Ansprechpartner in Domainfragen (Admin-C), den Ansprechpartner für technische Fragen im Zusammenhang mit der Domain (Tech-C) und deren Zonenverwalter (Zone-C), der die Nameserver eines Domaininhabers betreut, in Anspruch zu nehmen.

Der BGH[127] hat zur **Haftung des Admin-C** nunmehr entschieden, dass dieser nicht schon deswegen als Störer für mit der Registrierung verbundene Verletzungen von Rechten Dritter haftet, weil er für ausländische Anmelder eines Domainnamens gegenüber der DENIC als administrativer Ansprechpartner benannt und registriert ist. Eine Prüfpflicht des Admin-C soll sich jedoch aus den besonderen Umständen des Einzelfalls ergeben können, wenn der im Ausland ansässige Anmelder freiwerdende Domainnamen jeweils in einem automatisierten Verfahren ermittelt und registriert und der Admin-C sich pauschal bereit erklärt hat, diese Funktion für eine große Zahl von Registrierungen zu übernehmen.

---

[124] LG Köln, Urteil vom 26.11.2003 – Kleinanzeigenportal, CR 2004, 304 ff.

[125] Siehe Formulierungsbeispiel bei Härting, Internetrecht, 5. Aufl. 2014, 524 Rn. 2114; vgl. allg. zum Thema Disclaimer im Bereich Telemedien: Spindler/Schuster/Hoffmann, Recht der elektronischen Medien, 3. Aufl. 2015, TMG, § 7 Rn. 29 f.

[126] BGH, Urteil vom 01.07.2014, Az. VI ZR 345/13, NJW 2014, 2651.

[127] BGH, Urteil vom 9. 11. 2011 – I ZR 150/09, GRUR 2012, 304.

Nach einem Urteil des LG Bielefeld[128] setzt selbst die **Störerhaftung des Zonenverwalters** eine Kenntnis der Rechtswidrigkeit voraus. Wenn eine Rechtsverletzung nicht offensichtlich ist, muss er die Domain erst dekonnektieren, wenn ein rechtskräftiger gerichtlicher Titel vorgelegt wird.

Bezüglich der **Haftung der DENIC eG** kann Folgendes festgehalten werden: Grundsätzlich kommt eine Mitverantwortlichkeit der DENIC eG an einer etwaigen Kennzeichen- oder Namensrechtsverletzung des Domaininhabers als Störer nach § 1004 BGB analog in Betracht.[129] Die dafür erforderliche Verletzung von Prüfpflichten scheidet aber vor einer Registrierung aus. Nach einer Registrierung setzt die Verletzung von Prüfpflichten einen Hinweis auf die Rechtsverletzung sowie eine offenkundige Verletzung dieser Rechte voraus.[130] Die DENIC kann zudem nicht zur Führung von sog. Negativlisten verpflichtet werden, durch die bestimmte Kennzeichen für eine Registrierung gesperrt werden.[131]

### 3.3.4   Suchmaschinen

Zum Thema Suchmaschinen ist festzuhalten: Erschöpft sich die Darstellung der Suchmaschine in dem Setzen eines Hyperlinks auf eine fremde Website, so scheidet eine **täterschaftliche Haftung** für die Verletzung des allgemeinen Persönlichkeitsrechts grundsätzlich aus.[132]

Eine **Teilnehmerhaftung** ist lediglich in den Fällen denkbar, in denen der Suchmaschinenbetreiber positive Kenntnis der konkreten Verletzungshandlung und deren Rechtswidrigkeit besitzt. Eine Prüfpflicht hinsichtlich der Suchergebnisse ist ihm nur zumutbar, wenn diese sich auf eine so konkrete, formal erfassbare Verletzungsform beziehen, dass der Suchmaschinenbetreiber entsprechende Fundstellen im Internet erkennen und von einer Aufnahme in die Ergebnisliste ausnehmen kann.[133]

---

[128] LG Bielefeld, Urteil vom 14.05.2004 – 16 O 44/04 – Haftung von DNS-Zonenverwaltern, MMR 2004, 551 ff.

[129] Ausführlich zur Verantwortlichkeit der DENIC Heckmann, jurisPK-Internetrecht, 4. Auflage 2014, Abschn. 2.2 Rn. 241 ff.

[130] BGH, MMR 2001, 671, 674 – ambiente.de.

[131] LG Frankfurt a. M., MMR 2009, 704.

[132] OLG Hamburg, GRUR 2012, 62 (63f).

[133] BeckOK UrhR/Reber, UrhG, 8. Aufl. 2014, § 97 Rn. 78–79.

Im **Ausgangsfall** arbeitet die A-GmbH an einem neuen Marketingkonzept. Hierfür benötigt sie mehr Informationen über ihre Kunden. Daher richtet sie eine Maske auf ihrer Homepage ein, wo die Kunden Name, Anschrift und E-Mail-Adresse eintragen können. Die Maske enthält einen allgemein gehaltenen Hinweis, dass die Daten von der A-GmbH verarbeitet und genutzt werden. Außerdem möchte die A-GmbH durch den Einsatz eines Web Analytics Tools bestimmte Informationen über das Nutzungsverhalten ihrer Kunden erhalten, insbesondere wann welcher Kunde für wie lange die Seiten der A-GmbH abgerufen hat.

Darüber hinaus fragt die A-GmbH, ob die Übermittlung ihrer Daten an ihre Zweigniederlassung in Hamburg datenschutzrechtlich relevant ist. Auch ist sie unsicher, ob sie die Abrechnungsdaten ihrer Kunden an die X-GmbH zur Forderungseinziehung übermitteln darf.

Weiter möchte sie wissen, was datenschutzrechtlich zu beachten ist, wenn sie ihren Mitarbeitern erlaubt, die IT-Endgeräte des Unternehmens auch für private Zwecke zu nutzen und mit ihren privaten Endgeräten auf die betriebliche IT-Infrastruktur zuzugreifen.

Schließlich beabsichtigt die A-GmbH, das im Unternehmen momentan verwendete Office 2007 Professional durch Office 365 zu ersetzen. Die Lösung erlaubt ein Arbeiten wahlweise auf dem Desktop oder in der Cloud. Die Cloud liegt auf Servern in den Niederlanden und als Backup in Irland. Der Geschäftsführer G möchte wissen, ob dies datenschutzrechtlich Probleme verursachen könnte.

**Vorschau** In diesem Kapitel wird zunächst ein Überblick über das deutsche Datenschutzrecht gegeben (Abschn. 4.1). Es folgt eine Darstellung der zentralen gesetzlichen Grundlagen

© Springer-Verlag Berlin Heidelberg 2016
B. Eichhorn et al., *Internetrecht im E-Commerce*, Xpert.press,
DOI 10.1007/978-3-662-45308-7_4

unter besonderer Berücksichtigung der netzbasierten Kommunikation, also des Bundesdatenschutzgesetzes (Abschn. 4.2) und des Telemediengesetzes (Abschn. 4.3). Sodann werden die Gesetze in ihrer praktischen Anwendung gezeigt. Dies geschieht für den Kundendatenschutz (Abschn. 4.4), den Beschäftigtendatenschutz (Abschn. 4.5) und den grenzüberschreitenden Datenverkehr (Abschn. 4.6).

## 4.1  Überblick über das deutsche Datenschutzrecht

Das System des deutschen Datenschutzrechts ist stark zersplittert. Es findet sich in bundesrechtlichen und in landesrechtlichen Gesetzen, die den Datenschutz jeweils allgemein und in einer Vielzahl bereichsspezifischer Regelungswerke regeln.

Das zentrale Regelungswerk ist das **Bundesdatenschutzgesetz (BDSG)**.[1] Daneben gelten für die jeweiligen Landesbehörden und Kommunalverwaltungen Landesdatenschutzgesetze. Die am Rechtsverkehr - und dem **E-Commerce** – teilnehmenden privatwirtschaftlichen Unternehmen unterfallen somit nur dem BDSG und den bereichsspezifischen Spezialnormen.

Die datenschutzrechtlichen Normenwerke und ihre Adressaten zeigt die Abb. 4.1.

**Speziell für das Internet** können je nach Art der angebotenen Leistung unterschiedliche Rechtsgrundlagen greifen, die einen unterschiedlichen Datenschutz realisieren.

Die Tab. 4.1 visualisiert die Anknüpfung der unterschiedlichen Regelungswerke an die Art der angebotenen Leistung. Geht es z. B. um das Angebot einer digitalen Zeitung, ist hinsichtlich der inhaltlich-redaktionellen Arbeit das BDSG einschlägig (§ 41 BDSG). Für das Online-Shopping findet hingegen das Telemediengesetz (TMG) mit seinen speziellen Datenschutzregeln Anwendung. Bei Leistungen, die auf einen schlichten Datentransport reduziert sind (z. B. bei der Internettelefonie (Voice-Over-IP)), ist auf das Telekommunikationsgesetz (TKG) mit seinen datenschutzrechtlichen Regelungen (§§ 91 – 107 TKG) zurückzugreifen.[2]

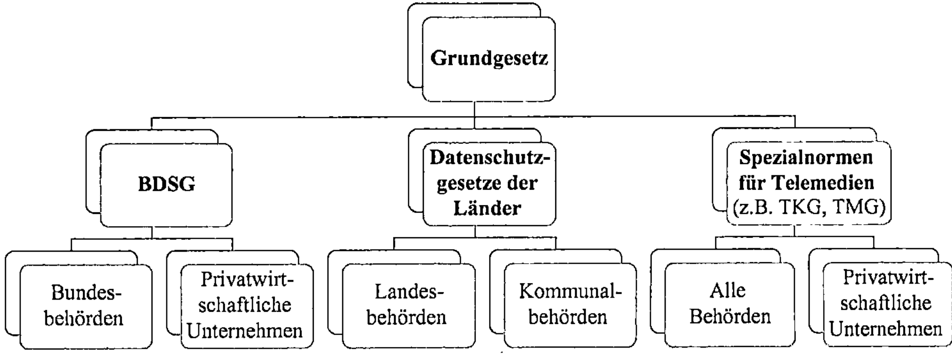


**Abb. 4.1**  Relevante Datenschutzregeln

---

[1] Bundesdatenschutzgesetz vom 20. Dezember 1990, http://www.gesetze-im-internet.de/bdsg_1990

[2] Heckmann/Heckmann, jurisPK-Internetrecht, 4. Aufl., 2014, Kap. 1, 14, Rn. 41.

**Tab. 4.1**   Datenschutz für unterschiedliche Leistungen im Internet

| Internetangebot | Beispiel | Rechtsgrundlage |
|---|---|---|
| **Voice-over-IP** | Skype | TKG |
| **Online-Shopping** | Amazon.de | TMG |
| **Digitale Zeitung** | FAZ-Online | BDSG |

Vielfach ersetzen die Spezialgesetze das Bundesdatenschutzgesetz aber nur in Ausschnitten. Fehlt es an einer Spezialregelung, beurteilt sich die Zulässigkeit der Erhebung, Verarbeitung oder Nutzung personenbezogener Daten nach dem BDSG.

**Materiell-rechtlich** geht das deutsche Datenschutzrecht von dem Grundsatz aus, dass, Verarbeitung und Nutzung von personenbezogenen Daten prinzipiell verboten ist. Zulässig ist der Umgang mit solchen Daten nur, wenn er durch eine Rechtsvorschrift erlaubt oder angeordnet ist oder wenn der Betroffene eingewilligt hat. § 4 I BDSG regelt insofern ein sog. Verbot mit Erlaubnisvorbehalt.

Wenn eine Einwilligung des Betroffenen nicht vorliegt, muss also ein Gesetz den Umgang mit den Daten erlauben. Neben dem BDSG kommen hierfür zahlreiche Regelwerke auf Bundesebene (z. B. Patentgesetz, Sozialgesetzbuch) und auf Landesebene (z. B. Landeskrankenhausgesetz) in Betracht.

Insgesamt wird beklagt, dass das Datenschutzrecht der Komplexität und Dynamik des Internets nicht gerecht wird. Hinzu kommt ein erheblicher Reformstau.

### Gesetzgebungsvorhaben

Die Aktivitäten des deutschen Gesetzgebers im Bereich des Datenschutzrechts sind bereits seit Längerem weitgehend zum Erliegen gekommen. Ursache hierfür ist das Vorhaben der Europäischen Kommission, das Datenschutzrecht durch die Verordnung zum Schutz natürlicher Personen bei der Verarbeitung personenbezogener Daten und zum freien Datenverkehr[3] (**Datenschutz-Grundverordnung**, DS-GVO) völlig neu zu ordnen. Die DS-GVO wird nicht nur die Richtlinie 95/46/EU (sog. Datenschutzrichtlinie) aufheben, sondern – da Verordnung (hierzu unter 3.1.3) – auch das nationale Datenschutzrecht der Mitgliedstaaten – in Deutschland also das BDSG – weitgehend ersetzen. Die Verordnung wird voraussichtlich ab 2018 anwendbares Recht.

Auch dürften sich die Ergebnisse des zur Zeit zwischen der EU und den USA verhandelten **Freihandelsabkommens** TTIP auf die künftige Gestalt des europäischen – und damit auch des deutschen – Datenschutzrechts auswirken.

Mit einigen Vorhaben wollte der deutsche Gesetzgeber jedoch nicht auf die Verabschiedung der DS-GVO warten. Dazu gehört das **IT-Sicherheitsgesetz**, das am 12.06.2015 vom Deutschen Bundestag beschlossen wurde.[4] Es zielt zwar primär auf die Datensicherheit und nicht auf den Datenschutz, wird über den neu gefassten § 13

---

[3] Der vom Europäischen Parlament am 12.03.2014 angenommene Text ist abrufbar unter http://www.europarl.europa.eu/sides/getDoc.do?pubRef=-//EP//TEXT+TA+P7-TA-2014-0212+0+DOC+XML+V0//DE.

[4] Vgl. Deutscher Bundestag, https://www.bundestag.de/dokumente/textarchiv/2015/kw24_de_it_sicherheit/377026. Dort findet sich auch der verabschiedete Gesetzestext.

VII TMG aber auch zu datenschutzrechtlichen Auswirkungen für Unternehmen führen, die Internetseiten betreiben. Ferner liegt das Gesetz zur Verbesserung der zivilrechtlichen Durchsetzung von verbraucherschützenden Vorschriften des Datenschutzes im Entwurf (UKlaG) vor. Es soll u. a. den Verbraucherverbänden die Befugnis verschaffen, bei Verstößen gegen das BDSG nach dem Unterlassungsklagengesetz vorzugehen.

## 4.2  Bundesdatenschutzgesetz

Der **Zweck** des Bundesdatenschutzgesetzes besteht darin, im Rahmen seines Anwendungsbereiches den Einzelnen davor zu bewahren, dass er durch den Umgang mit seinen personenbezogenen Daten in seinem Persönlichkeitsrecht beeinträchtigt wird (§ 1 I BDSG).

**§ 3 BDSG schützt somit**

- den Betroffenen
- bezüglich seiner personenbezogenen Daten
- vor der unzulässigen Erhebung, Verarbeitung und Nutzung
- durch die verantwortliche Stelle.

**Vorschau** Nachfolgend werden die für die Anwendung von § 3 BDSG bedeutsamen Begriffe und Konzepte näher erläutert. Obwohl das BDSG auch öffentliche Stellen erfasst, werden wegen des Themenschwerpunktes des E-Commerce nur die im Zusammenhang mit den nicht-öffentlichen Stellen bedeutsamen Fragen behandelt.

### 4.2.1  Betroffener

Ein Betroffener kann nur eine **natürliche Person** sein (§ 3 I BDSG). Juristische Personen werden weder durch das BDSG noch durch die entsprechenden Landesdatenschutzgesetze erfasst.

Der Schutz des Betroffenen gegen einen unzulässigen Umgang mit seinen Daten wird von dem allgemeinen Persönlichkeitsrecht des Art. 2 I GG i.V.m. Art. 1 I GG gewährleistet.[5] Das BDSG realisiert insoweit eine **Konkretisierung des allgemeinen Persönlichkeitsrechtes,** das Recht auf informationelle Selbstbestimmung.[6] Dieses Recht ist mit Blick und als Reaktion auf staatliche Informationsangriffe und die Möglichkeiten der elektronischen Datenverarbeitung entstanden.

---

[5] BVerfG, NJW 1984, 419.

[6] BVerfGE 65, 41 – Volkszählungsurteil; zur informationellen Selbstbestimmung vgl. Bunge, Über die kollektive Schutzrichtung des Rechts auf informationelle Selbstbestimmung, ZD-Aktuell 2015, 04635.

Das **Gefährdungspotenzial der Datenverarbeitung** liegt vor allem in der jederzeitigen Verfügbarkeit, beliebigen Transferierbarkeit und den grenzenlosen Kombinationsmöglichkeiten der einmal erhobenen Einzeldaten (z. B. Erstellung von „Persönlichkeitsprofilen"). Es gibt kein belangloses Datum mehr und es kommt – im Unterschied zum sonstigen Persönlichkeitsschutz – nicht auf den „höchst" persönlichen privaten Charakter der Informationen an oder auf die Verzerrung oder Entstellung des Persönlichkeitsbildes, sondern auf seine genau zutreffende Erstellung. Es geht um „die Befugnis des Einzelnen, grundsätzlich selbst über die Preisgabe und Verwendung seiner persönlichen Daten zu bestimmen".[7]

Zum Schutz des Betroffenen dienen die nach § 9 BDSG von der verantwortlichen Stelle verlangten technischen und organisatorischen Maßnahmen, deren Anforderungen in der Anlage zum Bundesdatenschutzgesetz aufgeführt sind.

Im **Ausgangsfall** sind die Nutzer bzw. die Kunden der A-GmbH wie auch der B-GmbH Betroffene im Sinne des BDSG. Es kommt nicht darauf an, dass besondere, höchstpersönliche Daten von der A-GmbH gewünscht werden. Gerade auf die einfachen Daten wie Name und Adresse der Nutzer findet der im Recht auf informationelle Selbstbestimmung verkörperte Schutz Anwendung.

## 4.2.2 Einwilligung

Die Einwilligung des Betroffenen in die Erhebung, Verarbeitung oder Nutzung seiner Daten ist beim Einsatz digitaler Medien der **Dreh- und Angelpunkt des Datenschutzes.** Auf sie wird daher an verschiedenen Stellen ausführlich zurückgekommen (insbesondere für Telemedien, Abschn. 4.3.1, und für den Kundendatenschutz, Abschn. 4.2.9).

Liegen weder eine Einwilligung noch ein gesetzlicher Erlaubnistatbestand vor (hierzu Abschn. 4.2.9), ist gemäß § 4 I BDSG eine **Datenerhebung oder -nutzung unzulässig.** Wie in § 183 BGB bezeichnet „Einwilligung" die vorherige Zustimmung des Betroffenen.

Personenbezogene Daten sind nach § 4 II BDSG beim Betroffenen zu erheben. Ohne seine Mitwirkung dürfen sie nur ausnahmsweise erhoben werden (z. B. aufgrund einer Rechtsvorschrift oder es beim Betroffenen einen unverhältnismäßigen Aufwand bedeuten würde und keine Anhaltspunkte dafür bestehen, dass überwiegende schutzwürdige Interessen des Betroffenen beeinträchtigt sind).

Die Einwilligung gemäß § 4 I BDSG ist nur wirksam, wenn sie die **Voraussetzungen des § 4 a BDSG** erfüllt. Danach muss sie

– auf einer freien Entscheidung beruhen (a),
– in Schriftform vorliegen (b) und
– besonders hervorgehoben sein, wenn sie zusammen mit anderen Erklärungen erteilt wird (c).

---

[7]Vgl. ebd., 45.

Zudem müssen vorher Hinweise erteilt worden sein

– auf den vorgesehenen Zweck der Erhebung, Verarbeitung oder Nutzung (d) und
– u. U. auf die Folgen der Verweigerung der Einwilligung (e).

Für die Praxis hat die Vorschrift erhebliche Relevanz:

Zu (a) Hier wird insbesondere das sog. **Koppelungsverbot** diskutiert, das besagt, dass der Vertragsschluss nicht von der Einwilligung in die Datenschutzerklärung abhängig gemacht werden darf. Ein allgemeines Koppelungsverbot existiert nicht mehr. § 28 III b BDSG spricht es nur für die Fälle aus, dass dem Betroffenen ein anderer Zugang zu gleichwertigen vertraglichen Leistungen ohne Einwilligung nicht oder nicht in zumutbarer Weise möglich ist.

Zu (b) Die Einwilligung muss in **Schriftform** gemäß § 126 BGB oder in elektronischer Form gemäß § 126a BGB abgegeben werden, andernfalls ist sie gemäß § 125 BGB formnichtig.

Freilich gibt es einige wichtige bereichsspezifische Ausnahmen, wie insbesondere § 13 TMG für die Telemedien.

Zu (c) Gemäß § 4a I S. 4 BDSG kann die Einwilligung gemeinsam mit anderen Erklärungen abgegeben werden, wenn sie **besonders hervorgehoben** ist (z. B. durch Fettdruck oder Umrandung).

Soweit die Einwilligung durch eine vorformulierte Klausel in den AGB des Providers erfolgt, muss diese den **AGB-rechtlichen Anforderungen** der §§ 305c, 307 BGB (hierzu oben unter 2.3.3) genügen.

Zu (d) Die gemäß § 4a BDSG zu erteilenden **Hinweise müssen konkret sein**, also z. B. Verwendungszweck, Identität, potenzielle Datenempfänger, Speicherdauer etc. nennen.

### 4.2.3   Rechte der Betroffenen

Die nicht abdingbaren Rechte der Betroffenen bestehen in einem Auskunftsanspruch (§§ 19, 34 BDSG), in einem Anspruch auf Berichtigung, Löschung und Sperrung von Daten (§§ 20, 35 BDSG) und in dem Anspruch auf Benachrichtigung des Betroffenen (§§ 19a, 33 BDSG).

### 4.2.4   Personenbezogene Daten

Personenbezogene Daten sind Einzelangaben über persönliche oder sachliche Verhältnisse einer (bestimmten oder bestimmbaren) natürlichen Person (§ 3 I BDSG).

Hierzu gehören nicht nur die typischen Telekommunikationsdaten, wie Anschrift, Telefon und Fax usw., sondern alle **Informationen über die Lebensumstände** wie Aufenthaltsorte, Geburtstage, Essgewohnheiten, geschäftliche Kontakte, Kraftfahrzeug- und Versicherungsnummer usw.

Hingegen sind anonymisiert erhobene oder später anonymisierte Daten keine personenbezogenen Daten im Sinne des § 3 I BDSG.

> Im **Ausgangsfall** handelt es sich bei den Daten der Nutzer, also Name und Anschrift, ohne weiteres um personenbezogene Daten.

## 4.2.5  Verantwortliche Stelle

Unter der verantwortlichen Stelle ist nach § 3 VII BDSG jede Person oder Stelle, die personenbezogene Daten speichert oder speichern lässt, zu verstehen.

Verantwortliche Stellen können nach § 1 II BDSG **öffentliche und nicht öffentliche Stellen** sein. Öffentliche Stellen sind insbesondere Behörden des Bundes und der Länder. Nicht öffentliche Stellen, die hier im Zusammenhang mit den Providern interessieren, sind nach § 2 IV BDSG natürliche und juristische Personen, Gesellschaften und andere Personenvereinigungen des privaten Rechts.

Vom BDSG erfasst werden alle nicht-öffentliche Stellen, es sei denn, die Erhebung, Verarbeitung oder Nutzung der Daten erfolgt ausschließlich für persönliche oder familiäre Tätigkeiten (§ 1 II Nr. 3 BDSG). Private Betreiber von Mailboxen oder Online-Chat-Systemen fallen somit nicht unter das BDSG. Allerdings bestehen für den durch die Datenverarbeitung Betroffenen Schutzrechte aus dem allgemeinen Persönlichkeitsrecht, Art. 2 I GG, Art. 1 I GG und dem daraus konkretisierten Recht auf informationelle Selbstbestimmung.

Die verantwortliche Stelle wird **begrifflich weit gefasst** und bezeichnet jede Stelle oder Person, die personenbezogene Daten für sich selbst speichert, worunter das Speichern fremder, aber auch eigener personenbezogener Daten verstanden wird. Die Definition der verantwortlichen Stelle[8] umschließt also jeden Netzteilnehmer, der z. B. Online-Dienste in Anspruch nimmt und dabei Abrechnungsdaten oder E-Mail-Adressen abspeichert. Neben dem Nutzer elektronischer Kommunikationsdienste fallen die Anbieter von netzbezogenen Diensten, wie unter anderem die Anbieter von Telemediendiensten im Sinne des Telemediengesetzes, unter den Begriff der verantwortlichen Stelle.

> Im **Ausgangsfall** sind die A-GmbH und die B-GmbH verantwortliche Stellen. Die verantwortliche Stelle kann auch eine juristische Person sein.

Zu beachten ist, dass eine verantwortliche Stelle nicht nach technischen, sondern **nach rechtlichen Gesichtspunkten bestimmt wird**. Ein Unternehmen mit dezentraler Organisation, also z. B. mehrere Niederlassungen, kann daher eine verantwortliche Stelle sein. Dies gilt z. B. für die die bundesweiten Online-Dienste wie T-Online oder 1&1.

---

[8] Zur datenschutzrechtlichen Verantwortlichkeit eines Facebook-Fanpage Betreibers vgl. Pieper/ Krügel über die Urteile des VG Schleswig vom 9.10.2013 (Az.: 8 A 218/11; 8 A 14/12 und 8 A 37/12) in ZD-Aktuell 2013, 03831.

Handelt es sich dagegen um Einheiten mit einer gewissen organisatorischen Selbständigkeit, liegt keine (einheitliche) verantwortliche Stelle vor, sondern die Einheiten verhalten sich zueinander wie Dritte im Sinne von § 3 VIII BDSG. Dies gilt insbesondere für Unternehmen innerhalb eines Konzerns oder einer Unternehmensgruppe.

Im **Ausgangsfall** umfasst die eine verantwortliche Stelle A-GmbH sowohl ihre Hauptniederlassung in Berlin als auch ihre unselbständige Zweigniederlassung in Hamburg. Der Datenschutz ist in vollem Umfang bei der auf mehrere Orte verteilten A-GmbH zu gewährleisten.

### 4.2.6 Pflichten der verantwortlichen Stelle

Zu zentralen Pflichten der verantwortlichen Stelle im datenschutzrechtlichen Sinne gehören:

– Erfüllung der Rechte des Betroffenen (§ 33 ff. BDSG),
– Verpflichtung auf das Datengeheimnis (§ 5 BDSG),
– Meldepflicht (§§ 4d-4e BDSG),
– Bestellung eines Datenschutzbeauftragten (§ 4f BDSG) und
– Pflicht zur Durchführung der erforderlichen technischen und organisatorischen Sicherheitsmaßnahmen (§ 9 BDSG).

### 4.2.7 Kontrollorgane

Die verantwortlichen Stellen unterliegen sowohl internen Kontrollinstanzen (betrieblicher Datenschutzbeauftragter – §§ 4f-g BDSG) als auch externen Kontrollinstanzen (Aufsichtsbehörden – § 38 BDSG).

### 4.2.8 Datenschutzrechtlich relevante Tätigkeiten

Die Zulässigkeitsvoraussetzungen der Datenverarbeitung sind im BDSG umfassend geregelt. Dabei wird zwischen den jeweiligen datenschutzrechtlich relevanten Tätigkeiten differenziert, an die unterschiedliche rechtliche Anforderungen gestellt werden. Die Abb. 4.2 gibt einen Überblick über die einzelnen Schritte der Datenverarbeitung.

Im Folgenden werden davon nur das Erheben, das Verarbeiten und das Nutzen näher erläutert.

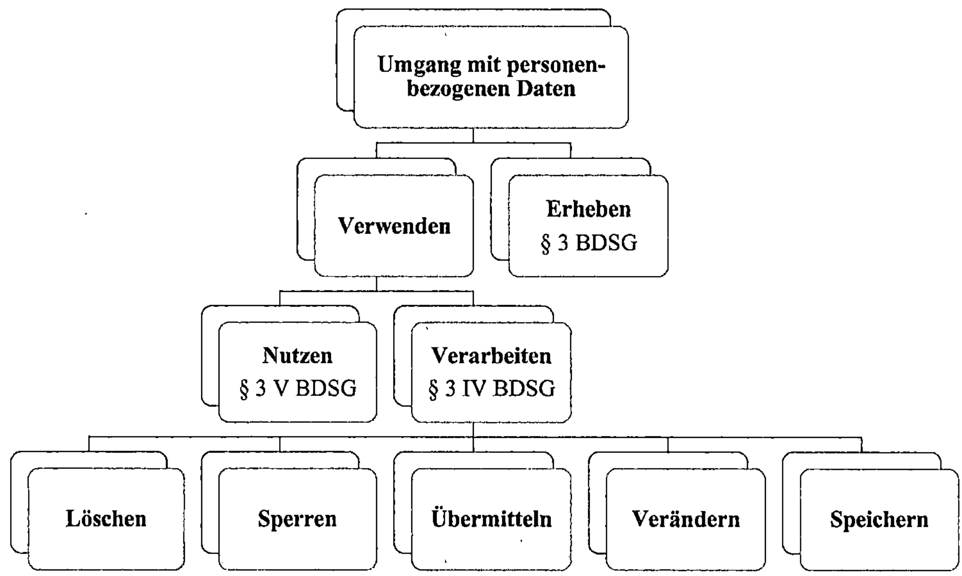


**Abb. 4.2**  Schritte der Datenverarbeitung nach dem BDSG

### 4.2.8.1 Erheben

Unter Erheben von Daten im Sinne des Bundesdatenschutzgesetzes ist das Beschaffen personenbezogener Daten über den Betroffenen zu verstehen (§ 3 III BDSG). Es besteht im zielgerichteten Zugriff auf Daten über persönliche und sachliche Verhältnisse der betroffenen Person durch

– Anforderung von Unterlagen,
– Anhören,
– Befragen,
– Beobachten.

Wenn der Betroffene (ohne vorherige Aufforderung) freiwillig seine Daten offenbart, dann liegt kein Erheben vor.

Im **Ausgangsfall** werden von der A-GmbH die Daten angefragt, d. h. sie werden von den Nutzern nicht von sich aus zur Verfügung gestellt. Somit liegt ein Erheben im Sinn des BDSG vor. Es steht den Nutzern frei, diese Informationen der A-GmbH zur Verfügung zu stellen. Die Datenerhebung erfolgte somit auf rechtmäßige Weise.

### 4.2.8.2 Verarbeiten

Zur Datenverarbeitung zählt das Bundesdatenschutzgesetz die bereits erwähnten fünf eigenständigen Phasen (Speichern, Verändern, Übermitteln, Sperren und Löschen), die im Folgenden kurz erläutert werden:

Speichern (§ 3 IV Nr. 1 BDSG) wird definiert als
- Erfassen, Aufnehmen oder Aufbewahren
- personenbezogener Daten
- auf einen Datenträger
- zum Zwecke ihrer weiteren Verarbeitung oder Nutzung.

Mit dem Erfassen, Aufnehmen und dem Aufbewahren von personenbezogenen Daten unterscheidet § 3 IV Nr. 1 BDSG drei Formen der Speicherung. Das Erfassen liegt beispielsweise im Aufschreiben der Daten, der Text-Dateneingabe durch eine Tastatur, der Audio-Dateneingabe durch ein Mikrophon oder der Bild-Dateneingabe durch eine Kamera. Der Nutzer gibt z. B. seine personenbezogenen Daten online über eine Tastatur ein. Das **Aufnehmen** kennzeichnet primär das Fixieren der Daten mit Aufnahmetechniken, d. h. per Textdatei, Audiodatei, Film, Video etc.[9] So werden z. B. die vom Nutzer aktivierten Inhalte seines Diensteanbieters von diesem aufgezeichnet und daraus Präferenzlisten für Inhalte erstellt. Ein weiteres Beispiel ist das automatische Aufzeichnen von Logins mittels selbständiger Einrichtungen in ein Web-Server-System oder die Anwendung dem Nutzer verborgener Auswertungsprogramme auf dem Rechner des Diensteanbieters, die so genannten „cookies". Die Erwähnung des Begriffs „**Aufbewahren**" im Gesetz soll verdeutlichen, dass auch das bloße Aufbewahren anderweitig fixierter Daten den Tatbestand des Speicherns erfüllt,[10] z. B. bei Ausweich-(„Back-up"-Band-)Systemen.

Im **Ausgangsfall** möchte die A-GmbH auf die Nutzerdaten (Name, Anschrift und E-Mail–Adresse) sowie auf die Daten der von ihren Kunden genutzten Inhalte ihrer Website zugreifen. Ersteres geschieht mit der Eingabe der Daten durch die Kunden über die Tastatur des Nutzergerätes entsprechend der Eingabemaske auf der Homepage der A-GmbH; Letzteres durch die Verwendung eines Cookies, der auf die Auswertung des Nutzungsverhaltens der Kunden programmiert ist und in deren Internetbrowser-Software gespeichert wird. In beiden Fällen liegt ein Speichern vor. Die Zulässigkeit solcher Speicherungen wird unter Abschn. 4.2.9 und 4.4 erörtert.

▷ **Verändern** (§ 3 IV Nr. 2 BDSG) definiert als inhaltliches Umgestalten gespeicherter personenbezogener Daten. Dies ist abzugrenzen von formellen, äußeren Umgestaltungen, wie z. B. der Eingabe personenbezogener Daten mit anderen Formaten aufgrund eines Software- und/oder Systemwechsels. Hier geht es um das Entstehen eines neuen

---

[9] Gola/Schomerus/Gola/Klug/Körffer, Bundesdatenschutzgesetz, 12. Aufl., 2015, § 3 Rn. 26–29.
[10] Ebd.

Informationsgehaltes bzw. -wertes,[11] z. B. wenn mit dem genannten Software- und/oder Systemwechsel neue Datenverknüpfungen möglich werden.

▷ **Übermitteln:** Neben dem „Speichern" ist das „Übermitteln" personenbezogener Daten die wichtigste Verarbeitungsphase.

„Übermitteln" ist nach § 3 IV Nr. 3 BDSG das Bekanntgeben gespeicherter oder durch Datenverarbeitung gewonnener personenbezogener Daten an einen Dritten in der Weise, dass

– die Daten durch die verantwortliche Stelle an den Dritten weitergegeben werden oder
– der Dritte von der verantwortlichen Stelle zur Einsicht oder zum Abruf bereitgehaltene Daten einsieht oder abruft.

Als **Dritter** ist nach § 3 VIII BDSG jede Person oder jede Stelle außerhalb der verantwortlichen Stelle zu verstehen. Bedeutsam ist daher die Bestimmung der verantwortlichen Stelle, die schon unter Abschn. 4.2.5 erörtert wurde. Der Schutz innerhalb der verantwortlichen Stelle wird über das „Nutzen" gemäß § 3 V BDSG gewährleistet. Das „Übermitteln" besteht also in der Weitergabe an den Dritten oder in der Einsichtnahme durch den Dritten bzw. den Abruf des Dritten.

Die Weitergabe von Daten im Rahmen der **Auftragsdatenverarbeitung** (hierzu näher unter Abschn. 4.2.10) ist kein Übermitteln, da der Datenverarbeiter insoweit der Organisation des Auftraggebers zugeordnet wird.

Für die Weitergabe im Sinne des § 3 IV Nr. 3 a BDSG, d. h. die Übertragung der Daten von der verantwortlichen Stelle an den Dritten, ist nicht erforderlich, dass der Dritte die Daten speichert, es reicht aus, dass die verantwortliche Stelle die Daten im Internet überträgt. Die Übertragung kann in jeder beliebigen Form geschehen: mündlich, fernmündlich, drahtlos oder drahtgebunden.

Die **Einsichtnahme** (im Sinne des § 3 IV Nr. 3 b 1. Fall BDSG) findet regelmäßig am Sitz der verantwortlichen Stelle statt. Bei Abruf (im Sinne des § 3 V Nr. 3 b 2. Fall BDSG) hält die verantwortliche Stelle die Daten nur zum Downloading durch Dritte bereit.

Im **Ausgangsfall** würde ein Übermitteln im Sinne des BDSG z. B. darin bestehen, dass die B-GmbH Daten ihrer Kunden zum Abruf für die A-GmbH bereithält. Nicht erfasst wird vom „Übermitteln" die Weitergabe von Daten der A-GmbH aus Berlin an ihre (unselbständige) Zweigniederlassung in Hamburg. Dabei handelt es sich um einen Vorgang innerhalb der verantwortlichen Stelle, der unter den Begriff „Nutzen" im Sinne des BDSG fällt.

▷ **Sperren** bezeichnet nach § 3 IV Nr. 4 BDSG das Kennzeichnen gespeicherter personenbezogener Daten, um ihre weitere Verarbeitung oder Nutzung einzuschränken. Eine Verpflichtung zur Sperrung kann sich aus § 20 III, IV, VI, § 28 IV oder § 35 III, IV BDSG ergeben.

---

[11] Gola/Schomerus/Gola/Klug/Körffer, Bundesdatenschutzgesetz, 12. Aufl., 2015, § 3 Rn. 30–31.

Beim Sperren bleiben die zu sperrenden personenbezogenen Daten gespeichert, sie müssen aber entsprechend **markiert** werden, sodass durch die Kennzeichnung die Sperrung für jeden erkennbar ist. Der hierfür (in einem zusätzlichen Datenfeld) anzubringende Sperrvermerk muss deutlich machen, dass die Sperrung aus datenschutzrechtlichen Gründen erfolgt ist.

Die mit der Sperrung verbundene Einschränkung der Verarbeitung oder Nutzung verbietet allerdings nicht, die personenbezogenen Daten z. B. zu **anonymisieren**, um sie dann in dieser entpersonalisierten Form frei und ohne Bindung an die Sperrung weiter zu verarbeiten oder zu nutzen.

▷ **Löschen** im Sinne des § 3 IV Nr. 5 BDSG ist das **Unkenntlichmachen** gespeicherter personenbezogener Daten. Eine Verpflichtung zur Löschung kann sich aus § 20 II BDSG ergeben.

Ein solches Löschen muss zum physischen Vernichten der Daten führen, und zwar auch auf Sicherungskopien und Sicherungsbändern. Eine **irreversible Anonymisierung** wird als Erfüllung der Löschungsverpflichtung angesehen.

### 4.2.8.3 Nutzen

Das „Nutzen" wird in § 3 BDSG als jede Verwendung personenbezogener Daten verstanden, soweit es sich nicht um Verarbeitung handelt. Die Vorschrift stellt einen umfassenden **Auffangtatbestand** dar, der regelmäßig dann gegeben ist, wenn die Verwendung der Daten nicht von den oben genannten fünf eigenständigen Phasen der Datenverarbeitung (Speichern, Verändern, Übermitteln, Sperren und Löschen) erfasst wird, d. h. bei sonstiger Nutzung des Informationsgehaltes der personenbezogenen Daten. Hierunter fallen die Weitergabe der personenbezogenen Daten an Personen innerhalb der verantwortlichen Stelle, der Datenabgleich und die zielgerichtete Kenntnisnahme.

Beim Nutzen personenbezogener Daten ist die **besondere Zweckbindung** der (erlaubten) Nutzung zu beachten: Nach § 31 BDSG dürfen personenbezogene Daten, die ausschließlich zu Zwecken der Datenschutzkontrolle, der Datensicherung oder zur Sicherung eines ordnungsgemäßen Betriebes einer Datenverarbeitungsanlage gespeichert werden, nur für diese Zwecke verwendet werden.

Im **Ausgangsfall** fällt unter das „Nutzen" die Übermittlung der personenbezogenen Daten der A-GmbH aus Berlin an ihre Zweigniederlassung in Hamburg. Unter das „Nutzen" fällt allerdings auch die Weitergabe der personenbezogenen Daten innerhalb der Zweigniederlassung in Hamburg oder in der Hauptniederlassung in Berlin.

### 4.2.9  Erlaubnistatbestände

Die Erhebung, Verarbeitung und Nutzung von Daten durch nicht öffentliche Stellen (z. B. einen privaten Provider) bedarf (wie unter Abschn. 4.2.2 gesehen) gemäß § 4 I BDSG der Einwilligung durch den Betroffenen, es sei denn sie ist durch ein Gesetz erlaubt oder angeordnet.

Derartige **Erlaubnistatbestände** finden sich in einer Vielzahl von Gesetzen. Vorrangig kommen die **bereichsspezifischen Erlaubnistatbestände** in Betracht, die sich bspw. im TMG, TKG, SGB X oder BGB finden.[12]

Soweit die bereichsspezifischen Erlaubnistatbestände nicht anwendbar sind, ist auf die §§ 28 ff. BDSG zurückzugreifen. Die bedeutsamsten dort geregelten Erlaubnistatbestände sind:

- Erhebung, Speicherung, Veränderung oder Übermittlung für eigene Zwecke zur **Begründung, Durchführung oder Beendigung eines rechtsgeschäftlichen Schuldverhältnisses** etc. (§ 28 I S. 1 Nr. 1 BDSG);
- Erhebung, Speicherung, Veränderung oder Übermittlung für eigene Zwecke, wenn die personenbezogenen **Daten allgemein zugänglich sind** (§ 28 I S. 1 Nr. 3 BDSG);
- Verarbeitung oder Nutzung für Zwecke des **Adresshandels oder der Werbung** (§ 28 III, IV BDSG);
- Übermittlung an **Auskunfteien** (§ 28a BDSG);
- Erhebung, Verarbeitung oder Nutzung für **Scoring-Verfahren** (§ 28b BDSG);
- Erhebung, Speicherung, Veränderung oder Nutzung für **Zwecke der Übermittlung** (§ 29 BDSG);
- Erhebung, Verarbeitung oder Nutzung für Zwecke der **Markt- und Meinungsforschung** (§§ 30, 30a BDSG);
- Erhebung, Verarbeitung oder Nutzung für Zwecke des **Beschäftigungsverhältnisses** (§ 32 BDSG).

Ein Beispiel für die Verwendung von Daten zur Begründung, Durchführung oder Beendigung eines rechtsgeschäftlichen Schuldverhältnisses gemäß § 28 I S. 1 Nr. 1 BDSG ist die Nutzung von Kundendaten durch Online-Diensteanbieter, die er im Rahmen des Kundenvertrages verarbeitet.

Im **Ausgangsfall** darf die A-GmbH Reisedaten ihrer Kunden an die Reiseveranstalter übermitteln. Dies ist durch den Zweck der zwischen ihr und den Kunden geschlossenen Reiseverträge legitimiert.

Nicht erfasst vom Zweck des Nutzungsvertrages wird aber z. B. das Registrieren der vom Nutzer ausgewählten Inhalte durch die so genannten „Cookies".

Anders als § 28 III, IV BDSG, der den Adresshandel und die Werbung ebenfalls erfasst, richtet sich § 29 BDSG an verantwortliche Stellen, die die Datenerhebung und -speicherung nicht für eigene Zwecke vornehmen, sondern um die Daten an andere Stellen geschäftsmäßig zu übermitteln. § 29 BDSG stellt gegenüber § 28 III, IV BDSG eine Privilegierung, weil er geringere Anforderungen darstellt.

---

[12] Vgl. hierzu die Übersicht in Münchner Anwaltshandbuch IT-Recht/Scheja/Haag, 3. Aufl., 2013, Teil 5, Rn. 115.

Unter § 29 BDSG fallen z. B. Auskunfteien, während § 28 BDSG Eheanbahnungsinstitute, Online-Handelsregister und Online-Diensteanbieter etc. erfasst.[13] Provider verwenden die personenbezogenen Daten ihrer Kunden grundsätzlich für eigene Zwecke und nicht aber zur Übermittlung an Dritte.

Nach § 33 I S. 1 BDSG ist der Betroffene über die Speicherung und die Art der Daten, die Zweckbestimmung der Erhebung, Verarbeitung oder Nutzung und die Identität der verarbeitenden Stelle **zu benachrichtigen**, wenn seine personenbezogenen Daten erstmals durch die nicht öffentliche Stelle gespeichert werden.

Bei der Nutzung oder Übermittlung personenbezogener Daten für Zwecke der Werbung oder der Markt- oder Meinungsforschung hat der Betroffene ein **Widerspruchsrecht**. Macht er gegenüber der verantwortlichen Stelle davon Gebrauch, ist nach § 28 IV Satz 1 BDSG die Nutzung oder Verarbeitung für diese Zwecke unzulässig.

Im **Ausgangsfall** gehört es nicht zur Zweckbestimmung des Vertragsverhältnisses zwischen der B-GmbH und ihren Kunden, deren Nutzungsverhalten im Blick auf Web-Seiten der A-GmbH zu registrieren. Die Verwendung dieser Daten ohne Einwilligung der Kunden der B-GmbH ist also unzulässig.

Die B-GmbH darf auch nicht zu Zwecken der Werbung die personenbezogenen Daten ihrer Kunden an die A-GmbH weitergeben. Nach § 28 BDSG ist dies zwar zulässig, wenn die Betroffenen nicht widersprechen. Zu beachten sind jedoch zusätzlich die nachfolgend behandelten speziellen Datenschutzregeln für Telemedien. Nach diesen ist eine Übermittlung zu Werbezwecken nur zulässig, wenn die Betroffenen ausdrücklich eingewilligt haben.

## 4.2.10 Auftragsdatenverarbeitung

Wenn die verantwortliche Stelle die Daten nicht selbst erhebt, verarbeitet oder nutzt, sondern dies durch eine andere Stelle vornehmen lässt (sog. **Auftragsdatenverarbeitung**), bleibt sie gemäß § 11 I S. 1 BDSG für die Einhaltung der Vorschriften des BDSG verantwortlich. Der Auftragsverarbeiter hingegen wird gegenüber dem allgemeinen Datenschutzrecht privilegiert. Eine Datenauftragsverarbeitung liegt bei jedem Outsourcing von DV-Leistungen, die personenbezogene Daten betreffen, vor. Dies ist beispielsweise der Fall bei Server Hosting, Cloud Computing, Callcentern, Service Help Desks, IT-Support etc.

Bei der Auftragsdatenverarbeitung bleibt die verantwortliche Stelle „Herr der Daten", d. h. die Erhebung, Verarbeitung und Nutzung erfolgt entsprechend den Weisungen des Auftraggebers und wird ihm daher weiterhin datenschutzrechtlich zugerechnet. Gemäß § 11 I S. 2 BDSG bleibt er insoweit Ansprechpartner des Betroffenen.

---

[13] Gola/Schomerus/Gola/Klug/Körffer, Bundesdatenschutzgesetz, 12. Aufl., 2015, § 29 Rn. 1–5.

Ob eine Auftragsdatenverarbeitung oder eine sog. **Funktionsübertragung** vorliegt, richtet sich danach, ob die Daten nur im Rahmen der Weisung des Auftraggebers verwendet werden (dann Auftragsdatenverarbeitung), d. h. dieser allein die Ziele und Methoden der Erhebung, Verarbeitung oder Nutzung bestimmt. Hat der Auftragsverarbeiter einen Spielraum hinsichtlich des Umgangs mit den Daten, ist eine Funktionsübertragung gegeben.

Eine Auftragsdatenverarbeitung bedarf eines schriftlichen Auftrags, der die zehn in § 11 II S. 2 genannten Gegenstände im Einzelnen regelt.

## 4.3 Datenschutz für Telemedien

Das Telemediengesetz (TMG) enthält insbesondere in den §§ 11–15a TMG datenschutzrechtliche Regelungen. Soweit die **bereichsspezifischen Regelungen des TMG** nicht zur Anwendung kommen, finden die allgemeinen datenschutzrechtlichen Bestimmungen des BDSG bzw. der Landesdatenschutzgesetze Anwendung.

Auch für den speziellen Telemedien-Datenschutz gilt nach § 12 I TMG der allgemeine Grundsatz des § 4 I BDSG, wonach vom Anbieter personenbezogene Daten nur erhoben, verarbeitet und genutzt werden dürfen, soweit dies durch eine Rechtsvorschrift (z. B. im TMG) ausdrücklich zugelassen ist oder der Nutzer eingewilligt hat.

### 4.3.1 Einwilligung

Nach § 4a I BDSG ist für die Einwilligung – wie bereits gesehen – grundsätzlich die Schriftform erforderlich. Allerdings reicht gemäß § 13 II TMG auch die elektronische Erklärung der Einwilligung, wenn der Anbieter sicherstellt, dass

– sie nur durch eine eindeutige und bewusste Handlung des Nutzers erfolgen kann,
– die Einwilligung protokolliert wird,
– der Nutzer den Inhalt der Einwilligung jederzeit abrufen kann und
– der Nutzer die Einwilligung jederzeit mit Wirkung für die Zukunft widerrufen kann.

Diese bereichsspezifische Ausnahmeregelung gilt für die Telemedien und somit für alle mobilen und stationären Endgeräte.

Der Nutzer ist nach § 13 III TMG vor einer Einwilligung auf sein Recht zum jederzeitigen Widerruf mit Wirkung für die Zukunft hinzuweisen, wobei auch dieser Hinweis für den Nutzer jederzeit abrufbar zu sein hat.

Die Einwilligung unterliegt keinem Formzwang, insbesondere nicht dem § 126a BGB, und kann auch in anderer Weise erfolgen, beispielsweise per Fax oder E-Mail.

Im **Ausgangsfall** ist für die Verwendung der personenbezogenen Daten sowohl der Kunden der B-GmbH als auch der Nutzer der Telemedien der A-GmbH deren Einwilligung erforderlich, soweit die Verwendung nicht spezialgesetzlich erlaubt ist.

Diese Einwilligung kann nach den speziellen Datenschutzregeln für Telemedien durch eine digitale Erklärung vorgenommen werden. Hierfür sind allerdings strenge Regeln einzuhalten, damit die Erklärung wirksam ist. Die Nutzer sind insbesondere auf ihr Widerrufsrecht mit Wirkung für die Zukunft hinzuweisen. Der allgemein gehaltene Hinweis der A-GmbH auf der Eingabemaske genügt hierfür nicht. Grundsätzlich dürfte es nicht einmal ausreichen, dass solche allgemeinen Warnhinweise mit der Return-Taste zu bestätigen sind. Ausreichend wäre es allerdings, wenn die Einwilligungserklärung durch eine bestätigende Wiederholung des Übermittlungsbefehls durch Anklicken eines Kontrollkästchens bei gleichzeitiger, zumindest auszugsweiser Darstellung der Einwilligungserklärung auf dem Bildschirm erteilt wird.[14]

Die Maske ist also so zu gestalten, dass der Nutzer konkret in die weitere Verarbeitung und Nutzung einwilligt. Ansonsten ist die Verarbeitung und Nutzung durch die A-GmbH nicht rechtmäßig.

## 4.3.2   Spezielle Anbieterpflichten

Im Folgenden werden einige datenschutzrechtliche Bestimmungen angesprochen, welche die Ausgestaltung des konkreten Nutzungsverhältnisses zwischen Anbieter und Nutzer betreffen.

### 4.3.2.1 Anonyme und pseudonyme Nutzung

Nach § 13 VI TMG ist der Diensteanbieter verpflichtet, dem Nutzer die Inanspruchnahme von Telemedien und ihre Bezahlung **anonym** oder unter Pseudonym zu ermöglichen, soweit dies technisch möglich und zumutbar ist. Der Nutzer ist über diese Möglichkeit zu informieren.

Unter **Pseudonym** ist eine quasi-anonyme Nutzung zu verstehen. Ein Pseudonym kann ein Name oder eine Kurzbezeichnung sein, die aus sich heraus die Identität des Nutzers nicht preisgibt, die aber über eine Referenzliste beim (Dienste-)Anbieter mit der Identität des Nutzers zusammengeführt werden kann.

Das Merkmal der **Zumutbarkeit** führt zur Berücksichtigung von Größe und wirtschaftlicher Leistungsfähigkeit des Anbieters, das heißt ein kleiner Mailboxnetz-Betreiber muss nicht den gleichen technischen Aufwand zur Erfüllung obiger Anbieterpflicht betreiben wie ein großer Online-Diensteanbieter.

---

[14]OLG Brandenburg, MMR 2006, 405, 406.

### 4.3.2.2 Nutzungsprofile

**Technisch** ist es unproblematisch festzustellen, wann welcher Nutzer wie lange welche Seite abgerufen hat und ein entsprechendes Nutzungsprofil zu erstellen, das Auskunft über seine Präferenzen und Bedürfnisse gibt.

**Rechtlich** stehen umfassende Nutzungsprofile in einem Spannungsverhältnis zur grundgesetzlich geschützten Würde des Menschen. Bereits 1969 hat das BVerfG[15] entschieden, dass es mit der Würde des Menschen nicht vereinbar ist, ihn zwangsweise in seiner ganzen Persönlichkeit zu registrieren und zu katalogisieren, mithin ein totales Persönlichkeitsbild zu generieren.

Vor allem im Kontext von Big Data (siehe Abschn. 4.4) stehen die Erstellung von umfassenden Nutzungsprofilen (Profiling unter Abschn. 4.4) und die hierzu verwendeten Techniken (Tracking unter Abschn. 4.4) im Brennpunkt der Diskussion.

Gemäß § 15 III TMG sind Nutzungsprofile nur für Zwecke der Werbung, der Marktforschung oder zur bedarfsgerechten Gestaltung der Telemedien zulässig und dies auch nur bei der **Verwendung von Pseudonymen.** Sie dürfen nicht mit Daten über den Träger des Pseudonyms zusammengeführt werden. Weiter hat der Nutzer nach dieser Vorschrift ein Widerspruchsrecht, über das ihn der Diensteanbieter zu informieren hat.

Zudem hat der Diensteanbieter durch technische und organisatorische Maßnahmen sicherzustellen, dass Nutzungsprofile nicht mit Angaben zur Identifikation des Trägers des Pseudonyms zusammengeführt werden können.

> Im **Ausgangsfall** ist es unzulässig, wenn die A-GmbH individuelle Nutzungsprofile darüber erstellt, welcher Kunde der A-GmbH wie lange welche ihrer Seiten abgerufen hat. Hierzu bedürfte es einer entsprechenden Einwilligung des jeweiligen Kunden.
>
> Allerdings kann die A-GmbH pseudonymisierte Nutzungsprofile erstellen, wenn sie ihre Kunden in der Datenschutzerklärung darauf hingewiesen hat und soweit diese nicht widersprochen haben.

### 4.3.3  Verwaltung der Nutzerdaten

Die Datenschutzbestimmungen des TMG regeln, welche personenbezogenen Daten erhoben, verarbeitet und genutzt werden dürfen. Dabei wird unterschieden zwischen Bestandsdaten und Nutzungsdaten, zu welchen auch die Abrechnungsdaten gehören.

▷ Unter **Bestandsdaten** werden solche personenbezogenen Daten verstanden, die für die Begründung, inhaltliche Ausgestaltung oder Änderung eines Vertragsverhältnisses über die Nutzung von Telemediendiensten erforderlich sind, z.B. Name, Anschrift und Informationen zum Kundenstatus.

---

[15] BVerfG – 1 BvL 19/63 vom 16.07.1969 (Mikrozensus); Link: http://tlmd.in/u/420.

Nach § 14 TMG dürfen diese Bestandsdaten des Nutzers vom Diensteanbieter erhoben, verarbeitet und genutzt werden.

Eine Verarbeitung und Nutzung der Bestandsdaten für **Zwecke der Beratung, der Werbung, der Marktforschung oder zur bedarfsgerechten Gestaltung der Telemedien** bzw. -dienste ist nur zulässig, soweit der Nutzer in diese ausdrücklich eingewilligt hat. Die frühere Praxis, Bestandsdaten zum Aufbau einer Kundendatei zu verwenden mit der Absicht, den Kunden über neue eigene Angebote zu informieren, ist ohne ausdrückliche Einwilligung des Kunden bzw. Nutzers nicht mehr zulässig.

Im **Ausgangsfall** darf die A-GmbH von der B-GmbH nur dann Daten erhalten, wenn diese die ausdrückliche, vorherige Einwilligung der betroffenen Kunden erhalten hat. Die B-GmbH ist nicht einmal berechtigt, die Bestandsdaten zum Aufbau einer eigenen Kundendatei zu verwenden.

▷ **Nutzungsdaten** sind nach § 15 I TMG solche personenbezogenen Daten, die erforderlich sind, um dem Nutzer die Inanspruchnahme von Diensten zu ermöglichen und abzurechnen. Sie fallen jedes Mal an, wenn sich der Nutzer in den Online-Dienst einloggt.

Die Nutzungsdaten entstehen während der Nutzung von Telemedien und dienen insbesondere der technischen Organisation der Datenübermittlung, der Verbindungsverwaltung und der Interaktion. Zu ihnen gehören auch die elektronisch erstellten Präferenzprofile der Nutzer (Nutzungsprofile).

Der Diensteanbieter hat nach § 15 VIII TMG eine **Löschpflicht**, die unabhängig vom Löschverlangen des Nutzers besteht. Der Diensteanbieter hat die Nutzungsdaten frühestmöglich, spätestens unmittelbar nach Ende der jeweiligen Nutzung zu löschen. Dies gilt allerdings nur für den personenbezogenen Teil der Nutzungsdaten, denn nach § 15 III TMG dürfen Nutzungsprofile bei Verwendung von Pseudonymen für Zwecke der Werbung, der Marktforschung oder zur bedarfsgerechten Gestaltung der Telemedien erstellt werden. Der Provider, der solche anonymisierten Nutzungsdaten verwenden will, muss allerdings technisch sicherstellen, dass diese Nutzungsprofile nicht mit Daten über den Träger des Pseudonyms zusammengeführt werden.

Die Nutzungsdaten sind zu unterscheiden von den **Verkehrsdaten** im Sinne des § 96 Abs. 1 TKG. Letztere umfassen z. B. Rufnummern, Beginn und Ende der jeweiligen Verbindung nach Datum und Uhrzeit usw. Insoweit gilt das TKG als spezielles Gesetz (*lex specialis*).[16] Wenn bei der Inanspruchnahme von Telemedien solche Verkehrsdaten anfallen, dann richtet sich die Zulässigkeit ihrer Erhebung und Verarbeitung nach § 96 TKG.

▷ **Abrechnungsdaten** bezeichnen gemäß § 15 IV TMG solche personenbezogenen Daten, die erforderlich sind, um die Nutzung von Telemedien abzurechnen.

---

[16]Müller-Broich, Telemediengesetz; 1. Aufl., 2012; § 15, Rn. 3.

Der Diensteanbieter darf nach § 15 VII TMG Abrechnungsdaten, die für die Erstellung von Einzelnachweisen über die Inanspruchnahme bestimmter Angebote (Anbieter, Zeitpunkt, Dauer, Art, Inhalt und Häufigkeit bestimmter vom Nutzer in Anspruch genommener Dienste) auf Verlangen des Nutzers verarbeitet werden, höchstens bis zum Ablauf des 6. Monats nach Versendung der Rechnung **speichern**. Werden gegen die Entgeltforderung innerhalb dieser Frist Einwendungen erhoben oder diese trotz Zahlungsaufforderung nicht beglichen, dürfen die Abrechnungsdaten aufbewahrt werden, bis die Einwendungen abschließend geklärt sind oder die Entgeltforderung beglichen ist.

Der Diensteanbieter darf nach § 15 V TMG, Abrechnungsdaten **übermitteln**, soweit dies zum Zwecke der Einbeziehung einer Forderung erforderlich ist. Eine Übermittlung ist auch zulässig nach § 15 V 2 TMG, wenn ein Dritter für den Diensteanbieter auf vertraglicher Basis die Entgeltabrechnung übernommen hat. Der Dritte muss das Fernmeldegeheimnis (§ 88 TKG) wahren.

> Im **Ausgangsfall** kann die A-GmbH, deren Angebote entgeltlich genutzt worden sind, die Abrechnungsdaten der Kunden zwecks Forderungseinziehung an die X-GmbH übermitteln.

### 4.3.4  Auskunftsrecht des Nutzers

Das Auskunftsrecht des Nutzers ist in § 13 VII TMG geregelt. Danach ist der Nutzer berechtigt, jederzeit die zu seiner Person oder zu seinem Pseudonym gespeicherten Daten unentgeltlich beim Diensteanbieter einzusehen.

Die Auskunft kann auf Verlangen des Nutzers auch digital erteilt werden (§ 15 VII 2 TMG). Der Diensteanbieter muss durch geeignete Maßnahmen sicherstellen, dass die digitale Auskunft tatsächlich nur dem berechtigten Nutzer übermittelt wird.

### 4.3.5  Umgang mit personenbezogenen Daten nach BDSG und TMG

Für die Abschn. 4.2 und 4.3 wird in der Tab. 4.2 zusammenfassend ein Überblick über die rechtlichen Anforderungen gegeben, welche die verantwortliche Stelle beim Umgang mit personenbezogenen Daten treffen.

Ausgangspunkt ist der Grundsatz des Bundesdatenschutzgesetzes (BDSG), dass eine Datenverarbeitung verboten ist, soweit sich aus dem BDSG oder aus anderen Gesetzen nicht etwas anderes ergibt. Dies gilt auch für die Telemedien.

**Tab. 4.2** Umgang der verantwortlichen Stelle mit personenbezogenen Daten

| | Umgang | Verantwortliche Stelle | Personenbezogene Daten | Betroffene | Anwendungsbereich |
|---|---|---|---|---|---|
| BDSG | 1. **Umgang**, d. h. Erhebung (§ 3 III BDSG), Verarbeitung (§ 3 IV BDSG) und Nutzung (§ 3 V BDSG) von Daten. <br> 2. **Zulässigkeit der Erhebung, Verarbeitung und Nutzung im nicht öffentlichen Bereich,** d. h. z. B. für (Dienste-) Anbieter grundsätzlich § 28, ausnahmsweise § 29 BDSG. | 1. **Verantwortliche Stelle** (§ 3 VII BDSG) <br> 2. **Pflichten der verantwortlichen Stelle** (z. B. §§ 5, 9 BDSG). <br> 3. **Kontrollorgane** <br> – **intern** (betrieblicher Datenschutzbeauftragter – §§ 4f-g BDSG) <br> – **extern** (Aufsichtsbehörden – § 38 BDSG) <br> 4. **Datenschutz innerhalb** (intern) **und außerhalb** (extern) **der verantwortlichen Stelle.** <br> 5. **Mitbestimmung** <br> – Kontrollkompetenz des Betriebsrates (§§ 75 I, II, 80 I Nr. 1 Betriebsverfassungsgesetz – BetrVG) <br> – Unterrichtungsrecht des Betriebsrates (§§ 90 I Nr. 2 – 4, 80 II BetrVG) <br> – Mitbestimmung bei Einführung und Anwendung einer technischen Einrichtung (§ 87 I Nr. 6 BetrVG) <br> 6. **Medienprivileg** (§ 41 BDSG) <br> 7. **Kontrollbefugnis der Aufsichtsbehörde, anlassunabhängige Kontrolle** (§ 38 BDSG) | **Personenbezogene Daten** (§ 3 I BDSG) | 1. **Schutzzweck** (informationelles Selbstbestimmungsrecht als Konkretisierung des allgemeinen Persönlichkeitsrechtes nach Artikel 2 I GG i.V.m. Artikel 1 I GG). <br> 2. **Betroffene** (natürliche Personen – § 3 I BDSG). <br> 3. **Rechte der Betroffenen** (z. B. §§ 19, 34 BDSG). <br> 4. **Einwilligung der Betroffenen** (§ 4 I BDSG). | 1. Im Verhältnis zu anderen nationalen Datenschutzvorschriften: **Soweit keine Spezialregelung vorliegt, findet das BDSG Anwendung.** <br> 2. **Räumlicher Geltungsbereich:** <br> – nur für in Deutschland niedergelassene Anbieter; <br> – für grenzüberschreitenden Datenaustausch in EU und darüber hinaus findet die Datenschutzrichtlinie (95/46/EG) noch (siehe oben Gesetzgebungsvorhaben) Anwendung. |

| TMG | Spezielle Anbieterpflichten: | 1. Telemedienanbieter (§ 11 ff. TMG) | 1. Nutzungsprofile | 1. Natürliche Personen | 1. Soweit in Deutschland für Telemedien eine Regelung im TMG nicht vorliegt, findet das BDSG Anwendung |
|---|---|---|---|---|---|
| | **1. Anonyme und pseudonyme Nutzung (§ 13 VI TMG)**<br>**2. Nutzungsprofile (§ 13 IV Nr. 6 TMG)**<br>**3. Weitervermittlung (§ 13 V TMG)** | **2. Kontrollbefugnis der Aufsichtsbehörde, anlassunabhängige Kontrolle** (siehe § 38 BDSG) | **(§ 13 IV Nr. 6 TMG)**<br>**2. Nutzungsdaten (§ 15 I TMG)**<br>**3. Bestandsdaten (§ 14 TMG)**<br>**4. Abrechnungsdaten (§ 15 IV TMG)**<br>**5. Auskunftsrecht des Nutzers (§ 13 VII TMG)** | (§ 11 II TMG); geschützt sind nur Nutzer von Diensten, nicht aber die Daten Dritter.<br>**2. Einwilligung (§ 13 II TMG)** | **2. Das TMG findet nur auf in Deutschland niedergelassene Anbieter Anwendung.** Für den grenzüberschreitenden Datenaustausch innerhalb und außerhalb der EU gilt noch (siehe oben Gesetzgebungsvorhaben) die Datenschutzrichtlinie (95/46/EG). |

## 4.4 Kundendatenschutz insbesondere Big Data

Die Grundlagen des Datenschutzes wurden bereits in den vorstehenden Unterkapiteln Abschn. 4.1 bis 4.3 dargestellt. Nachfolgend sollen einige wichtige und aktuell diskutierte Praxisfragen konkret betrachtet werden.

### Big Data

Big Data bezeichnet die Analyse von großen Datenmengen zu öffentlichen oder privaten Zwecken. Der Begriff steht auch für den Komplex der Technologien, die zum Sammeln und Auswerten dieser Datenmengen eingesetzt werden und daher in engem Zusammenhang mit dem Tracking und dem Profiling stehen.

Big Data ist in der Sache nichts Neues, sondern eine Fortentwicklung an sich bekannter Methoden und Techniken, wie Business Intelligence, Data Warehousing, Data Analytics und Data Mining.

Entsprechend unterscheidet sich die **datenschutzrechtliche Beurteilung** von Big Data nicht grundsätzlich von den sonstigen Formen einer IT-gestützten Datenverarbeitung. Zwar ist angesichts der von Vielen damit verbundenen Risiken verschiedentlich der Ruf nach dem Gesetzgeber laut geworden, doch halten andere die datenschutzrechtlichen Instrumente für grundsätzlich ausreichend. Big Data ist ein Schwerpunkt der bereits mehrfach erwähnten und kurz vor ihrer Verabschiedung stehenden Datenschutzgrundverordnung der EU (DS-GVO) .

Der **Einsatz von Big Data-Analysen ist vielfältig**. Sie werden z. B. genutzt

- von Kreditkartenunternehmen, um verdächtige Buchungen oder andere ungewöhnliche Vorgänge aufzudecken bzw. nachzuvollziehen (sog. „Fraud Detection");
- zur Auswertung von Webstatistiken, um Online-Werbemaßnahmen zu optimieren;
- im Rahmen von Smart Mobility zur Lenkung von Verkehrsströmen im öffentlichen Raum;
- für die Erstellung von Bewegungsprofilen zum Zwecke der Strafverfolgung bzw. für Geheimdiensttätigkeiten.

Eine Zulässigkeit des Einsatzes von Big Data-Technologien kommt vor allem unter vier Aspekten in Betracht:

1. Nicht personenbezogene Daten dürfen ohne Einwilligung des Betroffenen verwendet werden. An einem Personenbezug fehlt es, wenn sich die Daten nur mit unverhältnismäßig großem Aufwand einer Person zuordnen lassen. Die deutschen Aufsichtsbehörden sehen insbesondere eine IP-Adresse als personenbezogenes Datum an. Im Schrifttum und in der unterinstanzlichen Rechtsprechung[17] wird dies allerdings z. T. anders gesehen.
2. Wie bereits unter Abschn. 4.2.9 erörtert, dürfen personenbezogene Daten ohne Einwilligen des Betroffenen erhoben und verwendet werden, wenn sie allgemein

---

[17] So LG München – 133 C 5677/08 vom 30.09.2008; http://tlmd.in/u/524.

zugänglich sind. Allgemein zugänglich sind insbesondere solche Daten, die von den Betroffenen selbst ins Netz gestellt wurden. Tatsächlich stammt ein Großteil der von Big Data erfassten Daten aber aus dem Web 2.0, vor allem aus den Social Media, Foren und Blogs. Allerdings ist die Verwendung der Daten auch hier unzulässig, wenn entgegenstehende Interessen des Betroffenen offensichtlich überwiegen (§ 28 I S. 1 Nr. 3 BDSG).

3. In den nicht unter (1) und (2) genannten Fällen bleibt es bei der Grundregel des § 4a BDSG (siehe oben Abschn. 4.3.1), wonach der Betroffene durch die verarbeitende Stelle auf den vorgesehenen Zweck der Erhebung, Verarbeitung oder Nutzung hinzuweisen und seine Einwilligung einzuholen ist. Wegen des datenschutzrechtlichen Grundsatzes der Zweckbindung dürfen Daten jedoch nur zu den Zwecken verwendet werden, für die sie erhoben wurden. Sollen sie zu anderen als den ursprünglich mitgeteilten Zwecken verwendet werden, bedarf es hierfür wieder einer ausdrücklichen Einwilligung des Betroffenen. Angesichts der vielen Nutzer und der zahlreichen potenziellen Verwendungszwecke der Daten wird dies in der Praxis meist nicht möglich sein.

4. Lässt sich auch eine Einwilligung des Betroffenen in die Erhebung oder Verwendung seiner Daten nicht erreichen, bleibt nur deren Anonymisierung gemäß § 3 VI BDSG. Anonymisiert erhobene oder später anonymisierte Daten sind keine personenbezogenen Daten gemäß § 3 I BDSG. Allerdings stellt die Anonymisierung die Anbieter vor erhebliche technische und rechtliche Probleme. Daher muss in jedem Einzelfall geklärt werden, unter welchen Voraussetzungen die Daten einer bestimmten oder bestimmbaren natürlichen Person noch zugeordnet werden können.[18] Solange dies theoretisch noch möglich ist, besteht das Risiko eines datenschutzrechtlichen Verstoßes.

▷ **Cookies**: In datenschutzrechtlicher Hinsicht wird hier vor allem die Einwilligung des betroffenen Nutzers diskutiert. Wie unter Abschn. 4.2.2 gesehen, muss diese gemäß § 4 I BDSG ausdrücklich erteilt werden. Fraglich ist nun, ob es hierfür ausreicht, dass der Browser des Nutzers so eingestellt ist, dass er standardmäßig Cookies akzeptiert.

Die Richtlinie 2009/136/EG[19] (sog. **Cookie Richtlinie** oder **E-Privacy Richtlinie**) gibt eine europarechtliche Antwort auf diese Frage, jedoch ist diese zweideutig. Einerseits lässt sie die Speicherung von Cookies, Web-Bugs etc. nur zu, wenn der Nutzer zuvor ausdrücklich seine Einwilligung erklärt hat (Opt-In). Andererseits stellt der Erwägungsgrund 66 der Cookie Richtlinie fest, dass die Einwilligung auch „über die … Einstellungen eines Browsers … ausgedrückt werden" kann.

Der vom Bundesrat vorgelegte Gesetzesentwurf zur Umsetzung der Cookie Richtlinie ist bis heute nicht in Kraft, obwohl die Richtlinie bis zum 25.05.2011 umzusetzen war. Offenbar beabsichtigt der deutsche Gesetzgeber dies auch nicht mehr, und die

---

[18] Ohrtmann/Schwiering, Big Data und Datenschutz – Rechtliche Herausforderungen und Lösungsansätze, NJW 2014, 2988.

[19] Die Richtlinie ist abrufbar unter http://eur-lex.europa.eu/LexUriServ/LexUriServ. do?uri=OJ:L:2009:337:0011:0036:de:PDF.

EU-Kommission ist wohl der Ansicht, dass das deutsche TMG den Erfordernissen der Cookie Richtlinie schon heute genügt.[20]

Damit bleibt aber ungeklärt, ob die Einwilligung zum Einsatz von Cookies nach § 13 II TMG ein Opt-In oder im Falle des § 15 III TMG ein Opt-Out erfordert. Da zudem in Anbetracht der zweideutigen Fassung der Richtlinie zweifelhaft ist, ob sie in Deutschland unmittelbar zur Anwendung kommt, bleibt die **Rechtslage** unklar.

▶ **Profiling** ist gemäß Art. 4 III des Entwurfs der DS-GVO[21] „jede Form der automatisierten Verarbeitung personenbezogener Daten mit dem Ziel der Evaluierung bestimmter persönlicher Aspekte bezogen auf eine natürliche Person oder um insbesondere die Leistungsfähigkeit jener natürlichen Person, ihre wirtschaftliche Lage, ihren Standort, ihre Gesundheit, persönlichen Vorlieben, Zuverlässigkeit oder ihr Verhalten zu analysieren oder vorherzusagen".

Das Erstellen von Nutzungsprofilen ist ein wichtiges Element des Customer Relationship Management und schon lange gebräuchlich. Unter dem Aspekt des „Gläsernen Menschen" wurde es schon immer mit Misstrauen betrachtet. **Seine generelle datenschutzrechtliche Beurteilung** findet sich unter Abschn. 4.3.2.2.

Eine neue Dimension hat die Diskussion des Profiling mit den Möglichkeiten der **Big Data** erhalten. Die Vorstellung, dass Bewegungsdaten zur Verkehrslenkung, Daten des Smart Home zur Optimierung der Energieversorgung und Gesundheitsdaten zur Senkung der Gesundheitskosten genutzt werden, weckt – ebenso wie die sich daraus ergebende Missbrauchsmöglichkeit – in Vielen ein Gefühl des Unbehagens. Die Analyse dieser umfangreichen Datenbestände generiert Bewegungs- und Verhaltensprofile, die – wie das BVerfG in seinem Vorratsdatenspeicherungs-Urteil aus dem Jahre 2010[22] ausführt – „tiefe Einblicke in das soziale Umfeld und die individuellen Aktivitäten jedes Bürgers" ermöglichen.

Aus diesem Grund befasst sich die geplante DS-GVO auch mit dem Profiling. Nach gegenwärtig geltendem Datenschutzrecht ergeben sich gegenüber den allgemeinen Ausführungen zu Big Data und speziell zum Webtracking keine Besonderheiten.

▶ **Recht auf Vergessen**: Seit einigen Jahren wird diskutiert, ob es als Ausfluss des Rechts auf informationelle Selbstbestimmung ein berechtigtes Interesse des Einzelnen gibt, über ihn im Internet veröffentlichte Information zu einem späteren Zeitpunkt wieder entfernen zu lassen. Ein Recht auf Löschung von Daten besteht nach der EU-Datenschutzrichtlinie ebenso wie nach § 35 BDSG, jedoch nur unter bestimmten, engen Voraussetzungen.

---

[20] Vgl. Heise online, News vom 7.02.2014, http://www.heise.de/newsticker/meldung/EU-Kommission-zur-Cookie-Richtlinie-Vorgaben-fuer-Cookies-gelten-in-Deutschland-2107770.html.

[21] KOM/2012/011 endgültig vom 25.01.2012; http://www.europaeische-datenschutz-grundverordnung.de/dsgvo/.

[22] BVerfG–1 BvR 256/08 vom 11.03.2010; http://www.hrr-strafrecht.de/hrr/bverfg/08/1-bvr-256-08-2.php.

In seinem wegweisenden **Google-Urteil** vom 13.05.2014 hat der EuGH[23] nun entschieden, dass der Betreiber einer Internetsuchmaschine bei personenbezogenen Daten, die auf von Dritten veröffentlichten Internetseiten erscheinen, für die von ihm vorgenommene Verarbeitung verantwortlich ist. Wird bei einer anhand des Namens einer Person durchgeführten Recherche in der Ergebnisliste ein Link zu einer Internetseite mit Informationen über diese Person angezeigt, so kann sich diese Person unmittelbar an den Suchmaschinenbetreiber wenden und unter bestimmten Voraussetzungen die Entfernung des Links aus der Ergebnisliste erwirken.

Das Urteil basiert auf der EU-Datenschutzrichtlinie. Nach deutsche Datenschutzrecht ließe sich der Löschungsanspruch auf – den bisher eng interpretierten – § 35 V BDSG stützen.[24]

Da ein Löschen der Daten wegen der hochkomplexen Netzstruktur schwierig zu realisieren ist, führt er zumindest dazu, dass die Auffindung der zu löschenden Information mit Hilfe von Suchmaschinen zu verhindern oder wesentlich zu erschweren ist. Daher spricht der EuGH auch nicht von einem Recht auf Vergessen, zutreffender handelt es sich nämlich um ein **Recht auf De-Indexierung**.

Ob die Entscheidung auch für andere Datenverarbeiter als Suchmaschinenbetreiber relevant wird, bleibt abzuwarten.

▷ **Scoring** bezeichnet die Erstellung einer Prognose über das künftige Verhalten einer Person (z. B. Zahlungsverhalten) mithilfe statistisch-mathematischer Methoden. Da dies in das Persönlichkeitsrecht des Betroffenen eingreifen kann, wurde durch die Datenschutznovelle 2009 mit § 28b BDSG eine gesetzliche Regelung zum Scoring eingeführt. Diese verbietet insbesondere die Berechnung der Wahrscheinlichkeitswerte ausschließlich nach Adressdaten.

Problematisch ist aber noch immer der Schutz vor **falschen Score-Werten**. Zu deren Überprüfung hat der Betroffene laut § 34 II, IV BDSG einen kostenlosen Auskunftsanspruch gegen den Scoring-Anbieter (z. B. Schufa oder Arvato infoscore). Dieser muss u. a. die zur Berechnung genutzten Datenarten, das Zustandekommen und die Bewertung der Wahrscheinlichkeitswerte mitteilen. Allerdings wird häufig beklagt, dass diese Informationen entgegen § 28b II S. 1 Nr. 3 BDSG nicht nachvollziehbar und nicht in verständlicher Form gegeben werden.

Überdies hat den BGH[25] in seinem Urteil vom 28.01.2014 entschieden, dass der Scoring-Anbieter die Berechnungsformel nicht offengelegen muss, da sie ein Betriebsgeheimnis darstelle.

Einen mittelbaren Schutz vor (falschen) Score-Werten gewährt zudem § 6a BDSG. Nach dessen Abs. 1 S. 1 dürfen Entscheidungen, die für den Betroffenen eine rechtliche Folge nach sich ziehen oder ihn erheblich beeinträchtigen, nicht ausschließlich auf eine **automatisierte Verarbeitung** personenbezogener Daten gestützt werden, die der Bewertung

---

[23] EuGH, NJW 2014, 2257.

[24] Nolte, NJW 2014, 2238.

[25] BGH – VI ZR 156/13; http://lexetius.com/2014,366.

einzelner Persönlichkeitsmerkmale dienen. Allerdings gilt dies gemäß § 6a II Nr. 2 BDSG u. a. nicht bei der Verweigerung eines Vertragsabschlusses, wenn die Wahrung berechtigter Interessen des Betroffenen durch geeignete Maßnahmen gewährleistet ist und die verantwortliche Stelle dem Betroffenen die Tatsache des Vorliegens einer Entscheidung im Sinne von Abs. 1 mitteilt sowie auf Verlangen die wesentlichen Gründe dieser Entscheidung mitteilt und erläutert.

▷ **Social-Plugins** dienen dazu, Social Media über die Homepage des Anbieters in das Angebot seines Unternehmens zu integrieren (z. B. über sog. iFrames oder den „Gefällt-mir" Button von Facebook). Die Einbindung der Plugins und der Besuch der Site des Anbieters durch einen bei dem Social Medium registrierten Nutzer stellt bereits die Verbindung zu dem Social-Medium her, ohne dass hierfür eine Aktivierung oder Bestätigung durch den Nutzer erfolgen muss. Mit der Verbindung zum Server des Social Mediums werden von diesem auch Daten des Nutzers erfasst (z. B. Datum und Uhrzeit des Besuchs, URL der besuchten Seite sowie zumindest die IP-Adresse, Browser und verwendetes Betriebssystem).

Problematisch sind nun die Fälle, in denen die Daten des Nutzers zu einem Nutzerprofil bei dem Social Medium zusammengeführt werden (Profiling), da hierfür regelmäßig keine Einwilligung oder datenschutzrechtliche Erlaubnisnorm vorliegt. Um sich datenschutzrechtlich abzusichern, bieten viele Unternehmen das so genannte **Double Opt-In** (oder auch 2-Klick-Lösung) an, um Social-Plugins verwenden zu können. Hierbei ist der Nutzer zunächst über Art, Umfang und Zweck der Datenverarbeitung zu informieren. Sofern er in die Datenverarbeitung eingewilligt hat, wird er in einem zweiten Schritt aufgefordert, die Einwilligung zu bestätigen (z. B. durch Anklicken eines Links in der entsprechenden Bestätigungsmail). Gleichwohl ist selbst diese Lösung aus datenschutzrechtlicher Sicht umstritten.

Höchstrichterliche Rechtsprechung zu der Frage, ob eine datenschutzrechtliche Unzulässigkeit auch **wettbewerbsrechtliche Folgen** haben könnte, liegt bisher nicht vor.[26]

▷ **Targeted Advertising**: Diese Internet-Werbeform ermöglicht es, automatisiert Nutzer als einer Zielgruppe zugehörig zu identifizieren und themenrelevante Werbeeinblendungen zu veranlassen. Hierzu wird das Surfverhalten der Nutzer analysiert und ausgewertet (z. B. können Inserenten bei YouTube auswählen, welche Nutzer ihre Werbung angezeigt bekommen).

Voraussetzung für die datenschutzrechtliche Zulässigkeit dieser Leistungen ist gemäß § 4 BDSG wiederum die **Einwilligung** des Nutzers in die Verwendung seiner Daten. Sofern die Einwilligung nicht im Vorfeld erteilt wurde und auch die Nutzungsbedingungen sie nicht im erforderlichen Umfang einholen,[27] kann ein datenschutzrechtlicher Verstoß vorliegen.

---

[26] Gegen wettbewerbsrechtliche Konsequenzen: KG Berlin – 5 W 88/11 vom 29.04.2011.
[27] Für einen Verstoß von YouTube Verheijden, Josina, Rechtsverletzungen auf YouTube und Facebook, 2015, 77.

Die Problematik soll anhand der AGB des US-Unternehmens **Facebook** verdeutlicht werden. Facebook hatte seine Allgemeinen Geschäftsbedingungen zum 01.01.2015 geändert. Diese enthalten Regelungen, die eine umfassende Nutzung von Userdaten (u. a. auch Standortdaten) für die Schaltung von Werbung ermöglichen bzw. zulassen, die auf den Nutzer zugeschnitten ist.

Datenschutzrechtliche Bedenken ergeben sich daraus, dass Facebook nicht nur auf die von dem Nutzer eingestellten Daten zugreifen, sondern auch dessen Internet-Nutzungsverhalten analysieren könnte (z. B. indem Nutzerdaten über externe Suchmaschinen wie Google ausgewertet werden, um zu ermitteln, auf welchen Seiten ein Nutzer sich regelmäßig aufhält). Aufgrund der Auswertbarkeit der Standortdaten kann Facebook zudem Rückschlüsse aus häufig aufgesuchten Orten und Einrichtungen ziehen, um gezielte Werbung für hierfür im Zusammenhang stehende Leistungen zu schalten.

Bemängelt wird zudem die Intransparenz der Regelungen. Insbesondere ist nicht explizit geregelt, zu welchem konkreten Zweck und wie lange die Daten erhoben, genutzt oder verarbeitet werden dürfen. Auch ist den Regelungen nicht unmittelbar zu entnehmen, ob bzw. in welchem Umfang Dritte Zugriff auf die Daten haben.

Die Verbraucherzentrale Bundesverband e. V. (vzbv) hat daraufhin im Februar 2015 das Unternehmen abgemahnt und ein Unterlassungsverfahren eingeleitet. Nach Auffassung des vzbv verstoßen insgesamt 19 Klauseln aus den Nutzungsbedingungen und der Datenrichtlinie gegen geltendes Recht.

▷ **Webtracking**: Tracking-Tools (insbesondere Cookies und Webbrowser Fingerprints) ermöglichen es dem Betreiber einer Website, die Besucherbewegungen auf einer Website zu protokollieren. Erfasst wir dabei insbesondere die IP-Adresse des Nutzers. Obwohl dies noch immer bestritten wird, wird die IP-Adresse eines Nutzers grundsätzlich als personenbezogenes Datum anzusehen sein.

Gemäß § 15 I TMG darf der Diensteanbieter personenbezogene Daten nur erheben und verwenden, soweit dies u. a. für die Inanspruchnahme von Telemedien **erforderlich** ist. Eine Internetverbindung kommt jedoch nur zustande, wenn die IP-Adresse übermittelt wurde, dann ist deren Erhebung und Verwendung zulässig, aber eben nur insoweit, wie dies zur Inanspruchnahme des Internetdienstes erforderlich ist.

Sollen die Browserdaten hingegen für Zwecke des Tracking oder Profiling erhoben oder verwendet werden, ist dies gemäß § 15 III TMG nur unter der Voraussetzung einer **Pseudonymisierung** erlaubt. Zudem hat der Diensteanbieter den Nutzer im Rahmen der Unterrichtung nach § 13 I TMG auf sein Widerspruchsrecht hinzuweisen. Da § 15 III TMG als Opt-out-Lösung ausgestaltet ist, wird auch für Tracking Cookies vertreten, dass ein entsprechender Hinweis in der Datenschutzerklärung ausreicht. Wie unter Cookies gesehen, ist dies jedoch alles andere als zweifelsfrei.

## 4.5  Mitarbeiterdatenschutz

Im Kontext des Arbeitsverhältnisses erhält der Datenschutz eine **besondere Dimension.**
Geht es beim Datenschutz ohnehin schon um eine Bedrohung der Persönlichkeitsrechte
des Betroffenen, so wird diese Problemlage am Arbeitsplatz zusätzlich verschärft, weil der
Arbeitnehmer der Weisungsbefugnis des Arbeitgebers unterliegt und daher ohnehin schon
aus diesem Grund schutzbedürftig ist. Andererseits hat der Arbeitgeber ein ausgeprägtes
und grundsätzlich auch berechtigtes Interesse daran, bestimmte Arbeitnehmerdaten zu
erhalten, zu verarbeiten und zu nutzen.

### 4.5.1  Datenschutzrechtliche Vorschriften

Der Mitarbeiterdatenschutz ist in Deutschland bislang nicht umfassend gesetzlich
geregelt. Er wird durch eine Anzahl von Vorschriften realisiert, die unterschiedlichen
Rechtsbereichen zuzuordnen sind.

Speziell datenschutzrechtliche Regelungen trifft nur das Bundesdatenschutzgesetz.
Einschlägig ist hier § 32 BDSG. Nach dessen Abs. 1 dürfen personenbezogene Daten eines
Arbeitnehmers erhoben, verarbeitet oder genutzt werden, wenn dies für die Entscheidung
über die Begründung eines Arbeitsverhältnisses, für dessen Durchführung oder für die
Beendigung erforderlich ist.

#### Gesetzgebungsvorhaben

Bereits seit längerem wird die Regelung des Mitarbeiterdatenschutzes in Deutschland
als unbefriedigend empfunden. Versuche einer Modernisierung sind bisher gescheitert.
Der am 25.02.2011 in das Gesetzgebungsverfahren eingebrachte Entwurf eines Gesetzes
zum Datenschutz im Beschäftigungsverhältnis[28] wurde in Anbetracht der ausstehenden
europäischen DS-GVO (vgl. oben unter Abschn. 4.1) mittlerweile zurückgestellt.

Daneben ist eine Vielzahl weiterer Rechtsvorschriften für die Zwecke des Mitarbeiterdatenschutzes nutzbar, auch wenn diese primär ein anderes Ziel verfolgen.

Dies ist einmal der kollektivarbeitsrechtliche § 83 Betriebsverfassungsgesetz[29]
(BetrVG), der das Recht der Personalakte regelt. Wichtig ist in diesem Zusammenhang
§ 32 II BDSG, nach dem § 32 I BDSG zur Anwendung kommt, auch wenn die Daten nicht
austomatisiert verarbeitet oder in oder aus einer nicht automatisierten Datei verarbeitet,
genutzt oder für die Verarbeitung oder Nutzung einer solchen Datei erhoben werden.
Erfasst werden somit auch **Personalakten,** die noch papiergeführt sind, allerdings nur
hinsichtlich der Gleichstellung für § 32 I BDSG und nicht für die Bestimmungen des dritten Abschnitts des BDSG. Wichtig ist weiter, dass nach der Rechtsprechung des

---

[28] http://dip21.bundestag.de/dip21/btd/17/000/1700069.pdf.
[29] http://www.gesetze-im-internet.de/betrvg/.

Bundesarbeitsgerichts (BAG) Personalakte alle Schriftstücke und Unterlagen sind, welche die persönlichen und dienstlichen Verhältnisse des Arbeitnehmers betreffen und in einem inneren Zusammenhang mit dem Arbeitsverhältnis stehen (materielle Personalakte).[30] Personalakte ist also nicht nur, was der Arbeitgeber als solche bezeichnet und in der Personalabteilung geführt wird (formelle Personalakte).

Weiter sind zwei Vorschriften zu nennen, die eine **Überwachung von Netzwerken und PC-Arbeitsplätzen** durch den Arbeitgeber einschränken. Nach Ziffer 22 des Anhangs zur Bildschirmarbeitsverordnung[31] darf ohne Wissen des Benutzers keine Vorrichtung zur qualitativen oder quantitativen Kontrolle verwendet werden. Zudem bestimmt § 87 I Nr. 6 BetrVG, dass die Einführung und Anwendung von technischen Einrichtungen, die dazu bestimmt sind, das Verhalten oder die Leistung der Arbeitnehmer zu „überwachen", nur mit Zustimmung des Betriebsrates zulässig sind. Entgegen ihrem Wortlaut interpretieren die Arbeitsgerichte die Vorschirift in der Weise, dass es bereits ausreicht, dass die technische Einrichtung objektiv zur Überwachung geeignet ist, selbst wenn sie diese nicht bezweckt.[32] Dies betrifft beispielsweise den Einsatz von Microsoft-Office, das mit dem Programm „Outlook" ein Log-Filesystem zur Verfügung stellt, das die Bearbeitungszeitpunkt und -zeitdauer aufzeichnen kann (sog. Journal Funktion), Workflow-Managementsysteme oder den Einsatz von Keylogger-Programmen, welche die Benutzung von Personalcomputern aufzeichnen.

Einen mittelbaren Arbeitnehmerdatenschutz kann auch das TKG entfalten. So könnte das **Telekommunikationsgeheimnis** tangiert sein, wenn durch den Arbeitnehmer berechtigterweise am Arbeitsplatz abgesandte oder empfangene private E-Mails vom Arbeitgeber gelesen werden.

Tatsächlich ist umstritten, ob der Arbeitgeber, der seinen Arbeitnehmern Internet- oder E-Mail-Dienste für private Zwecke zur Verfügung stellt, Diensteanbieter im Sinne von § 3 Nr. 6 TKG ist und dem Telekommunikationsgeheimnis unterfällt. Überwiegend wird dies bejaht.[33]

Anders sehen dies z. T. die Instanzgerichte. So haben das LAG Berlin-Brandenburg[34] und das VG Karlsruhe[35] in zwei Fällen entschieden, dass der Arbeitgeber, der seinen Arbeitnehmern die private Nutzung des dienstlichen E-Mail-Accounts gestattet, kein Dienstanbieter im Sinne des TKG ist. Nach dem Urteil des LAG Berlin-Brandenburg unterliegt der Zugriff des Arbeitgebers auf diese Daten zudem nicht den rechtlichen Beschränkungen des Fernmeldegeheimnisses, wenn die Arbeitnehmer bei Nutzung des Arbeitsplatzrechners die eingehenden privaten E-Mails im Posteingang bzw. die versendeten im Postausgang belassen. Höchstrichterliche Rechtsprechung liegt zu dieser Frage noch nicht vor.

---

[30] https://www.jurion.de/Urteile/BAG/1980-05-07/4-AZR-214_78.

[31] http://www.gesetze-im-internet.de/bildscharbv/.

[32] BAG, Beschluss vom 23.04.1985, abrufbar unter https://www.jurion.de/Urteile/BAG/1985-04-23/1-ABR-39_81.

[33] Scheja/Haag, Münchener Anwaltshandbuch IT-Recht, 3. Aufl., 2013, Teil 5 Datenschutzrecht, Rn. 419.

[34] Urteil vom 16.02.2011 – 4 Sa 2132/10.

[35] Urteil vom 27.05.2013 – 2 K 3249/12.

Unabhängig von dieser Beurteilung ist für den jeweiligen Fall bedeutsam, ob eine Rechtsgrundlage für das Lesen der privaten Mails bestand (z. B. gemäß §§ 28, 32 BDSG) und ob die besonderen arbeitsrechtlichen Anforderungen beachtet wurden (also z. B. keine unzulässige Verhaltens- oder Leistungskontrolle erfolgt ist und die Persönlichkeitsrechte der Arbeitsnehmer gewahrt wurden). Schließlich ist zu fragen, ob der Zugriff für den jeweiligen Zweck des Arbeitgebers erforderlich und verhältnismäßig war (z. B. zur Wiederherstellung eines ordnungsgemäßen Geschäftsablaufs). Hier kommt es jeweils auf die Umstände des Einzelfalls an.[36]

## 4.5.2 Sonderprobleme des Mitarbeiterdatenschutzes

Besondere netzbezogene Fragestellungen des Arbeitnehmerdatenschutzes wurden in jüngerer Zeit von allem für Bring your own device sowie für die Befugnis des Arbeitgebers diskutiert, sich in den Social Media über Bewerber um Arbeitsplätze zu informieren.

▷ **Bring your own device (BYOD)** bezeichnet die Nutzung privat angeschaffter IT-Hardware (insbesondere Notebooks, Tablets und Smartphones) für dienstliche Zwecke oder jedenfalls unter Nutzung der betrieblichen Infrastruktur.

Ein solcher Einsatz **tangiert mehrere Rechtsbereiche.** Die meiste Aufmerksamkeit hat die arbeitsrechtliche Seite (vor allem Kündigungen wegen eines exzessiven Gebrauchs des Endgerätes, des Besuchs pornografischer Seiten etc. während der Arbeitszeit) erfahren. Es ergeben sich aber auch lizenzrechtliche Probleme, weil auf privaten Endgeräten häufig Software installiert ist, die nur für eine private und nicht für eine gewerbliche Nutzung lizenziert ist. Zudem stellen sich Fragen der betrieblichen IT-Sicherheit.

Der Datenschutz ist demnach nur ein Problembereich im Zusammenhang mit BYOD. Hier wird vor allem diskutiert, ob der Eigentümer und Nutzer des Endgeräts bei der Verwendung seines Endgerätes eine **Auftragsdatenverarbeitung für den Arbeitgeber** nach § 3 VII BDSG vornimmt. Dann müsste jedoch zwischen beiden ein formbedürftiger Vertrag gemäß § 11 BDSG geschlossen werden. Die Meinungen hierzu sind konträr und höchstrichterliche Rechtsprechung liegt noch nicht vor.

Unabhängig davon muss der Arbeitgeber als verantwortliche Stelle technisch-organisatorische Maßnahmen gemäß § 9 S. 1 BDSG ergreifen (also ein Identitäts-management, Verfügbarkeitskontrolle, Einweisungen und Schulungen etc.). Weiter unterliegen die Endgeräte hinsichtlich der Einhaltung des Datenschutzniveaus der allgemeinen Kontrolle durch den betrieblichen Datenschutzbeauftragen und die zuständige Aufsichtsbehörde.

---

[36] Scheja/Haag, Münchener Anwaltshandbuch IT-Recht, 3. Aufl., 2013, Teil 5 Datenschutzrecht, Rn. 419f.

Die zeitweise lebhafte, rechtliche Diskussion des BYOD ist mittlerweile abgeebbt. Ursache dafür ist nicht zuletzt, dass sich **technische Lösungen** abzeichnen (sog. Container-Lösung), die eine Trennung von dienstlicher und privater Nutzung der mitarbeitereignen Endgeräte erlauben.

▷ Die Nutzung von **Social Media** durch den Arbeitgeber zur Informationsgewinnung über Bewerber und Abreitnehmer (sog. Backgroundchecks) ist datenschutzrechtlich problematisch.

Ausgangspunkt der Zulässigkeitsüberlegungen ist § 3 III BDSG. Da es sich bei Recherchen über Bewerber und Arbeitnehmer im Internet um eine Datenerhebung handelt, ist sie nur zulässig, wenn ein Erlaubnistatbestand vorliegt. Hier kommt der bereits genannte § 32 BDSG in Betracht, der einen **Zweckbezug zum möglichen oder bestehenden Arbeitsverhältnis** fordert. Unzulässig ist demnach eine umfassende Überwachung der privaten Aktivitäten eines Arbeitnehmers.

Zudem ist gemäß 28 I Nr. 3 BDSG die Erhebung von **allgemein zugänglichen Daten** zulässig. Für Social Media ist nun umstritten, wann Daten allgemein zugänglich sind. Bei berufsorientierten Netzwerken (z. B. Linkedin, Xing) kann davon ausgegangen werden, dass der Zugang zu den Informationen keinen Einschränkungen unterliegen soll. Bei überwiegend privat genutzten Netzwerken (z. B. Google + oder Facebook) dürfte die Situation anders sein. Bisher hat sich jedoch noch keine herrschende Meinung gebildet und höchstrichterliche Rechtsprechung fehlt.

Allerdings soll es für den Arbeitgeber zulässig sein, auch privat genutzte Social Media-Profile auf **Informationen über das eigene Unternehmen** hin zu durchsuchen, um Schmähkritik, Whistleblowing oder den Verrat von Geschäftsgeheimnissen aufzufinden.[37]

## 4.6   Nationaler und grenzüberschreitender Datenverkehr

Für die Ermittlung des anzuwendenden nationalen Datenschutzrechtes ist zu unterscheiden, ob die verantwortliche Stelle ihren Sitz in Deutschland hat, ob ein Datenverkehr in einen Mitgliedstaat der EU oder des EWR (Island, Lichtenstein, Norwegen – ohne die Schweiz) erfolgt oder ob dies in einen sog. Drittstaat (d. h. ein Nicht-Mitgliedsland der EU oder des EWR) geschieht.

**Vorschau**  Die folgenden Ausführungen befassen sich mit dem räumlichen Geltungsbereich des deutschen Datenschutzrechtes (Abschn. 4.6.1), dem grenzüberschreitenden Datenaustausch innerhalb der EU (Abschn. 4.6.2) und mit Drittstaaten (Abschn. 4.6.3).

---

[37] Vgl. hierzu das Urteil des LAG Hamm vom 10.10. 2012, im Volltext abrufbar unter http://www.damm-legal.de/lag-hamm-beleidigung-des-arbeitgebers-auf-facebook-kann-zur-fristlosen-kundigung-fuhren.

## 4.6.1  Deutschland

Der Geltungsbereich von BDSG und TMG ist auf in Deutschland niedergelassene Anbieter beschränkt. Dieses sog. **Niederlassungsprinzip** ist in der Richtlinie zum Schutz natürlicher Personen bei der Verarbeitung personenbezogener Daten und zum freien Datenverkehr[38] (Richtlinie 95/46/EG, sog. EU-Datenschutzrichtlinie) EU-weit fest-geschrieben.

Wenn sich im **Ausgangsfall** die A-GmbH bei einem Provider im Ausland einloggt, der aus dem Ausland Dienste zur Nutzung im Ausland bereithält oder den Zugang zu solchen Diensten vermittelt, z. B. auch durch das Herstellen von Hyperlinks, finden das BDSG und TMG keine Anwendung.

Allerdings hat der EuGH in seiner bereits in anderem Zusammenhang (siehe Abschn. 4.3) erörterten **Google-Entscheidung** eine Abwendung von dem Niederlassungsprinzip eingeleitet. Dort hat er festgestellt, dass die Datenschutzrichtlinie u. U. auch dann Anwendung findet, wenn die Verarbeitung personengebogener Daten in einem Drittstaat (hier USA) erfolgt, der für die Verarbeitung Verantwortliche aber eine Niederlassung in einem Mitgliedstaat der EU hat (hier Spanien). Für dessen Tätigkeit reicht es aus, dass sie die Förderung des Verkaufs der Werbeflächen der Suchmaschinen und diesen Verkauf selbst umfasst und auf die Bewohner dieses Mitgliedstaates ausgerichtet ist.

Insgesamt hat sich das Niederlassungsprinzip nicht bewährt und soll mit der geplanten DS-GVO durch das **Marktortprinzip** abgelöst werden

## 4.6.2  Europäische Union

Aufgrund der Datenschutzrichtlinie sind innerhalb der EU und des EWR weitgehend ähnliche national-gesetzliche Verpflichtungen anzutreffen. Dennoch bestehen deutliche **Unterschiede im nationalen Datenschutzniveau**, was der Grund dafür ist, dass Provider ihre Leistungen häufig auf in bestimmten Ländern verorteten Servern ausführen. Auch beinhaltet die Datenschutzrichtlinie zahlreiche Vorbehalte (Art. 8 IV, Art. 13 u. a.) für nationale Sonderwege.

Gemäß Art. 1 II Datenschutzrichtlinie dürfen die Mitgliedsstaaten der EU den **freien Verkehr personenbezogener Daten** zwischen Mitgliedstaaten aus Gründen des Datenschutzes nicht beschränken und untersagen. Entsprechend schließt das in § 1 II S. 1 BDSG zum Ausdruck kommende Niederlassungsprinzip die Anwendbarkeit des BDSG aus, wenn die verantwortliche Stelle in einem Mitgliedstaat der EU ihren Sitz hat, selbst wenn die Daten in Deutschland erhoben, verarbeitet oder genutzt werden.

---

[38] Die Richtlinie ist abrufbar unter http://eur-lex.europa.eu/legal-content/DE/TXT/HTML/?uri=CELEX:31995L0046&from=de.

Wenn der Server, auf dem die Cloud liegt, in einem Mitgliedstaat steht, kann der Betreiber des Servers jedoch nach US-amerikanischem Recht zur Herausgabe von Nutzerdaten verpflichtet sein, wenn es sich bei ihm um ein US-amerikanisches Unternehmen oder eine Tochtergesellschaft eines solchen Unternehmens handelt.[39]

Wenn im **Ausgangsfall** die A-GmbH mit den Office 365 in der Cloud arbeitet, erfolgt ein Datentransfer ins europäische Ausland. Da die Cloud auf Servern in den Niederlanden liegt, kommt gemäß dem Niederlassungsprinzip das Datenschutzrecht der Niederlande zur Anwendung. Die Arbeit mit Office 365 in der Cloud ist somit nach deutschem und nach EU-Recht zulässig. Es bleibt jedoch das Risiko einer Herausgabepflicht nach US-amerikanischem Recht.

## 4.6.3 Drittstaaten

Die Datenschutzrichtlinie sieht in Art. 25 vor, dass die Übermittlung personenbezogener Daten, die Gegenstand einer Verarbeitung sind oder nach der Übermittlung verarbeitet werden sollen, in ein Drittland zulässig ist, wenn dieses Drittland ein **angemessenes Schutzniveau** gewährleistet. Diese Vorgabe der Datenschutzrichtlinie findet in § 4b II BDSG ihren Niederschlag.

Die EU-Kommission hat für verschiedene Staaten verbindlich festgestellt, dass ein angemessenes Schutzniveau vorliegt (so für Argentinien, Australien, die Schweiz, Kanada – aber nicht z. B. für die USA).

Weist ein Drittstaat kein angemessenes Schutzniveau auf, ist die Datenübermittlung u. a. dennoch zulässig,

– wenn u. a. die zuständige Datenschutzbehörde dies nach § 4c II S. 1 BDSG genehmigt oder
– wenn das Unternehmen den Safe Harbour Principles entspricht.

Die Safe Harbor Principles beinhalten Kriterien, die eine Übereinstimmung mit dem Datenschutzniveau der Datenschutzrichtlinie sicherstellen. Praktisch relevant sind sie vor allem für den Datenverkehr mit Unternehmen in den USA.

Kann ein angemessenes Datenschutzniveau nicht gewährleistet werden, bleibt nur der Rückgriff auf eine der **Ausnahmeregelungen des § 4 c BDSG.**

Eine generelle Ausnahme bildet die Einwilligung des Betroffenen. Da meist eine Vielzahl von Betroffenen gegeben ist, wird sie in der Regel jedoch nicht relevant. Weitere Ausnahmen gelten für die Datenübermittlung **zu bestimmten Zwecken,** nämlich wenn sie:

– für die Erfüllung eines Vertrages zwischen der betroffenen Person und dem für die Verarbeitung Verantwortlichen oder zur Durchführung von vorvertraglichen Maßnahmen auf Antrag der betroffenen Person erforderlich ist,

---

[39] Zur Klage von Microsoft gegen diesen Herausgabeanspruch vgl. http://www.heise.de/newsticker/meldung/US-Zugriff-auf-EU-Rechenzentrum-Microsoft-bekommt-Aufschub-2281428.html.

– zum Abschluss oder zur Erfüllung eines Vertrages erforderlich ist, der im Interesse der betroffenen Person vom für die Verarbeitung Verantwortlichen mit einem Dritten geschlossen wurde oder geschlossen werden soll,
– entweder für die Wahrung eines wichtigen öffentlichen Interesses oder zur Geltendmachung, Ausübung oder Verteidigung von Rechtsansprüchen vor Gericht erforderlich oder gesetzlich vorgeschrieben ist,
– für die Wahrung lebenswichtiger Interessen der betroffenen Person erforderlich ist, oder
– aus einem Register erfolgt, das gemäß den Rechts- und Verwaltungsvorschriften zur Information der Öffentlichkeit bestimmt ist und entweder der gesamten Öffentlichkeit oder allen Personen, die ein berechtigtes Interesse nachweisen können, zur Einsichtnahme offen steht.

Schließlich kann die zuständige Aufsichtsbehörde gemäß § 4c II BDSG einzelne Übermittlungen oder bestimmte Arten von Übermittlungen personenbezogener Daten in ein Drittland ohne das in § 4b II BDSG geforderte angemessene Schutzniveau genehmigen, wenn die verantwortliche Stelle **ausreichende Garantien** insbesondere hinsichtlich des Schutzes der Privatsphäre vorweist. Dies können u. a. Vertragsklauseln[40] oder verbindliche Unternehmensregelungen (**Binding Corporate Rules – BCR**) sein.

## Cloud Computing und Safe Harbour

Bei einem Datenverkehr im Rahmen des Cloud Computing ist zunächst bedeutsam, in welchem Land sich der Server befindet, auf dem die Cloud liegt. Handelt es sich um einen **Mitgliedstaat der EU oder des EWR**, ist dies gemäß § 4b I BDSG datenschutzrechtlich unproblematisch. Schwierigkeiten können sich jedoch für Tochterunternehmen von US-Gesellschaften ergeben, da gemäß dem US Patriot Act auch diese verpflichtet sind, Zugriff auf ihre Server zu gewähren.

Steht hingegen der **Server in einem Drittstaat**, gelten die oben erörterten Prinzipien. Für den Datenverkehr mit den USA greift dann grundsätzlich das Safe Harbour Abkommen. Dieses sieht vor, dass das US-Handelsministerium ein Verzeichnis der Unternehmen führt, die sich verpflichtet haben, die Safe Harbour Principles zu beachten und sich Durchsetzungsmechanismen zu unterwerfen, die ein angemessenes Schutzniveau garantieren. Da das US-Handelsministerium diese Selbstverpflichtungen nicht überwacht, wird die Wirksamkeit des Safe Harbour Abkommen bezweifelt. Zudem stand es wegen des US Patriot Act bereits des Längeren in der Kritik. Danach können US-Sicherheitsbehörden u. U. auf die in US-Clouds gespeicherten Daten zugreifen, ohne dass der Betroffene informiert wird.

In der Folge der NSA-Abhör-Affäre 2013 hat sich die Kritik an dem Safe Harbour Abkommen deutlich verstärkt, und es wurde im März 2014 durch das Europäische Parlament ausgesetzt.[41]

Im Rahmen der **DS-GVO** soll das Safe Harbour Abkommen durch ein anderes Instrument abgelöst werden.

---

[40] Zu den Standardvertragsklauseln nach Art. 26 IV http://eur-lex.europa.eu/legal-content/DE/TXT/?uri=CELEX:31995L0046.

[41] Der EuGH hat das Safe Harbor - Abkommen mit den USA am 6.10.2015 nunmehr für ungültig erklärt (C-362/14 - Maximillian Schrems).

Das Urheberrecht nimmt als besonderes Schutzrecht für Urheber und deren geistige Leistung eine zentrale Rolle in der rechtlichen Beurteilung der Begebenheiten im Internet ein. Der Schutz der Urheberrechte im Internet wird teilweise als praktisch nicht durchführbar und auch als nicht wünschenswert angesehen. Der Anreiz für die Schaffung von Werken würde aber für den Urheber fehlen, wenn jeder auf diese im Internet zugreifen und sie verwerten könnte, ohne dass der Urheber hierfür zumindest eine Vergütung erhielte. Gerade im Internet ist ein angemessener Interessenausgleich zwischen Urhebern und Verwertern erforderlich.

Im **Ausgangsfall** möchte die A-GmbH über ihre Internetpräsenz (Unternehmenswebseiten) einen digitalen Stadtführer anbieten. Dieser soll einzelne künstlerische Abbildungen mit Musikwerken unterlegen, Kurzfilme von und über Sehenswürdigkeiten ebenso wie aus der Epoche der Sehenswürdigkeiten stammende gesprochene Gedichte enthalten. Der Nutzer kann auf die genannten Werke über ein Auswahlmenü zugreifen. Dieses soll nach verschiedenen Gesichtspunkten geordnete sein (z. B. Baumeister, Baustil, Bauwerk), erläuternde Texte und Hintergrundmusik enthalten und grafisch gestaltet sein.

Die A-GmbH möchte die für den Stadtführer vorgesehenen Sprachwerke des Autors C für ihre englische Web-Seite von D ins Englische übersetzen lassen.

Die A-GmbH hat weiterhin vor, eine umfangreiche Sammlung mit Hyperlinks aufzubauen, die auf interessante Web-Seiten der Stadt verweisen. Zusätzlich möchte die A-GmbH Youtube-Videos in ihren Frame integrieren, ihren Nutzern Cloud-Dienste mit eigenen Filmen, die die Nutzer herunterladen können, und mit fremden Filmen im Near-Video-On-Demand-Verfahren anbieten sowie ihnen Creative Commons

*(Fortsetzung)*

© Springer-Verlag Berlin Heidelberg 2016
B. Eichhorn et al., *Internetrecht im E-Commerce*, Xpert.press,
DOI 10.1007/978-3-662-45308-7_5

(CC)-Lizenzen zum Abschluss zur Verfügung stellen, so dass die Nutzer den digitalen Stadtführer auf ihre privaten Webseiten herunterladen können.

Zudem beabsichtigt sie, ihren Service-Provider P. mit ihrer Unternehmensdarstellung im Internet („Web presence") zu beauftragen. Zur konkreten Ausgestaltung der Seiten („screen design") sollen der Mitarbeiter M der A-GmbH und der Provider P beitragen.

Der Geschäftsführer G der A-GmbH möchte im Vorfeld über die urheberrechtliche Lage des gesamten Projekts informiert werden.

**Vorschau** Die folgenden Ausführungen gehen vom Urheberrechtsgesetz und der daraus entwickelten Praxis aus, um die gewonnenen Erkenntnisse jeweils auf das Internet anzuwenden.

Zunächst werden die Voraussetzungen des Urheberrechtsschutzes erläutert (Abschn. 5.1). Danach folgen die Inhalte des Urheberrechtes (Abschn. 5.2) und deren Schranken (Abschn. 5.3). Der Umgang mit diesen Rechten, speziell die Rechtsnachfolge und die Einräumung von Nutzungsrechten, wird unter der Überschrift „Rechtsverkehr" erläutert (Abschn. 5.4). Die von den Urheberrechten abzugrenzenden, aber dennoch vom Gesetzgeber im Rahmen des Urheberrechtsgesetzes als schutzwürdig anerkannten verwandten Schutzrechte (§§ 70 ff. UrhG) folgen (Abschn. 5.5). Abschließend werden die Rechtspositionen des Urhebers, des Inhabers von exklusiven Nutzungsrechten und von exklusiven verwandten Schutzrechten zusammengefasst und die Folgen von Rechtsverletzungen gegenüber den genannten Rechteinhabern erörtert (Abschn. 5.6).

### Gesetzgebungsvorhaben

Auf EU-Ebene ist geplant, bis Ende 2015 einen Entwurf für ein modernisiertes europäisches Urheberecht vorzulegen, welches das aktuell in einzelne nationalstaatliche Regelungen zersplitterte Urheberrecht weiter harmonisiert. Abzuwarten bleibt, ob die EU-Urheberrechtsrichtlinie (InfoSoc-Richtlinie) aus dem Jahr 2001[1] (Harmonisierungsrichtlinie) ersetzt und ob die (geplante) Abschaffung des sog. Geoblocking sowie eine Vereinfachung des internationalen Online-Handels kodifiziert werden.

## 5.1  Voraussetzungen des Urheberrechtsschutzes

Der Urheberrechtsschutz im Online-Bereich unterscheidet allgemein zwei Werkkategorien:

– vorbestehende Werke;
– netzbezogene Werke.

---

[1] Vgl. Richtlinie 2001/29/EG. Allgemein zum Stand der Urheberrechtsreform auf deutscher und europäischer Ebene siehe www.urheberrecht.org.

Bei den **vorbestehenden Werken** handelt es sich um den Bereich der in § 2 I UrhG geregelten Werkarten (z. B. Musik, Sprach- oder Filmwerk), wie sie in dem elektronischen Stadtführer des Ausgangsfalles vorkommen. Diese Werke werden durch die Digitalisierungstechnik dem Nutzer entweder als einzelne Werke (z. B. ein Sprachwerk in Form eines digitalisierten Buches) oder als integrierter Bestandteil eines Gesamtwerkes (wie bei dem digitalisierten Stadtführer) angeboten.

Die **Schutzfähigkeit und der Umfang des Schutzes** richten sich sowohl bei den Einzelwerken als auch bei den Gesamtwerken jeweils nach den einzelnen Werkarten. Die Nutzung im Online-Bereich ändert nichts an dieser Rechtssituation; sie bedarf grundsätzlich der Zustimmung des jeweiligen Berechtigten (näheres dazu unter Abschn. 5.6).

Bei den **netzbezogenen Werken** handelt es sich hingegen um solche, die speziell im Internet anzutreffen sind, d. h. sie entstehen überhaupt nur, wie z. B. eine Homepage, im Zusammenhang mit dem Internet. Die Bedingungen der Schutzfähigkeit dieser Werke stellen die eigentliche Herausforderung an das Urheberrecht dar.

**Vorschau** Im Folgenden werden die den vorbestehenden und netzbezogenen Werken gemeinsamen Schutzvoraussetzungen und im Anschluss daran einzelne Fragestellungen der vorbestehenden Werke (5.1.1.1) und der netzbezogenen Werke (5.1.1.2) erläutert.

## 5.1.1 Persönliche geistige Schöpfung

Den Schutz des Urheberrechtsgesetzes genießen gem. § 1 UrhG die Urheber von Werken der Literatur, Wissenschaft und Kunst.

Die **geschützten Werke** sind gem. § 2 I Nr. 1–7 UrhG insbesondere:

— Sprachwerke, wie Schriftwerke, Reden und Computerprogramme;
— Werke der Musik;
— Pantomimische Werke einschließlich der Werke der Tanzkunst;
— Werke der bildenden Künste einschließlich der Werke der Baukunst und der angewandten Kunst und Entwürfe solcher Werke;
— Lichtbildwerke einschließlich der Werke, die ähnlich wie Lichtbildwerke geschaffen werden;
— Filmwerke einschließlich der Werke, die ähnlich wie Filmwerke geschaffen werden;
— Darstellungen wissenschaftlicher oder technischer Art, wie Zeichnungen, Pläne, Karten, Skizzen, Tabellen und plastische Darstellungen.

Die Zuordnung zu einer bestimmten, in § 2 I UrhG genannten Werkart ist nicht erforderlich, da es sich um eine nicht abschließende („insbesondere") Aufzählung handelt.

Die entscheidende Voraussetzung für den Werkschutz ist die **persönliche, geistige Schöpfung** gem. § 2 II UrhG; nur dann liegt ein Werk im Sinne des Urheberrechtsgesetzes vor. Dazu muss das Werk

- eine persönliche Schöpfung des Urhebers sein, die
- einen geistigen Gehalt bzw. die notwendige Gestaltungshöhe aufweist,
- eine wahrnehmbare Formgestaltung gefunden hat und
- in der die Individualität des Urhebers zum Ausdruck kommt.

Wenn im vorgenannten Sinne keine persönliche, geistige Schöpfung vorliegt, dann ist zu prüfen, ob die in den §§ 70 ff. UrhG geregelten verwandten Schutzrechte eingreifen (Näheres dazu unter Abschn. 5.5).

Grundsätzlich schutzfähig sind auch **Teile eines Werkes**, z. B. Teile einer Homepage. Hier sind die Gestaltungsqualitäten ausschlaggebend.

> Im **Ausgangsfall** kann z. B. die Zusammenstellung der Baudenkmäler als Datenbank geschützt sein, wenn die Voraussetzungen für ein Datenbankwerk nach § 4 II UrhG vorliegen. Andere Teile der Homepage der A-GmbH, wie z. B. ein einzelner Hyperlink von ihrer Homepage auf eine andere, sind mangels Werkqualität nicht geschützt.

**Ideen und Motive**, die Werken zugrunde liegen, sind nicht schutzfähig. Sie sind gemeinfrei, d. h. jeder ist berechtigt, z. B. die Idee des Hyperlinking oder Bildtagging zu verwenden. Ab wann eine Idee individuell so weit ausgestaltet ist, dass sie unter den Urheberrechtsschutz fällt, ist im Einzelfall zu klären. Davon abgesehen kann in Ausnahmefällen die Übernahme fremder Leistungsergebnisse wettbewerbswidrig sein, wenn besondere unlautere Umstände vorliegen (Näheres dazu unter Abschn. 6.1.2.3).

### 5.1.1.1 Vorbestehende Werke

Die in § 2 I UrhG beispielhaft aufgezählten Werkarten finden sich in zunehmendem Maße im Internet. Werke der bildenden Kunst (z. B. klassischer Maler auf der Web-Seite des Museum of Modern Art unter http://www.moma.org) werden ebenso im Netz präsentiert wie Musik- oder Lichtbildwerke (eine solche Bilddatenbank findet sich unter http://www.corbisimages.com oder http://www.fotolia.com), um nur einige Werkarten zu nennen.

Ihre **Schutzfähigkeit und ihr Schutzumfang** richten sich, wie außerhalb des Internets, nach den herkömmlichen Regeln des Urheberrechtsgesetzes. Neben den genannten Werkarten ist von besonderer praktischer Bedeutung der im Folgenden erläuterte Schutz von Computerprogrammen (§ 2 I Nr. 1 UrhG) und von elektronischen Datenbankwerken (§ 4 II UrhG).

### Computerprogramme

Die Computerprogramme (u. a. Apps) werden in § 2 I Nr. 1 UrhG als geschützte Werkart aufgezählt. Die besonderen Regelungen für Computerprogramme im 8. Abschnitt, §§ 69a–g UrhG, gehen den allgemeinen Bestimmungen vor. Soweit sich in dem 8.

Abschnitt keine Regelungen finden, sind nach § 69a IV UrhG die Bestimmungen für Sprachwerke anwendbar oder über § 69g I UrhG andere Rechtsvorschriften.

§ 69a UrhG regelt den Schutzgegenstand und die §§ 69c–e UrhG die dem Urheber zustehenden Rechte und deren Beschränkungen.

Nach § 69a I UrhG sind Computerprogramme in jeder Gestalt einschließlich des **Entwurfmaterials** erfasst. Die Computerprogramme werden in allen Entstehungsphasen (Problemanalyse, Datenflussplan mit Programmablaufplan und Codierung in das fertige Programm) geschützt.

Eine gesetzliche Definition des Begriffs Computerprogramm findet sich allerdings nicht in dieser Bestimmung, weil der Gesetzgeber befürchtet hat, dass die rasante Entwicklung der Technologie diese schnell überholen würde.[2]

Unter den Begriff Computerprogramme fallen, unabhängig von ihrer Art, **Betriebsprogramme** (Systemsoftware), **Anwendungssoftware, Standard- und Individual-Software.**

**Informationsmaterial** zur richtigen Bedienung eines Computerprogramms, wie z. B. Handbücher oder Bedienungsanleitungen, werden hingegen ebenso wenig erfasst wie die **Benutzeroberfläche,** die allerdings als Sprachwerk (§ 2 I Nr. 1 UrhG), als wissenschaftlich-technische Darstellung (§ 2 I Nr. 4 UrhG) oder über das Wettbewerbsrecht (Näheres dazu unter Abschn. 6.1.2.3 a.E.) geschützt sein kann.

**Ideen und Grundsätze,** auf denen ein Element eines Computerprogramms basiert, einschließlich der den Schnittstellen zugrunde liegenden Ideen und Grundsätze, sind nach § 69a II Satz 2 UrhG nicht geschützt.

Computerprogramme werden nach § 69a III UrhG geschützt, wenn sie **individuelle Werke** in dem Sinne darstellen, dass sie das Ergebnis der eigenen geistigen Schöpfung ihres Urhebers sind. Qualitative oder ästhetische Kriterien haben hierfür keine Bedeutung. Entgegen dem früheren Verständnis ist damit im Ergebnis heute auch das Schaffen eines Durchschnittsprogrammierers geschützt.[3]

Entscheidend ist, dass der Programmierer bei der Lösung der ihm gestellten Aufgabe einen hinreichenden individuellen Gestaltungsspielraum hat.[4] Der BGH geht – bei komplexen Programmen – zudem von einer tatsächlichen Vermutung der Schutzfähigkeit aus.[5] Nur das völlig banale, nicht anders realisierbare Zusammenfügen vorgegebener Daten und bereits bekannter Programme und Modelle soll vom Urheberrechtsschutz ausgeschlossen werden. Insgesamt reicht also ein **Minimum an Individualität** für den Urheberrechtsschutz – wie auch beim Datenbankwerkschutz (siehe unter Abschn. 5.1.1.1) – aus. Es handelt sich dabei um die so genannte kleine Münze des Urheberrechtes.[6]

---

[2] BT-Drs. 12/4022, 9.

[3] Vgl. dazu Loewenheim/Lehmann, Handbuch des Urheberrechts, 2. Aufl. 2010 Rn. 52–54.

[4] BGHZ 94, 276 (285) – Inkasso-Programm.

[5] BGH, GRUR 2005, 560.

[6] Vgl. Redeker, IT-Recht, 5. Aufl., 2012 Rn. 12.

Wenn Computerprogramme vom Urheber ausdrücklich als **Public Domain** bezeichnet werden, dann sind sie nicht urheberrechtlich geschützt und können somit grundsätzlich uneingeschränkt genutzt, kopiert, weitergegeben sowie verändert werden.[7] Dies gilt auch bei als **Freeware** bezeichneten Programmen. Insoweit ist allerdings erforderlich, den Urheberrechtsvermerk des Autors weiterzureichen. Bei **Shareware** wird vom Autor hingegen der Verbreitungsweg vielfach im Einzelnen vorgeschrieben. Die Nutzung ist dann nur in diesem Umfang rechtmäßig.[8] Sind diesbezüglich keine Regelungen getroffen worden, dürften primär eine Nutzung für eigene Zwecke sowie ein kostenloser Weitervertrieb zulässig sein.[9]

Die Tatsache, dass Software kostenlos zur Verfügung gestellt wird (wie z. B. kostenlose Bereitstellung webbasierter oder mobiler Anwendungen (Apps)), reicht allerdings nicht dazu aus, von einer umfassenden Berechtigung zur Weiterverbreitung auszugehen. Die Software muss ausdrücklich als Public Domain, Free- oder Shareware vom Urheber bezeichnet werden.

Wenn sich der Urheber nicht dazu äußert, darf daraus also nicht ohne weiteres auf die Zulässigkeit des Kopierens geschlossen werden. Der Urheberrechtsschutz ist der Normalfall, es bedarf keiner besonderen Darlegung.

## Datenbankwerke

Der Schutz von Datenbankwerken (online oder offline) umfasst die auf urheberrechtlichem Niveau befindlichen Datenbanken, die so genannten Datenbankwerke (§ 4 II UrhG), und die in §§ 87a ff. UrhG als Leistungsschutzrecht geregelten Datenbanken, welche nicht das urheberrechtliche Niveau als Datenbankwerk erreichen. Hier geht es um den Investitionsschutz des Datenbankherstellers (Näheres dazu unter Abschn. 5.5.2.4). Der Schutz von Datenbanken bezieht sich auf natürliche Personen oder eine Gruppe von natürlichen Personen als Urheber einer Datenbank. Dies entspricht dem Ansatz des Urheberrechtes als Ausdruck einer persönlichen geistigen Schöpfung, die nicht von einer juristischen Person erbracht werden kann (vgl. dazu unter Abschn. 5.2.1)

**Datenbankhersteller** ist dabei derjenige, der die Investition zur Beschaffung, Überprüfung oder Darstellung der Datenbank vorgenommen hat (§ 87 Abs. 2 UrhG).

Das hier in Rede stehende Datenbankwerk ist nach § 4 II UrhG ein Unterfall des **Sammelwerks**, dessen Elemente systematisch oder methodisch angeordnet und einzeln mit Hilfe elektronischer Mittel oder auf andere Weise zugänglich sind und deren Beschaffung, Überprüfung oder Darstellung eine nach Art oder Umfang wesentliche Investition erfordert.

Der **Urheber eines Datenbankwerkes** ist, wer die individuelle Anordnung (z. B. von Werken der Literatur oder von Lichtbildwerken in einer Sammlung) auf seiner Web-Seite vornimmt.

---

[7] Wandtke et al., Praxiskommentar zum Urheberrecht, 4. Aufl. 2014, § 69c Rn. 68–72.

[8] Zu den diesbezüglichen Unterschieden zwischen Shareware und Public-Domain Software siehe die Ausführungen bei Redeker, IT-Recht, 5. Aufl. 2012, Rn. 88 ff.

[9] Ebd. Rn. 88–89.

Ein **Sammelwerk** ist nach § 4 I UrhG eine Sammlung von Werken, Daten oder anderen unabhängigen Elementen, die aufgrund der Auswahl oder Anordnung der Elemente eine persönliche, geistige Schöpfung darstellt.

Damit wird auch die **reine Sammlung von Daten** als Sammelwerk bezeichnet und urheberrechtlich geschützt. Die Sammlung muss aufgrund einer Anordnung der Daten erfolgen. Diese Anordnung kommt bei digitalisierten Werken in der Struktur des Abfragesystems zum Ausdruck, welches den Zugriff auf die Daten ermöglicht. Diese Struktur ist auf diese spezielle Weise geschützt, nicht aber der Inhalt des Datenbankwerkes. Dessen Schutz richtet sich nach dem sonstigen Schutz von Werken gem. § 2 I UrhG.

Als weitere Voraussetzung für den Urheberrechtsschutz nach § 4 II UrhG ist ein gewisser **Spielraum für eine individuelle Anordnung** der Daten erforderlich. Geschützt ist auch hier – wie oben bei dem Computerprogramm – ein Minimum an Individualität; es reicht die so genannte kleine Münze des Urheberrechts. Wer hingegen eine Fachdatenbank mit einem klar vorgegebenen, fachlichen Themenkreis, die auf Vollständigkeit angelegt ist, auf seiner Web-Seite zusammenstellt (z. B. eine Entscheidungssammlung sämtlicher Entscheidungen bestimmter Gerichte oder eine Sammlung von reinen Wirtschaftsdaten), ist nicht Urheber eines Datenbankwerkes, da es regelmäßig an dem dafür erforderlichen individuellen Gestaltungsspielraum fehlt. Der BGH hat in diesem Zusammenhang entschieden, dass die Schutzfähigkeit als Datenbankwerk nicht allein aufgrund einer fehlenden individuellen, eigenschöpferischen Auswahlentscheidung versagt werden kann. Zu berücksichtigen ist vielmehr, ob das Datenbankwerk aufgrund der Auswahl oder Anordnung des Stoffes eine eigene geistige Schöpfung ihres Urhebers darstellt.[10]

Datenbankwerke unterfallen insgesamt dann nicht dem Schutz des § 4 II UrhG, wenn sich die Anordnung aus der Natur der Sache, den Gesetzen der Zweckmäßigkeit, der Logik oder aus technischen Notwendigkeiten ergibt. In diesem Fall ist aber wegen des mit dem Aufbau der Datenbank verbundenen finanziellen Aufwandes ein Datenbankschutz über die im zweiten Teil des Urheberrechtsgesetzes geregelten, für verwandte Schutzrechte geltenden §§ 87a–e UrhG möglich (Näheres dazu unter Abschn. 5.5.2.4).

### 5.1.1.2 Netzbezogene Werke

Die netzbezogenen Werke lassen sich grundsätzlich einteilen in

- netzgenerierende Werke und
- netzbasierte Werke.

Diese Unterscheidung bezieht sich auf Werke, die den Betrieb eines Netzes erst ermöglichen (netzgenerierende Werke), und solche, die ein Netz voraussetzen (netzbasierte Werke). Die **netzgenerierenden Werke** sind regelmäßig Computerprogramme (Näheres dazu oben Abschn. 5.1.1.1), die die Server-Rechner der Netzanbieter und die daran

---

[10] Vgl. BGH vom 19. Mai 2010 – I ZR 158/08.

angeschlossenen Computer-Nutzer konfigurieren und miteinander verbinden. Ihr Schutz richtet sich nach den Vorschriften für Computerprogramme (§§ 69a–g UrhG).

Bei den **netzbasierten Werken** ist zu unterscheiden zwischen nicht schutzfähigen Systemen bzw. technischen Verfahrensmethoden – wie netzbasierte Mailsysteme (u. a. Google Mail), Soziale-Medien (u. a. Facebook) Software-as-a-Service-Angebote (u. a. Salesforce.com, turnitin.com) oder klassische Newsgroups und Chatforen – und schutzfähigen, auf dem Bildschirm erscheinenden Benutzeroberflächen, wie z. B. Web-Seiten.

Der Nutzer wird durch die Benutzeroberfläche mit den Systemen in Verbindung gebracht; über sie erhält er Informationen oder gibt Befehle. Die auf dem Bildschirm erscheinende Benutzeroberfläche wird durch Computerprogramme erzeugt, sie stellt aber kein Programm dar, das nach den §§ 69a ff. UrhG als Computerprogramm geschützt wird.[11]

Der Schutz der auf dem **Bildschirm erscheinenden Benutzeroberfläche** ist also zum einen abzugrenzen von den nicht schutzfähigen Systemen und zum anderen von den schutzfähigen Computerprogrammen, die die Benutzeroberfläche durch netzgenerierende Software überhaupt erst erzeugen. Die Benutzeroberfläche als Medium eines Multimediawerkes (z. B. der elektronische Stadtführer auf der Homepage der A-GmbH) ist deshalb gesondert auf ihre Schutzfähigkeit hin zu überprüfen.

Die Werkart ist nicht zu verwechseln mit den digitalen Werkformen, in die die herkömmlichen Werkarten nach § 2 I UrhG gebracht werden. Sie bleiben als herkömmliche Werkarten schutzfähig, durch die Digitalisierung als solche entsteht keine neue Werkart. In Frage kommt der Schutz für einzelne Werkarten (z. B. Schriftwerke, § 2 I Nr. 1 UrhG), für wissenschaftlich-technische Darstellungen (§ 2 I Nr. 7 UrhG), für eine Kombination von Werkarten oder für Datenbanken. Da die in § 2 I UrhG aufgezählten Werkarten nicht abschließend festgelegt sind, ist auch ein Schutz als neue Werkart mit speziellem Schutzumfang (Multimedia-Werk) denkbar. Die Einordnung von Multimedia-Werken als neue Werkart wird allerdings überwiegend abgelehnt.[12]

**Zusammenfassend lässt sich sagen,** dass die Benutzeroberfläche als Medium eines Multimedia-Werkes, also der Web-Seite als solcher, je nach ihrem Inhalt entweder in eine bekannte Werkart (§ 2 I UrhG) oder in mehrere bekannte Werkarten eingeordnet oder einer neuen Werkart (Multimedia-Werk) oder einem Datenbankwerk (§ 4 II UrhG) zugeordnet werden kann.[13]

---

[11] Vgl. EuGH, Urteil vom 22. 12. 2010 – C-393/09.

[12] Vgl. Loewenheim, Handbuch des Urheberrechts, 2. Aufl. 2010, Rn. 262–263. Für eine Einordnung als neue Werkart Wandtke/Bullinger, Praxiskommentar zum Urheberrecht, 4. Aufl. 2014, Rn. 153.

[13] Vgl. hierzu Bullinger/Czychowski Digitale Inhalte: Werk und/oder Software? – Ein Gedankenspiel am Beispiel von Computerspielen, GRUR 2011, 19 f.

### 5.1.2   Entstehung des Urheberrechtsschutzes

Der Urheberrechtsschutz entsteht **kraft Gesetzes** mit der Schaffung des Werkes ohne
Beachtung jeglicher Förmlichkeiten. Eine Registrierung ist nicht erforderlich. Insbesondere
bedarf es bei Veröffentlichung des Werkes keines so genannten Copyright-Vermerks oder
anderer Zusätze wie „Alle Rechte vorbehalten" zur Entstehung des Urheberrechtes. Dem
Copyright-Vermerk oder den anderen Hinweisen und Zusätzen kommt lediglich eine
faktische Warnfunktion vor Urheberrechtsverletzungen zu.

Die Möglichkeit der Eintragung in die beim Patentamt geführte **Urheberrolle** dient
lediglich dazu, bei einem anonym oder pseudonym erschienenen Werk durch Eintragung
des wirklichen Namens des Urhebers die normale Schutzfrist für das Werk zu ermöglichen. Ansonsten läuft nach § 66 UrhG die Schutzfrist bereits nach der Veröffentlichung
des Werkes, mangels Veröffentlichung nach Schaffung des Werkes, und nicht erst gem.
§ 64 UrhG nach dem Tode des Urhebers.

### 5.1.3   Urheber

Gemäß § 7 UrhG ist der Schöpfer des Werkes der Urheber. Haben mehrere ein Werk entsprechend § 8 UrhG gemeinsam geschaffen, ohne dass sich ihre Anteile gesondert verwerten lassen, so sind sie **Miturheber** des Werkes. Bei den im Internet möglichen komplexen
Werken werden vielfach die Voraussetzungen für die Miturheberschaft gegeben sein.

Im **Ausgangsfall** hat die A-GmbH vor, den Provider P mit ihrer Unternehmensdarstellung im Internet („Web presence") zu beauftragen. Zur Ausgestaltung der
Seiten („screen design") tragen der Mitarbeiter M der A-GmbH und der Provider P
mit konkreten Ausgestaltungen bei, sodass die Gesamtdarstellung im Ergebnis als
ein gemeinsames Werk des Mitarbeiters M und des P anzusehen ist.

Wenn P nun dieses spezielle „screen design" in seinen Grundelementen für
andere Kunden benutzen möchte, so kann nach § 8 III UrhG die A-GmbH unter
Umständen von P eine Beteiligung an den Erträgen aus der Nutzung verlangen.

### 5.1.4   Erscheinen und Veröffentlichen von Werken

Das Veröffentlichen und Erscheinen eines Werkes hat auf den Inhalt und Umfang des
Urheberrechtes Einfluss. Nur der Urheber darf vor Veröffentlichung den Inhalt seines Werkes
erstmals mitteilen (§ 12 II UrhG) oder sein unveröffentlichtes Werk ausstellen (§ 18 UrhG).

Außerdem gilt gem. § 10 UrhG die **Vermutung**, dass der in der üblichen Weise als
Urheber auf dem Vervielfältigungsstück eines erschienenen Werkes bezeichnete auch tatsächlich der Urheber ist.

Ein Werk ist gem. § 6 I UrhG **veröffentlicht**, wenn es mit Zustimmung des Berechtigten der Öffentlichkeit zugänglich gemacht worden ist (z. B. wird ein Internet-Angebot auf einer Messe vorgestellt).

Ein Werk ist gem. § 6 II UrhG **erschienen**, wenn mit Zustimmung des Berechtigten Vervielfältigungsstücke des Werkes nach ihrer Herstellung in genügender Zahl der Öffentlichkeit angeboten oder in den Verkehr gebracht worden sind.

Für die „**genügende Zahl**" dürfte es im (öffentlich zugänglichen) Internet aus technisch-funktionalen Gründen ausreichen, dass ein Werkexemplar dem Nutzer zum Abruf freigegeben wird, also z. B. der Nutzer das Internet-Angebot auf seinen Rechner herunterladen kann.

Schwierigkeiten treten allerdings in beiden Varianten des § 6 UrhG bei nur im Internet, also nicht auch offline verfügbar gemachten Werken auf.[14] Nach § 6 I UrhG und § 6 II UrhG muss das Werk der Öffentlichkeit zugänglich gemacht bzw. angeboten werden, was ursprünglich eine gleichzeitige Erreichbarkeit durch eine Mehrzahl von Personen erforderte. Nach Umsetzung der Harmonisierungsrichtlinie und unter Berücksichtigung des § 19a UrhG fällt jedoch auch der **sukzessive Abruf** unter den Öffentlichkeitsbegriff.

## 5.2    Inhalt des Urheberrechtsschutzes

Wenn das Werk urheberrechtlich geschützt ist, wie unter Abschn. 5.1 dargelegt, dann stehen dem Urheber **drei Gruppen von Rechten** zu:

– Urheberpersönlichkeitsrechte (Abschn. 5.2.1);
– Verwertungsrechte (Abschn. 5.2.2);
– Sonstige Rechte (Abschn. 5.2.3).

Nach der Darstellung dieser Gruppen von Rechten stellt sich die Frage, welche der ausschließlichen, dem Urheber zustehenden Urheberpersönlichkeits- und Verwertungsrechte überhaupt im Internet beeinträchtigt werden können. Sie wird jeweils im Rahmen der Einzeldarlegungen der Urheberpersönlichkeits- und Verwertungsrechte beantwortet.

### 5.2.1    Urheberpersönlichkeitsrechte

Hinsichtlich der Urheberpersönlichkeitsrechte werden im Urheberrechtsgesetz zunächst **spezifische Befugnisse des Urhebers** aufgeführt:

---

[14]Zur Online-Problematik beim Erscheinen und Veröffentlichen von Werken vgl. Schack, Rechtsprobleme der Online-Übermittlung, GRUR 2007, 639.

– Veröffentlichungsrecht (§ 12 UrhG);
– Recht auf Anerkennung der Urheberschaft (§ 13 UrhG);
– Recht, Entstellungen des Werkes zu verbieten (§ 14 UrhG).

Daneben sind zu erwähnen:

– Recht auf Zugang zu Werkstücken (§ 25 UrhG);
– Rückrufsrecht wegen Nichtausübung (§ 41 UrhG);
– Rückrufsrecht wegen gewandelter Überzeugung (§ 42 UrhG).

Die genannten Urheberpersönlichkeitsrechte stellen den Urheber in seinen geistigen und persönlichen Beziehungen zum Werk (§ 11 UrhG) in den Mittelpunkt des Schutzes.

Hiervon zu unterscheiden ist das **allgemeine Persönlichkeitsrecht**. Während das Urheberpersönlichkeitsrecht die Immaterialinteressen an einem bestimmten, vom Urheber geschaffenen Werk schützt (z. B. eine Entstellung seines Werkes zu verbieten), geht es bei dem allgemeinen Persönlichkeitsrecht um die Einwirkung auf das Gesamtwerk des Urhebers oder auf seine Ehre. Dies ist z. B. der Fall, wenn eine überzogene Kritik am Werk letztlich das Hauptziel verfolgt, den Urheber verächtlich zu machen.[15]

Einige andere Persönlichkeitsrechte (z. B. zum Schutz des Urhebers oder ausübender Künstler) sind hier ebenfalls zu erwähnen:

– Recht am eigenen Bild (Schutz von Personenbildnissen, §§ 22 ff. KUG)[16];
– Recht am gesprochenen Wort (Schutz des gesprochenen Wortes);
– Recht an der eigenen Stimme (Schutz vor Nachahmung).

Allen Persönlichkeitsrechten[17] gemeinsam ist ihre grundsätzliche **Unübertragbarkeit**.[18] Der Urheber kann z. B. nicht über sein Namensnennungsrecht (§ 13 UrhG) in dinglicher Form verfügen. Er hat grundsätzlich nur die Möglichkeit, sich als Rechteinhaber schuldrechtlich zu verpflichten, bestimmte Beeinträchtigungen seines Namensnennungsrechtes gegenüber dem Vertragspartner hinzunehmen.

Diese kontinental-europäische Betrachtungsweise des Urheberrechts (wie in Frankreich, Italien oder Deutschland) unterscheidet sich erheblich vom Urheberrechtsschutz im anglo-amerikanischen Rechtskreis (USA, Großbritannien, Kanada, Australien etc.), deren Urheberrecht als **Copyright** bezeichnet wird.

---

[15] Vgl. zu der nicht mehr von § 5 I GG gedeckten Schmähkritik BVerfG, NJW 1993, 1462 – Böll.

[16] Kunsturhebergesetz, http://www.gesetze-im-internet.de/kunsturhg.

[17] Zur Übertragbarkeit von Persönlichkeitsrechten vgl. Unseld, Die Übertragbarkeit von Persönlichkeitsrechten, GRUR 2011, 982 f.

[18] Der BGH erkannte allerdings die Vererblichkeit der vermögenswerten Bestandteile des Persönlichkeitsrechts an, vgl. BGH, GRUR 2000, 709 = NJW 2000, 2195 (2197 ff.) – Marlene Dietrich.

Bei einem Copyright kann auf das Urheberpersönlichkeitsrecht verzichtet werden. Außerdem kann ein Copyright auch originär in einer juristischen Person, z. B. dem Arbeitgeber, entstehen. Dies ist nach dem kontinental-europäischen Verständnis nicht möglich. Nach dem deutschen Recht kann Urheber nur eine natürliche Person oder eine Gruppe von natürlichen Personen sein.

Zu den einzelnen Urheberpersönlichkeitsrechten sind in Bezug auf das Internet einige besondere Ausführungen angezeigt.

## Veröffentlichungsrecht

Nach § 12 UrhG hat der Urheber das Recht zu bestimmen, ob und wie sein Werk zu veröffentlichen ist. Auf die besondere Bedeutung dieses Rechtes ist bereits hingewiesen worden (vgl. oben Abschn. 5.1.4).

## Anerkennung der Urheberschaft

§ 13 UrhG gibt dem Urheber das Recht auf Anerkennung seiner Urheberschaft am Werk. Er kann bestimmen, ob das Werk mit einer Urheberbezeichnung versehen und welche Bezeichnung verwandt wird.

Besondere Schwierigkeiten praktischer Natur können hier bei **Multimedia-Werken** auftreten, wenn eine Vielzahl von Urhebern mit unterschiedlichen Werken oder Teilen von Werken zu nennen ist.

Im **Ausgangsfall** könnten alle am elektronischen Stadtführer beteiligten Urheber die Namensnennung auf der Homepage der A-GmbH verlangen. Da insoweit vertragliche Vereinbarungen zulässig sind, sollte die A-GmbH dies von vornherein mit den Urhebern regeln.

## Entstellung des Werkes

Der Urheber hat nach § 14 UrhG das Recht, eine Entstellung oder eine andere Beeinträchtigung seines Werkes zu verbieten, wenn sie geeignet ist, seine berechtigten geistigen oder persönlichen Interessen am Werk zu gefährden.

Unter bestimmten Voraussetzungen ist dieses Recht bei Computerprogrammen (§ 69d I UrhG) und Datenbankwerken (§ 55a UrhG) eingeschränkt, ebenso für Filmwerke und Laufbilder (§§ 93, 95 UrhG). Für Letztere können nur grobe Beeinträchtigungen verboten werden.

Der **Integritätsschutz** spielt – und zwar unabhängig von einer Online- oder Offline-Nutzung – bei Multimedia-Produkten eine besondere Rolle. Denn durch die digitale Werkform, bei der verschiedene Werkarten (z. B. Sprachwerke, Musikwerke oder Lichtbildwerke) in einem Medium digital vereinigt sind, wird die Werkintegrität erheblich gefährdet. So kann das digitale Werk beliebig zerlegt, neu mit anderen Werken kombiniert, bearbeitet und umgestaltet werden. Es ist technisch sogar möglich, z. B. das Originalbild durch ein künstlich montiertes zu ersetzen, ohne dass selbst von Fachleuten ein Unterschied festgestellt werden kann.

> Im **Ausgangsfall** könnte eine Entstellung dadurch erfolgen, dass ein von der A-GmbH im Rahmen ihres Stadtführers rechtmäßig genutztes erotisches Lichtbildwerk des Künstlers K von der A-GmbH auf ihrer Homepage in eine Galerie von pornografischen Bildern eingeordnet wird.

Die Digitalisierung als solche wird grundsätzlich jedoch nicht als Entstellung zu werten sein. Allerdings kann speziell bei Online-Nutzungen das digitalisierte Werk leicht in einen das Werk entstellenden Zusammenhang gebracht werden. Hier ist dann je nach Fall zu entscheiden.

## 5.2.2  Verwertungsrechte

Der Urheber hat ein umfassendes Verwertungsrecht an seinem Originalwerk oder einem Vervielfältigungsstück seines Werkes (§ 15 UrhG).

Diese Rechtsposition beruht auf dem grundrechtlichen Schutz des Urheberrechts aus Art. 14 GG.[19] Die Verwertungsrechte sind die **vermögenswerten Bestandteile des Urheberrechts**. Es gehört insoweit zu dem durch Arbeit und Leistung erworbenen Bestand an vermögenswerten Gütern[20] und wird deshalb auch als geistiges Eigentum bezeichnet.[21]

Das umfassende Verwertungsrecht des Urhebers gilt für jegliche körperliche (§ 15 I UrhG) und für jegliche unkörperliche (§ 15 II UrhG) Verwertung seines Werkes.

§ 15 UrhG nennt acht Verwertungsrechte, die in drei körperliche (Abschn. 5.2.2.1) und fünf unkörperliche (Abschn. 5.2.2.2) unterteilt sind.

### 5.2.2.1 Körperliche Verwertung, insbesondere Vervielfältigungsrechte

Die körperlichen Verwertungsrechte nach § 15 I UrhG sind:

- Vervielfältigungsrechte (§ 16 UrhG);
- Verbreitungsrechte einschließlich Recht zur Vermietung (§ 17 UrhG);
- Ausstellungsrechte (§ 18 UrhG).

---

[19] Unter das Eigentum im Sinne des Art. 14 GG fallen neben dem Urheberrecht auch die später (Abschn. 5.5) zu erörternden verwandten Schutzrechte.

[20] BVerfGE 31, 229 (239) – st. Rspr.

[21] BVerfGE 49, 382 (392); BVerfGE 79, 29 (40).

Für das Internet ist von zentraler Bedeutung das **Vervielfältigungsrecht**. Das davon zu unterscheidende Verbreitungsrecht, d.h. das Recht zum Inverkehrbringen von Werkexemplaren, hat in der Diskussion über die Einordnung der Übertragung von Daten im Internet eine Rolle gespielt. Eine solche Übertragung von einem Computer zum anderen war teilweise als Verbreitung qualifiziert worden mit der Folge, dass mit der einmaligen „Verbreitung" die Online-Rechte des Urhebers erschöpft waren.

Der **Erschöpfungsgrundsatz** des Verbreitungsrechtes[22] geht davon aus, dass durch das erstmalige Inverkehrbringen von Exemplaren das Verbreitungsrecht „verbraucht" ist. Die in Verkehr gebrachten Exemplare sind somit „gemeinfrei" und können durch jedermann weiterverbreitet werden, denn sonst könnte der Urheber aufgrund seiner Ausschließlichkeitsrechte den Handel mit Vervielfältigungsstücken seines Werkes erheblich beeinträchtigen.

Nach der Umsetzung der Harmonisierungsrichtlinie steht fest, dass es sich für das Internet bei dem Verbreitungsrecht um ein eigenständiges elektronisches Wiedergaberecht (Näheres dazu unter Abschn. 5.2.2.2) handelt, welches zu den unkörperlichen Verwertungsrechten gehört und damit nicht unter den Erschöpfungsgrundsatz fällt.

Das oben der Vollständigkeit halber erwähnte **Ausstellungsrecht** spielt für das Internet keine Rolle.

Im **Folgenden geht es um das Vervielfältigungsrecht** und diejenigen Benutzerhandlungen, die als Vervielfältigung im urheberrechtlichen Sinne zu qualifizieren sind.

Gemäß § 16 UrhG ist das Vervielfältigungsrecht das Recht, Vervielfältigungsstücke des Werkes herzustellen. Das Verfahren und die Stückzahl der Vervielfältigung sind beliebig.

Der **Begriff der Vervielfältigung** umfasst in gleicher Weise die Herstellung eines Einzelstückes einer Original-Fotografie oder von Büchern oder Tonträgern in großer Stückzahl oder die Errichtung eines Bauwerkes als dreidimensionale Vervielfältigung eines Bauentwurfes. Erforderlich ist eine körperliche Festlegung des Werkes, die geeignet ist, es den menschlichen Sinnen unmittelbar **wahrnehmbar** – wie in den genannten Beispielen – oder mittelbar wahrnehmbar zu machen.[23]

Eine **mittelbare Wahrnehmbarkeit** durch elektronische Datenverarbeitung auf einem Bildschirm oder als Hardcopy-Ausdruck reicht also aus, um bei dauerhafter digitaler Speicherung von Werken auf Datenträgern (z.B. Dropbox, DVDs, CD-ROMs, SD-Karten oder Festplatten) eine Vervielfältigung im Sinne des § 16 UrhG anzunehmen.[24] Die Bildschirmwiedergabe als solche, d.h. die unkörperliche Wiedergabe des in digitaler Form auf dem Speicher festgehaltenen Werkes, stellt allerdings keine Vervielfältigung im Sinne des § 16 UrhG dar. Insoweit kommt das Recht der öffentlichen Zugänglichmachung (§ 15 II UrhG) in Frage (vgl. dazu unten Abschn. 5.2.2.2).

---

[22] In den §§ 17 II, 69 c Nr. 3 S. 2 UrhG ist der Grundsatz der Erschöpfung des Verbreitungsrechtes geregelt; dies ist seit RGZ 63, 394 (397 ff.) anerkannt.

[23] Zur unmittelbaren und mittelbaren Wahrnehmung vgl. die amtliche Begründung BT-Drs. IV/270, 47.

[24] Vgl. Wandtke et al., Praxiskommentar zum Urheberrecht, 4. Aufl. 2014 § 16 Rn. 4–8.

## Browsing, Caching, Routing, Streaming

Mittlerweile ist auch klargestellt, dass die **vorübergehende Speicherung** im Arbeitsspeicher des Computers (RAM), welche eine technische Vervielfältigung bedeutet, als Vervielfältigung im urheberrechtlichen Sinne anzusehen ist. Dies kommt nach der Umsetzung der Harmonisierungsrichtlinie (Art. 2) in § 16 I UrhG zum Ausdruck, der die vorübergehende Herstellung von Vervielfältigungsstücken ausdrücklich nennt.

Eine vorübergehende Speicherung wird z. B. veranlasst durch das **Browsing**. Ein Browser ist ein Programm zum Abrufen multimedialer Daten aus dem WWW (Web-Browser, Navigator), z. B. Mozilla FireFox oder Microsoft Internet-Explorer.

Dies war bereits vor der Umsetzung der Harmonisierungsrichtlinie für Computer-programme in § 69 c Nr. 1 UrhG und für Datenbanken in Art. 5 (a) Datenbank-Richtlinie ausdrücklich geregelt.

Die vorübergehende Festlegung der digitalisierten Fassung eines Werkes oder von Teilen davon schafft die Möglichkeit einer weitergehenden Werknutzung, an der der Urheber beteiligt werden soll.

Vor diesem Hintergrund ist in § 16 I UrhG aufgrund Art. 2 der Harmonisierungs-richtlinie zunächst die **vorübergehende Vervielfältigung** miteinbezogen worden, um sie dann gemäß Art. 5 I der Harmonisierungsrichtlinie in § 44a UrhG auf solche Vorgänge zu beschränken, die nicht als Teil eines technischen Verfahrens angesehen werden müssen.

Nach § 44a UrhG fallen diejenigen **vorübergehenden Vervielfältigungshandlungen** nicht unter das Vervielfältigungsrecht, die flüchtig oder begleitend sind und einen integralen und wesentlichen Teil eines technischen Verfahrens darstellen. Deren alleiniger Zweck ist,

1. eine Übertragung in einem Netz zwischen Dritten durch einen Vermittler oder
2. eine rechtmäßige Nutzung

eines Werkes oder sonstigen Schutzgegenstandes zu ermöglichen, beides jeweils ohne eigenständige wirtschaftliche Bedeutung.

Unter solchen vorübergehenden Vervielfältigungshandlungen wird in der Harmonisierungsrichtlinie im Erwägungsgrund 33 ausdrücklich auch der Bereich **Caching** erfasst. Beim Caching erfolgt eine zeitlich begrenzte Zwischenspeicherung der bereits aufgerufenen Netzinhalte auf dem Server des Anbieters, um so einen schnel-leren Zugriff bei erneutem Abruf zu gewährleisten und zugleich das Netz zu entlasten. Im technischen Sinne geht es um das Herunterladen auf einen so genannten Proxy-Server.

Auch das **Routing** fällt hierunter. Dabei wird die Datei zum Transport in kleinste Einzelpakete zerlegt um sie über verschiedene Rechner zu transportieren. Beim Zielrechner wird das Datenpaket erneut zusammengesetzt, erst dann ergibt sich wieder ein Ansatzpunkt für eine urheberrechtlich relevante Vervielfältigungshandlung.

Beim **Streaming** ist ebenfalls davon auszugehen, dass die dabei auf den Computer geladenen Daten „vorübergehend, flüchtig oder begleitend und ein integraler und wesentlicher Teil eines technischen Verfahrens" [25] sind.

Unabhängig von der Qualifizierung der vorübergehenden Speicherung als Vervielfältigungshandlung stellt sich die Rechtsfrage, unter welchen Voraussetzungen die zustimmungspflichtige Verwertungshandlung – nämlich die Vervielfältigung – vom Urheberrecht als erlaubnisfreie (z. B. private) Nutzung gewertet wird. Dieses Problem betrifft die inhaltlichen Schranken des Urheberrechts und wird unter Abschn. 5.3.2 erörtert.

## Scannen/Digitalisieren

Das Scannen[26] und die damit verbundene Digitalisierung eines Werkes als dessen Umsetzung in einen Binär-Code stellt eine urheberrechtliche Vervielfältigung dar, die Ausgangspunkt für eine weitere Werknutzung sein kann. Regelmäßig ergibt sich die Vervielfältigung im Sinne des § 16 UrhG bereits aus der Tatsache, dass der Vorgang der Digitalisierung eine vorübergehende Festlegung des Werkes im Arbeitsspeicher voraussetzt.

## Downloading

Das Herunterladen von Dateien vom Server-Rechner auf den eigenen Rechner führt regelmäßig zur Speicherung auf der Festplatte, mindestens aber zur Speicherung im Arbeitsspeicher (RAM), sodass nach dem zuvor Gesagten ohne weiteres einen Vervielfältigung im Sinne des § 16 UrhG vorliegt. Ein solches Herunterladen ist z. B. die Ablage von Daten in der Mailbox eines Benutzers.

## Uploading

Die eben genannten Gesichtspunkte gelten auch für das Heraufladen, das in unterschiedlichen Verhaltensweisen bestehen kann. Das Versenden einer E-Mail an einen anderen Internet-Teilnehmer zählt ebenso dazu wie die Übermittlung von Daten an **Chatforen oder Newsgroups**, bei denen die Daten auf den Server-Rechner des Service-Providers abgelegt werden. Entsprechend ist grundsätzlich auch das Speichern und damit Uploaden von Dateien in einer **Cloud**, z. B. bei Dropbox.com, zu beurteilen.

Wer Daten auf seinen eigenen Server lädt und sie im Internet zur Benutzung anbietet, der nimmt eine Vervielfältigung durch die Speicherung der Daten auf dem eigenen Rechner vor.

## Verlinken

Das Herstellen eines Hyperlinks nach der Hypertext-Link-Methode, das heißt der Einbau eines Verweises von einer Web-Seite auf eine andere, bedarf einer

---

[25] EUGH-Urteil vom 4. Juni 2014, Az. C-360/13 – Streaming, http://curia.europa.eu/juris/document/document.jsf?docid=153302&doclang=DE.
[26] Zum Begriff z. B. BGH, Urteil vom 19. März 2014, Az. I ZR 35/13 – Portraitkunst.

differenzierenden Betrachtung. Es geht zum einen um denjenigen, der den Link setzt, und zum anderen um den Nutzer des Links, d. h. desjenigen, der durch bloßes Anklicken des Links diesen benutzt.

**Durch das Anklicken** wird der Link aktiviert und die Web-Seite regelmäßig auf den Rechner geladen und somit vervielfältigt.

Wer hingegen einen **Link auf seiner Web-Seite installiert,** der vervielfältigt dadurch nicht selbst den fremden Inhalt, auf den er verweist. Er schafft aber zumindest die Möglichkeit für den Nutzer, den fremden Inhalt vom fremden Rechner auf seinen eigenen zu laden und damit zu kopieren.

Der Einbau des Links könnte dann, was einer Einzelfallprüfung bedarf, als **Teilnahmehandlung** an einer Urheberrechtsverletzung des Nutzers gesehen werden. Dieser kann in der Regel allerdings nicht vor dem Anklicken des Links feststellen, ob er damit eine Urheberrechtsverletzung begeht, es sei denn der Link-Setzer hat auf urheberrechtliche Nutzungsbeschränkungen hingewiesen.[27] Zu beachten ist dabei die Ansicht des BGH, wonach eine Vervielfältigung grundsätzlich nicht bei der Verwendung von Hyperlinks in Web-Pages vorliegt, durch die auf andere, urheberrechtlich geschütztes Material enthaltende Web-Pages verwiesen wird.[28]

Im Übrigen ist in diesem Zusammenhang zu beachten, dass regelmäßig mit der Präsentation im Internet die **Zustimmung zum Verweis** auf eine solche Web-Seite gegeben sein dürfte.

Hinsichtlich der Hyper-Links in Form der Surface-Links (Links auf die Homepage) ist dies in der Rechtsprechung und der Literatur überwiegend anerkannt.[29] Ebenso gilt dies bei sog. Deep-Links,[30] sofern die entsprechenden Inhalte auf den tieferliegenden Seiten öffentlich zugänglich sind, also nicht gesondert geschützt werden. Für das Framing hat der BGH festgestellt,[31] dass die Verlinkung nicht gegen Urheberrechte verstößt, es sei denn seitens des Urhebers gab es keine Erlaubnis, das Werk auf der verlinkten Seite hochzuladen.

Im **Ausgangsfall** kann die A-GmbH somit grundsätzlich Links auf andere Web-Seiten legen, ohne gegen das ausschließliche Vervielfältigungsrecht der jeweiligen Inhaber der Web-Seiten zu verstoßen.

### 5.2.2.2 Unkörperliche Verwertung, insbesondere Recht der elektronischen Wiedergabe

Den unkörperlichen Verwertungsrechten ist gemeinsam, dass sie die **Öffentlichkeit** der Wiedergabe voraussetzen. Nach § 15 III UrhG ist eine Wiedergabe öffentlich, wenn sie für eine Mehrzahl von Mitgliedern der Öffentlichkeit bestimmt ist. Zur Öffentlichkeit gehört

---

[27] Loewenheim, Handbuch des Urheberrechts, 2. Aufl. 2010, § 20 Rn. 14.

[28] BGH, GRUR 2003, 958, 961 f. – Paperboy.

[29] Z.B. OLG Düsseldorf, CR 2000, 184 (186).

[30] BGH, GRUR 2003, 958, 961 f. – Paperboy.

[31] BGH, Urteil vom 9. Juli 2015 – I ZR 46/12 – Die Realität II.

jeder, der nicht mit demjenigen, der das Werk verwertet, oder mit den anderen Personen, denen das Werk in unkörperlicher Form wahrnehmbar oder zugänglich gemacht wird, durch persönliche Beziehungen verbunden ist.

Es kommt insoweit also nicht auf die Zahl der Personen an, denen ein Werk vermittelt wird, sondern auf das **Merkmal der persönlichen Verbundenheit.**

Wenn sich 100 Personen auf einer Geburtstagsfeier einen Fernsehfilm anschauen, kann dies privat sein. Wenn zwei Personen in einer Hotel-Lobby sich einen Fernsehfilm ansehen, kann dies öffentlich sein. Benutzen mehrere Mitarbeiter ein innerbetriebliches Multimedia-Abrufsystem, dann wird es nicht auf die persönliche Verbundenheit, sondern eher auf die Einordnung in die Benutzergruppe innerhalb der unternehmensinternen EDV-Struktur ankommen müssen.

Klarer ist die Abgrenzung bei **Streaming–Anwendungen**[32] wie z. B. YouTube oder Netflix. Hier werden Wiedergaben regelmäßig öffentlich sein, weil es üblicherweise gerade dem Sinn und Zweck dieser Anwendungen entspricht, einen umfangreichen User- bzw. Empfängerkreis zu generieren.

Davon zu unterscheiden ist aber das Einbinden von z. B. YouTube-Videos auf einer Homepage mittels des so genannten **Framings**, was nach Auffassung des EuGH[33] grundsätzlich keine öffentliche Wiedergabe darstellt.

Im **Ausgangsfall** kann die A-GmbH also im Rahmen ihrer Internetpräsenz YouTube-Videos in ihren Frame integrieren, ohne gegen Urheberrecht zu verstoßen. Wenn die A-GmbH den Nutzern im Rahmen von Cloud-Diensten Film-Werke zur Verfügung stellt, dann ist dies unproblematisch, soweit es sich um eigene urheberrechtlich geschützte Film-Werke handelt. Bei fremden Film-Werken kommt es darauf an, inwieweit im Rahmen individueller Vereinbarungen der A-GmbH mit dem Urheber Nutzungsrechte eingeräumt wurden hinsichtlich des Uploading in die Cloud.

Der Begriff der Öffentlichkeit zieht die Grenze zwischen der erlaubten und der verbotenen Nutzung im Bereich der unkörperlichen Verwertungsrechte.

Bei den unkörperlichen Verwertungsrechten (§ 15 II UrhG) ist zwischen Erst- und Zweitverwertungsrechten zu unterscheiden. **Erstverwertungsrechte** sind:

- Vortrags-, Aufführungs- und Vorführungsrecht (§ 19 UrhG);
- Recht der öffentlichen Zugänglichmachung (§ 19a UrhG);
- Senderechte (§ 20 UrhG);

---

[32] Das Streaming von rechtmäßig im Netz zugänglich gemachtem Content ist legal. Dies ergibt sich im Wege der Auslegung des EUGH-Urteils vom 4. Juni 2014, Az. C-360/3 – Streaming, http://curia.europa.eu/juris/document/document.jsf?docid=153302&doclang=DE.

[33] EUGH, Beschluss vom 21. Oktober 2014 – C-348/13, GRUR 2014, 1196 = WRP 2014, 1441 – BestWater International/Mebes und Potsch.

Die **Zweitverwertungsrechte** umfassen das

- Recht der Wiedergabe durch Bild- und Tonträger (§ 21 UrhG) und das
- Recht der Wiedergabe von Funksendungen und von öffentlicher Zugänglichmachung (§ 22 UrhG).

Freilich ist die Aufzählung des § 15 II UrhG nicht abschließend („insbesondere").
Die Zweitverwertungsrechte unterscheiden sich von den Erstverwertungsrechten dadurch, dass bei Ersteren die Verwertung auf eine vorausgehende Nutzung des Werkes aufbaut. Hierzu drei Beispiele:

1. Das Recht der Wiedergabe durch **Bild- und Tonträger** setzt die Aufnahme auf den Träger, also eine Vervielfältigung voraus. Ein Musikstück wird z.B. auf eine Platte gepresst, also vervielfältigt, und nach Erwerb durch den Gaststätteninhaber in seiner Gaststätte auf der Musikbox abgespielt. Hierdurch erweitert der Gastwirt den Nutzerkreis der Schallplatte, was nicht durch den käuflichen Erwerb des Vervielfältigungsstückes abgegolten ist.
2. Das Recht der Wiedergabe von **Funksendungen** setzt die Ausübung des Senderechtes voraus, d.h. § 22 UrhG baut auf einer Funksendung des Werkes auf. Ein Gastwirt stellt z.B. ein Fernsehgerät in seiner Kneipe auf oder in einem Friseursalon läuft das Radio. Durch die Rundfunkgebühr ist insoweit lediglich die Wiedergabe im privaten Bereich erfasst.
3. Das Recht der Wiedergabe als Wortverwertungsrecht umfasst nunmehr insbesondere auch das Recht, die auf **öffentlicher Zugänglichmachung** beruhenden Wiedergaben des Werkes öffentlich wahrnehmbar zu machen. Darunter fällt z.B. die Wiedergabe mittels Bildschirm in einem Schaufenster.

In den drei Beispielen wird die weitergehende Nutzung durch das Zweitverwertungsrecht abgedeckt. Hierin wird der hinter § 15 I, II UrhG stehende Grundgedanke deutlich, dass der Urheber für jede Erweiterung der Öffentlichkeit eine erneute Entlohnungsmöglichkeit erhalten soll.

Die Aufzählung der in § 15 UrhG genannten Verwertungsrechte hat **keinen abschließenden Charakter**. Das umfassende Ausschließlichkeitsrecht des Urhebers bezieht sich automatisch auch auf neue, von der Rechtsprechung anerkannte Verwertungsformen, ohne dass es einer gesetzgeberischen Tätigkeit bedarf.

Ein neues Verwertungsrecht wurde durch die Harmonisierungsrichtlinie in § 19a UrhG eingeführt. Danach ist das **Recht der öffentlichen Zugänglichmachung** die Befugnis, das Werk drahtgebunden oder drahtlos der Öffentlichkeit in einer Weise zugänglich zu machen, dass es ihren Mitgliedern von Orten und zu Zeiten ihrer Wahl zugänglich ist.

Mit dieser Regelung wird also ein weiteres Ausschließlichkeitsrecht des Urhebers in § 15 II UrhG ausdrücklich benannt.

In anderem Zusammenhang ist das Herunter- und das Heraufladen eines Internet-Angebotes bereits als körperliche Vervielfältigung im Sinne des § 16 UrhG eingeordnet worden (vgl. oben Abschn. 5.2.2.1). Die körperliche Verwertung ist in der – wenn auch nur vorübergehenden – Speicherung der Information zu sehen. Die dazwischenliegende digitale Übermittlung von Informationen ist nun zusätzlich durch § 19a UrhG geregelt.

Es ist allerdings nochmals darauf hinzuweisen, dass trotz des § 19 UrhG der § 15 UrhG keine abschließende Aufzählung der Rechte des Urhebers enthält. Im Bereich der digitalen Netze sind zum Beispiel Geschäftsmodelle anzutreffen, bei denen das Kriterium „**zu Zeiten der Wahl**" gemäß § 19a UrhG nicht erfüllt wird. Darüber hinaus ist das Recht der öffentlichen Zugänglichmachung technologieneutral gefasst und damit nicht auf den Bereich des Internets begrenzt.

Mit der Umsetzung der Harmonisierungsrichtlinie wurde die bis dahin bestehende Unsicherheit (vgl. Abschn. 5.1.4) ausgeräumt, ob das für den „klassischen" Bereich der öffentlichen Wiedergabe geforderte **Kriterium der Gleichzeitigkeit** auf das Vorhalten von Werken zum Abruf im Digitalnetz zu übertragen und dadurch die „sukzessive Öffentlichkeit" in diesem Medium als öffentliche Wiedergabe zu qualifizieren sei.

Wenn im **Ausgangsfall** die A-GmbH den digitalen Stadtführer zum Abruf bereithalten will, dann muss sie sich von den Urhebern und von den später zu besprechenden Leistungsschutzberechtigten die Befugnis zur Online-Nutzung einräumen lassen. Ansonsten verstößt die A-GmbH gegen das Ausschließlichkeitsrecht der elektronischen Wiedergabe.

### 5.2.2.3 Bearbeitungsrecht

Neben den in den §§ 15–22 UrhG genannten Verwertungsrechten steht das Bearbeitungsrecht (§ 23 UrhG) als Verwertungsrecht des Originalurhebers. Im Unterschied zu den genannten Verwertungsrechten betrifft das Bearbeitungsrecht nicht die Verwertung des Original-Werkes oder eines Vervielfältigungsstückes, sondern die **Verwertung des umgestalteten Werkes** des Originalurhebers.

Wenn im **Ausgangsfall** die A-GmbH die Sprachwerke des Autors C in ihrem Stadtführer von D ins Englische übersetzen lässt, dann geht es beim Bearbeitungsrecht um die Verwertung der Rechte an der englischen Übersetzung des D und nicht an dem deutschen Originalwerk des C. Es spielt dabei keine Rolle, ob an dem bearbeiteten Werk aufgrund der persönlichen, geistigen Schöpfung des Bearbeiters D ein Bearbeitungsrecht entstanden ist, wie dies im vorliegenden Fall für D gemäß § 3 UrhG in Bezug auf die Übersetzung der Fall ist.

Die Digitalisierung des Sprachwerkes als solche, z. B. durch das Einscannen des Werkes, stellt keine Bearbeitung dar, denn das Werk bleibt in der Substanz unberührt. Es wird lediglich die Art seiner Erscheinungsform (körperlich oder unkörperlich) verändert. Eine Bearbeitung liegt allerdings dann vor, wenn das eingescannte Werk am Bildschirm verändert wird.

Jede Umgestaltung im Sinne des § 23 UrhG darf nur mit Einwilligung des Urhebers des Original-Werkes veröffentlicht oder verwertet werden (§ 23 S. 1 UrhG), denn es handelt sich bei dem Bearbeitungsrecht nicht um ein Verwertungsrecht des Bearbeiters, sondern des Originalurhebers.

> Im **Ausgangsfall** geht es also um ein Verwertungsrecht des Autors C bezüglich des von D ins Englische übersetzten Sprachwerkes.

§ 23 UrhG spricht von der Veröffentlichung und Verwertung. Dies bedeutet, dass grundsätzlich die Herstellung von Bearbeitungen im privaten Bereich unberührt bleibt. Diese sind auch ohne Einwilligung des Originalurhebers zulässig.

> Im **Ausgangsfall** wäre dies gegeben, wenn D das der A-GmbH auch zur Offline-Nutzung eingeräumte deutsche Sprachwerk in englischer Übersetzung auf DVD seiner Frau zum Hochzeitsgeschenk macht.

Allerdings gibt es für die Zulässigkeit des Herstellens von Bearbeitungen im **privaten Bereich** gesetzliche Ausnahmen für Datenbanken und Computerprogramme. Der Urheber kann für Datenbankwerke nach § 23 S. 2 UrhG bereits die Bearbeitung oder Umgestaltung verbieten. Nur unter den Voraussetzungen des § 55a UrhG (z. B. übliche Benutzung des Berechtigten) darf die Datenbank bearbeitet werden. Bei Datenbanken im Sinne der §§ 87a ff. UrhG ergeben sich die Bearbeitungsschranken aus den §§ 87b und 87c UrhG. Für Computerprogramme folgt ein Bearbeitungsverbot aus § 69c Nr. 2 UrhG, das wiederum im Rahmen der §§ 69d und 69e UrhG eingeschränkt wird.

Von der Umgestaltung im Sinne des § 23 UrhG ist die **freie Benutzung** nach § 24 UrhG zu unterscheiden. Das Originalwerk wird bei Vorliegen einer freien Benutzung nicht in identischer oder umgestalteter Form übernommen, sondern es dient lediglich als Anregung zu eigenem selbständigem Schaffen, das sich durchaus der (gemeinfreien) Ideen und Motive des Originalwerkes bedienen darf. Die Abgrenzung zur Bearbeitung ist jeweils im konkreten Einzelfall vorzunehmen. Ausnahmen der freien Benutzung gelten für Werke der Musik, vgl. § 24 II UrhG.

> Im **Ausgangsfall** läge eine freie Benutzung vor, wenn D lediglich einige im Sprachwerk des Autors C treffend geschilderte Eigenheiten verschiedener nationaler Mentalitäten in sein deutsches oder englisches Werk mit übernimmt, ansonsten aber seine eigene Geschichte erzählt.

### 5.2.3   Sonstige Rechte

Nach den Verwertungsrechten folgen aus dem Urheberrecht sonstige Rechte, welche in den §§ 25–27 UrhG geregelt sind.
   Die **sonstigen Rechte sind**:

– Zugangsrecht (§ 25 UrhG);
– Folgerecht (§ 26 UrhG);
– Vergütungsrecht für Vermieten und Verleihen (§ 27 UrhG).

Die §§ 26 und 27 UrhG regeln Vergütungsansprüche des Urhebers. § 25 UrhG betrifft das in erster Linie persönlichkeitsrechtlich orientierte Zugangsrecht des Urhebers, das gegenüber dem Besitzer des Originalwerkes oder eines seiner Vervielfältigungsstücke besteht. Es geht z. B. um das Zugangsrecht eines Architekten zu seinem Bauwerk oder um das Einsichtsrecht eines Arztes in die von ihm erstellte Online-Krankenhaus-Datei.

## 5.3   Schranken des Urheberrechtes

Das Urheberrecht unterliegt zeitlichen, inhaltlichen und räumlichen Schranken. Diese betreffen im Wesentlichen nicht die Urheberpersönlichkeitsrechte, sondern die Verwertungsrechte.
   Daraus folgt, dass auch bei erlaubnisfreien Nutzungen von Werken die Urheberpersönlichkeitsrechte beachtet werden müssen, das Werk z. B. nicht entstellt werden darf (§ 14 UrhG).
   Durch die Schranken des Urheberrechts in den §§ 44a ff. UrhG einerseits und durch die in den §§ 11 ff. UrhG geregelten Inhalte andererseits wird der konkrete Schutzumfang des Urheberrechtes bestimmt. Dabei dienen die Schranken, die eine erlaubnisfreie Nutzung von Werken ermöglichen, den Interessen der Allgemeinheit mit unterschiedlichen Zielrichtungen.

### 5.3.1   Zeitliche Schranken

Am weitesten gehen die zeitlichen Schranken. Sie haben zur Folge, dass das Werk nach dem Ablauf der Schutzfrist gemeinfrei wird, es also von jedermann verwendet werden darf. Anders als beim Sacheigentum erlischt nach § 64 UrhG das Urheberrecht **70 Jahre nach dem Tod des Urhebers.**
   Es liegt in der Natur der Immaterialgüter, dass sie nach ihrer Veröffentlichung ortsunabhängig jederzeit von vielen genutzt werden können. Sie werden auf diese Art und Weise allmählich zum Allgemeingut, das dann nicht mehr dem Monopol des Urhebers unterliegen soll.
   Das Urheberrecht ist aber auch während der Schutzfrist begrenzt, und zwar durch die inhaltlichen Schranken.

## 5.3.2   Inhaltliche Schranken

Die inhaltlichen Schranken sind in den §§ 44a–63a UrhG geregelt. Sie gelten auch bei verwandten Schutzrechten für ausübende Künstler (§ 83 UrhG), für Lichtbildner (§ 72 I UrhG), für Tonträgerhersteller (§ 85 IV UrhG) und für Filmhersteller (§ 94 IV UrhG). Sie bestehen im privaten, wirtschaftlichen und staatlichen Interesse. Von besonderer Bedeutung sind die inhaltlichen Schranken, welche dem Schutz der Presse-, Rundfunk- und Informationsfreiheit (Art. 5 GG) dienen.

Zu den **für das Internet wichtigen Schranken-Bestimmungen** gehören:

- § 48 UrhG (öffentliche Rede);
- § 45a UrhG (behinderte Menschen);
- § 49 UrhG (Zeitungsartikel[34] und Rundfunkkommentare);
- § 50 UrhG (Berichterstattung über Tagesereignisse);
- § 51 UrhG (Zitate);
- § 52 UrhG (öffentliche (unentgeltliche) Wiedergabe);
- § 52a UrhG (öffentliche Zugänglichmachung für Unterricht und Forschung);
- § 53 UrhG (Vervielfältigung zum privaten Gebrauch).

Auf Einzelheiten kann hier aus Raumgründen nicht eingegangen werden.[35] Festzuhalten ist, dass im Zusammenhang mit dem Internet die einzelnen gesetzlichen Schranken mit Blick auf die **Besonderheiten der digitalen Technik** zu hinterfragen waren. Ein Beispiel dafür ist das Vervielfältigen zum privaten Gebrauch gemäß § 53 UrhG. Diese Einschränkung ist in einer Zeit entstanden, als aufgrund der technischen Standards eine Kopie eines Originals qualitativ hinter dem Original zurückblieb. Die digitale Technik erlaubt es jedoch mittlerweile, Kopien in gleicher Qualität wie die des Originales herzustellen und vor allen Dingen auch, diese digital erstellten Kopien in beliebiger Stückzahl zu verviel-fältigen. Im Bereich der Computerprogramme und der Datenbanken ist deshalb bereits nach geltender Rechtslage das Vervielfältigen zum privaten Gebrauch eingeschränkt. Für Datenbankwerke ist dies in § 53 V UrhG, für Datenbanken in § 87c I Nr. 1 UrhG (soweit die Elemente der Datenbank einzeln mit Hilfe elektronischer Mittel zugänglich sind) und für Computerprogramme in § 69c Nr. 1 UrhG (zulässige Ausnahme ist z. B. die Erstellung einer Sicherungskopie, § 69d II UrhG) geregelt.

Dennoch wird auch nach Umsetzung der Harmonisierungsrichtlinie in deutsches Recht das **Recht der Privatkopie** anerkannt und sogar auf „beliebige" – also sowohl analoge als auch digitale – Träger in § 53 I UrhG ausgeweitet. Diese Stärkung der Privatkopie wird zwar wieder durch den neuen § 95a UrhG relativiert, der es verbietet, technische Maßnahmen zu umgehen, „die im normalen Betrieb dazu bestimmt sind", Werke oder

---

[34] Das Pressespiegelprivileg findet auch auf elektronische Pressespiegel Anwendung; siehe BGH, Urteil vom 11. Juli 2002 – I ZR 255/00 – Elektronische Pressespiegel.

[35] Allgemein zu den inhaltlichen Schranken vgl. Wandtke et al., Praxiskommentar zum Urheberrecht, 4. Aufl. 2014, §§ 44a ff.

andere Schutzgegenstände vor nicht von den Urhebern genehmigten Handlungen zu schützen. Hierunter fallen z.B. sämtliche Kopierschutzvorrichtungen und Systeme zum Digital-Rights-Management (DRM). § 95b UrhG, der die Durchsetzung der Schranken-bestimmungen regelt, stellt jedoch Verpflichtungen des Rechteinhabers auf, wonach dieser notwendige Mittel zur Verfügung stellen muss, um private Vervielfältigungen des recht-mäßig Begünstigten zu ermöglichen (§ 95b INr. 6 UrhG).

Im **Ausgangsfall** können die Nutzer die von der A-GmbH rechtmäßig in die Cloud hochgeladenen fremden Near-Video-On-Demand-Filme zum privaten Gebrauch herunterladen.

Eine andere Betrachtungsweise ergibt sich hinsichtlich des Vervielfältigens zum priva-ten Gebrauch gemäß § 53 UrhG bei **Tauschbörsen**. Diese dienen vielfach dazu, bestimmte Film- und Musiktitel bzw. Werke von (Musik-)Interpreten schnell und in vielen Fällen ohne Leistung eines Entgelts über das Internet herunterzuladen und/oder Dritten (z.B. Bekannten) weiterzuleiten oder anderweitig zur Verfügung zu stellen.

Bei Tauschbörsen handelt sich häufig um sog. **Peer-to-Peer (P2P) Netzwerke**, in denen die Teilnehmer über die jeweilige Tauschbörsensoftware miteinander verbunden sind und sich gegenseitig die auf dem Rechner befindlichen Güter anbieten.[36] Der jeweilige User, der ein Werk herunterlädt, wird somit zugleich Anbieter mindestens dieses Werkes, das nun auch den anderen Usern zum „Tausch" bzw. Download zur Verfügung steht.

Nach § 53 UrhG können, wie oben erwähnt, zwar einzelne Vervielfältigen eines Werkes zulässig sein, sofern es sich beim Nutzer z.B. um eine natürliche Person handelt und ein privater Gebrauch vorliegt, wie beim Download einer Datei. Wegen § 53 VI UrhG dürfen diese „Privatkopien" aber nicht öffentlich wiedergegeben werden. Auch begründet die öffentliche Zugänglichmachung ohne Erlaubnis des Berechtigten einen Verstoß gegen §§ 19a, 78 I Nr. 1, 85 I UrhG.[37] Spätestens dieser Aspekt wird bei Tauschbörsen-Aktivitäten relevant. Denn der jeweilige Nutzer lädt sich nicht nur eine Datei für den privaten Gebrauch herunter, sondern bietet diese gleichzeitig den anderen Nutzern des Netzwerks zur Nutzung bzw. zum Download an.

### 5.3.3   Räumliche Schranken

Die räumlichen Beschränkungen beruhen auf dem Umstand, dass das Urheberrechtsgesetz nur innerhalb der Bundesrepublik Deutschland Geltungskraft hat. Das Urheberrecht basiert insoweit auf dem **Territorialprinzip**, das im Ergebnis einem ausländischen Urheber im Inland, d.h. hier in Deutschland, den Schutz versagt, soweit dieser nach dem

---

[36] Rehbinder, Tauschbösen, Sharehoster und UGC-Streamingdienste, ZUM 2013, 241.

[37] Wandtke et al., Praxiskomentar zum Urheberrecht, 4. Aufl., 2014, § 85 Rn. 40.

deutschen Urheberrecht keine Schutzansprüche erlangt hat. Der nationale Gesetzgeber stellt dadurch das Interesse des inländischen Verwerters an einer freien Nutzung über das des ausländischen Urhebers. Die Regelungen im nationalen Fremdenrecht (§§ 120 ff. UrhG) werden für internationale Fälle aber weitestgehend durch das **internationale Fremdenrecht**, d.h. durch zwischenstaatliche Abkommen, aufgehoben. Festzuhalten bleibt, dass unabhängig von zwischenstaatlichen Vereinbarungen gem. § 120 II Nr. 2 UrhG[38] die Angehörigen anderer EU- und EWR-Staaten den Deutschen gleichgestellt sind. Ihnen wird Urheberrechtsschutz gewährt, während unabhängig vom Staatsverträgen die übrigen ausländischen Staatsangehörigen gem. § 121 I UrhG Schutz nur für solche Werke genießen, die zuerst in Deutschland bzw. nicht früher als 30 Tage vor dem Erscheinen in Deutschland in einem anderen Land erstmals erschienen sind.

Es ist zu beachten, dass das Fremdenrecht nicht die kollisionsrechtliche Frage behandelt, welches Recht auf einen Sachverhalt mit Auslandsberührung Anwendung findet. Es geht vielmehr um die Frage des Urheberrechtsschutzes für Ausländer auf dem Hoheitsgebiet der Bundesrepublik Deutschland, und zwar unabhängig davon, welches Recht Anwendung findet.

## 5.4 Rechtsverkehr im Urheberrecht

Der Rechtsverkehr im Urheberrecht ist im fünften Abschnitt des Urheberrechtsgesetzes geregelt und enthält zwei Kapitel:

- Rechtsnachfolge in das Urheberrecht nach den §§ 28–30 UrhG (Abschn. 5.4.1);
- Nutzungsrechte nach §§ 31–44 UrhG (Abschn. 5.4.2).

### 5.4.1 Rechtsnachfolge in das Urheberrecht

In diesem Kapitel ist im Wesentlichen geregelt, dass das **Urheberrecht als Ganzes** nicht übertragbar ist (§ 29 I UrhG). Eine Ausnahme gilt insoweit, als das Urheberrecht vererblich ist (§ 28 I UrhG) und im Wege der Erbauseinandersetzung übertragen werden kann (§ 29 I S. 1 UrhG).

Der Grund für die generelle Unübertragbarkeit liegt in der Auffassung des deutschen Gesetzgebers, dass die persönlichkeits- und verwertungsrechtlichen Bestandteile des Urheberrechts untrennbar miteinander verbunden sind. Damit sind nicht nur die Urheberrechtspersönlichkeitsrechte, sondern auch die Verwertungsrechte der §§ 15 ff. UrhG unübertragbar.

Mit Ausnahme der in § 29 I UrhG geregelten Fälle ist jede rechtsgeschäftliche Übertragung des Urheberrechtes nichtig. Dies gilt auch für einen diesbezüglichen schuldrechtlichen Vertrag (§ 275 I BGB).

---

[38] Für die zahlreichen Fragen zur diesbezüglichen Rechtsprechung des EuGH vgl. Wandtke et al., Praxiskommentar zum Urheberrecht, 4. Aufl., 2014, § 120.

Der Urheber kann deshalb über sein Urheberrecht nur durch **Abspaltung einzelner Nutzungsrechte** von seinen Verwertungsrechten verfügen, d. h. das Urheberrecht belasten. Dies ist ähnlich der Belastung des Eigentums an einer Sache z. B. mit einem Pfandrecht (§ 1204 BGB) zu sehen.

## 5.4.2  Nutzungsrechte

Die Nutzungsrechte werden im zweiten Kapitel des Urheberrechtsgesetzes (§§ 31–44 UrhG) geregelt.

### 5.4.2.1 Einräumung von Nutzungsrechten

Der Urheber räumt gem. § 31 I S. 1 UrhG einem Dritten Nutzungsrechte ein, um das geschützte Werk auf einzelne oder alle Nutzungsarten nutzen zu können. Der Urheber bleibt also Inhaber des Urheberrechtes und der Verwertungsrechte. In der Person des Erwerbers werden Nutzungsrechte begründet, die sich vom Umfang her mit den entsprechenden Verwertungsrechten decken oder Ausschnitte der Verwertungsrechte darstellen.

Für die Einräumung der Nutzungsrechte gelten die §§ 398, 413 BGB analog. Der Sache nach handelt es sich um eine **Lizenz.**

Der Nutzungsberechtigte kann seinerseits im Wege der Abtretung sein Nutzungsrecht **einem Dritten weiter übertragen,** wozu allerdings gem. § 34 UrhG die Zustimmung des Urhebers erforderlich ist.

Die genannten urheberrechtlichen Verfügungen sind grundsätzlich formfrei, lediglich die Verpflichtung zur Einräumung von Nutzungsrechten an zukünftigen Werken bedarf gem. § 40 I S. 1 UrhG der Schriftform.

Ein gutgläubiger Erwerb von Nutzungsrechten des Urhebers ist ausgeschlossen, da es – wie bei Forderungen – an einer geeigneten Rechtsscheingrundlage fehlt. Dies gilt auch für den **Unterlizenznehmer,** der vom Inhaber eines ausschließlichen Nutzungsrechts eine einfache Lizenz (§ 35 UrhG) erhalten hat. Seine Rechtsstellung ist von der des Hauptlizenznehmers abhängig. Wenn die Nutzungsrechte des Hauptlizenznehmers (z. B. durch Fristablauf, Rücktritt oder Rückruf) erlöschen, so gilt dies auch für die Nutzungsrechte des Unterlizenznehmers. Dieser hat ähnlich einem Untermieter (vgl. § 546 II BGB) nur Schadensersatzansprüche wegen Nichterfüllung gegenüber dem Hauptlizenznehmer.

§ 33 UrhG findet hier allerdings analog Anwendung, sodass der Unterlizenznehmer zumindest gegenüber späteren dinglichen Nutzungseinräumungen seitens des Urhebers geschützt ist.

Hat der Urheber seine Nutzungsrechte an einen Ersterwerber vergeben, bleiben dem enttäuschten Zweiterwerber lediglich Schadensersatzansprüche, die insbesondere auf Gewährleistung beim Rechtskauf (§ 453 I BGB) beruhen. Danach haftet der Rechtsverkäufer für den rechtlichen Bestand des Rechtes.

In diesem Zusammenhang ist auch bedeutsam, dass nach § 43 UrhG für den **Urheber in Arbeits- oder Dienstverhältnissen** die Vorschriften über Nutzungsrechte ebenfalls anzuwenden sind, wenn der Urheber das Werk in Erfüllung seiner Verpflichtungen aus

**Tab. 5.1**  Urheber in Arbeitsverhältnissen

| Beispiel: / Werke: | Pflichtwerke innerhalb des Betriebszweckes | Pflichtwerke außerhalb des Betriebszweckes | „Freie Werke" |
|---|---|---|---|
| Multimedia-Programmierer | schreibt Softwareoberfläche für MM-Produkte | schreibt Software zur Datensicherung | zeichnet Karikatur für Werbung |

einem Arbeits- oder Dienstverhältnis geschaffen hat und sich aus dem Inhalt oder dem Wesen des Arbeits- oder Dienstverhältnisses nichts anderes ergibt. Demnach ist der Arbeitnehmer, wenn er ein Werk geschaffen hat, nach § 7 UrhG Urheber und erster Inhaber des Urheberrechtes. Die Ansprüche des Arbeitgebers können sich nach § 43 UrhG lediglich aus einem abgeleiteten vertraglichen Erwerb von Nutzungsrechten ergeben.

Inwieweit bei den unterschiedlichen Arbeitsverträgen in Bezug auf Urheberpersönlichkeitsrechte oder Verwertungsrechte eine solche Ableitung vorliegt, ist eine Frage des Einzelfalls.[39] Dies soll oben angeführte Tab. 5.1 verdeutlichen.

Ein anderes Beispiel für die vertragliche Regelung bzw. Einbindung von Nutzungsrechten bietet die in den USA ansässige gemeinnützige Organisation **„Creative Commons"**. Die Organisation stellt – für Laien verständliche – (Standard-)Lizenzverträge zur Verfügung. Hierdurch soll erreicht werden, dass die Öffentlichkeit bestimmte Nutzungsrechte an bestimmten Werken durch die jeweiligen Künstler eingeräumt bekommen kann (sog. Creative Commons Public Licence). Auf diese Weise ist eine vergleichsweise unkomplizierte lizenzrechtliche bzw. nutzungsrechtliche Regelung für eine Vielzahl von Nutzern möglich.

Im **Ausgangsfall** kann die A-GmbH mit ihren Nutzern CC-Lizenzen zur Nutzung ihres digitalen Stadtführers auf den privaten Webseiten ihrer Nutzer vereinbar, so dass diese insoweit aufgrund der eingeräumten Nutzungsrechte nicht gegen das Urheberrecht verstoßen. Sollten die Nutzer aber eine andere Nutzung (z. B. auf ihren gewerblichen Seiten) wählen, verletzten sie den Lizenzvertrag; die Verbreitung verstößt dann gegen § 97 UrhG.

## 5.4.2.2 Umfang der Nutzungsrechte

Wenn der Urheber Nutzungsrechte an seinem Werk einräumt, dann kann er dies in **unterschiedlichem Umfang** tun. Er hat die Möglichkeit (§ 31 I Satz 2 UrhG),

– einfache Nutzungsrechte oder
– ausschließliche Nutzungsrechte einzuräumen.

---

[39] Vgl. Wandtke et al., Praxiskommentar zum Urheberrecht, 4. Aufl. 2014, § 43 Rn. 46–53.

Die einfachen und die ausschließlichen Nutzungsrechte können zudem beschränkt werden (§ 31 I S. 2 UrhG) in

- räumlicher,
- zeitlicher und
- inhaltlicher Hinsicht.

Außerdem lassen sich die einfachen und die ausschließlichen **Nutzungsrechte** auf einzelne Nutzungsarten (§ 31 I S. 1 UrhG) eingrenzen, z. B. eine Taschenbuchausgabe, eine CD, eine CD-ROM oder eine Internet-Nutzung.

Im Interesse des Rechtsverkehrs wird allerdings nur eine konkret technisch und wirtschaftlich **eigenständige Verwendungsform** des Werkes als besondere Nutzungsart anerkannt.[40] Es kommt also letzten Endes nicht auf die Sicht des Vertragspartners an, sondern die Verkehrsanschauung entscheidet über die Grenzen der Aufspaltbarkeit des Nutzungsrechtes.

### 5.4.3 Grenzen der Nutzungsrechte

Zugunsten des Urhebers gelten zwei – unten näher erläuterte – Auslegungsregeln:
- Zweckübertragungslehre (§ 31 V UrhG);
- Verträge über unbekannte Nutzungsarten (§ 31a UrhG).

Zugunsten des Urhebers bestehen weiterhin die folgenden vertraglich nicht abdingbaren Rechte:
- § 40 UrhG (Verträge über künftige Werke);
- §§ 41, 42 UrhG (Rückrufsrecht wegen Nichtausübung bzw. gewandelter Überzeugung);
- § 27 I UrhG (Vergütung für Vermietung und Verleihen);
- § 32a UrhG (Bestseller-Paragraph).

Schließlich ist noch das Änderungsrecht in § 39 UrhG als bedeutsame Grenze der Nutzungsrechte zu betrachten.

### 5.4.3.1 Zweckübertragungslehre

Nach § 31 V UrhG bestimmt sich der **Umfang der Nutzungsrechte** nach dem mit ihrer Einräumung verfolgten Zweck, wenn die Nutzungsarten, auf die sich das Recht erstrecken soll, im Vertrag nicht im Einzelnen bezeichnet sind (Zweckübertragungslehre).

Dieser für das gesamte Urheberrecht geltende Grundsatz beschränkt die vom Urheber eingeräumten Nutzungsrechte auf den **Vertragszweck.**[41] Der Urheber soll davor geschützt

---

[40] BGH, Urteil vom 19.5.2005 – I ZR 285/02 – Zauberberg.
[41] Vgl. BGH, GRUR 2011, 59, 60 – Lärmschutzwand.

werden, aus Unkenntnis oder wirtschaftlicher Not mehr Rechte als zur Vertragserfüllung erforderlich wegzugeben mit der Folge, dass er an der weiteren wirtschaftlichen Verwertung nicht mehr gesondert beteiligt ist.

Es handelt sich aber nur um eine **Auslegungsregel**, die den Umfang der Rechteeinräumung in Zweifelsfällen begrenzt, also nur dann eingreift, wenn im Vertrag nicht präzise die einzelnen Nutzungsarten aufgezählt sind. Auf die vereinbarte Gegenleistung kommt es dabei nicht an. Die Beweislast trägt allerdings derjenige, der sich auf die Rechteeinräumung beruft, also der Lizenznehmer.

> Wenn sich im **Ausgangsfall** die A-GmbH die Multimedia-Nutzung für alle Werke des digitalen Stadtführers von den Urhebern einräumen lässt, ohne die Internet-Nutzung im Vertrag zu erwähnen, und keine Anhaltspunkte für ihre Einbeziehung in den Vertrag vorliegen, dann sind der A-GmbH die entsprechenden Internet-Nutzungsrechte von den Urhebern nicht eingeräumt worden. Dies gilt auch dann, wenn gegenüber früheren Verträgen der A-GmbH mit den Urhebern deren Lizenzeinnahmen erheblich erhöht worden sind.

Eine Ausnahme von dieser Regel macht § 89 I UrhG, der – genau umgekehrt – dem Filmhersteller im Zweifel das ausschließliche Recht einräumt, das Filmwerk sowie Übersetzungen und andere filmische Bearbeitungen oder Umgestaltungen des Filmwerkes auf alle bekannten Nutzungsarten zu nutzen.

### 5.4.3.2 Unbekannte Nutzungsart

Nach § 31a I S. 1 UrhG bedürfen Verträge, die die Einräumung von Nutzungsrechten für **noch nicht bekannte Nutzungsarten** sowie die Verpflichtung hierzu regeln, grundsätzlich der Schriftform. Der Urheber kann diese Rechteeinräumung oder die Verpflichtung hierzu widerrufen, sofern nicht die Voraussetzungen des § 31a I S. 4, II vorliegen (insbesondere Ablaufen der dreimonatigen Widerspruchsfrist).

Eine Nutzungsart ist als **bekannt** anzusehen, wenn sie in ihren technischen Möglichkeiten bekannt und wirtschaftlich bedeutsam und verwertbar ist.[42]

Die CD-ROM mit Texten ist in diesem Sinne bekannt seit 1989,[43] die CD-ROM mit Fotografie seit 1993[44] und DVD und Blu-ray-Disc seit Mitte 1999.[45]

---

[42] BGH, NJW 1995, 1496 (1497).

[43] LG Hamburg, MMR 1998, 44 – FreeLens.

[44] Vgl. Hanseatisches Oberlandesgericht Hamburg, Urteil vom 05.11.1998 (3 U 212/97).

[45] Hoeren et al., Multimedia-Recht, 39. Ergänzungslieferung 2014, Rn. 153.

### 5.4.3.3 Änderung des Werkes

Nach § 39 I UrhG darf der Inhaber eines Nutzungsrechtes das Werk, dessen Titel oder dessen Urheberbezeichnung (§ 10 I UrhG) nicht ändern, es sei denn, ihm ist ein Bearbeitungsrecht nach § 23 UrhG eingeräumt bzw. Entsprechendes ist vereinbart worden.

Eine Ausnahme davon ist in § 39 II UrhG geregelt, der Änderungen des Werkes unabhängig davon zulässt, ob sie das Niveau einer Bearbeitung erreichen oder nicht. Dabei muss es sich um Änderungen handeln, die der Urheber nach Treu und Glauben nicht versagen kann, z. B. solche, die sich durch die Realisierung der vereinbarten Verwertung ergeben.

Im **Ausgangsfall** wurde der A-GmbH die Internet-Nutzung eines Bildes vom Urheber eingeräumt. Dazu hat sie das Bild digitalisiert, wodurch sich aufgrund der geringen Auflösungsqualität die Gestalt des Bildes erheblich verändert hat. Hiergegen kann der Urheber wegen § 39 II UrhG nicht erfolgreich vorgehen.

## 5.5 Verwandte Schutzrechte

Die verwandten Schutzrechte sind im zweiten Teil des Urheberrechtsgesetzes (§§ 70–87h) und im dritten Teil (§§ 88–95) geregelt.

Im **zweiten Teil** sind geschützt:

- wissenschaftliche Ausgaben (§ 70 UrhG);
- nachgelassene Werke (§ 71 UrhG);
- Lichtbilder (§ 72 UrhG);
- ausübende Künstler (§§ 73–83 UrhG);
- Veranstalter (§ 81 UrhG);
- Tonträgerhersteller (§§ 85–86 UrhG);
- Sendeunternehmer (§ 87 UrhG);
- Datenbankhersteller (§§ 87a–e UrhG);
- Presseverleger (§§ 87f–h UrhG).

Der **dritte Teil** definiert die Schutzbestimmungen für Filme (§§ 88–95 UrhG). Sie finden sich in einem eigenen Kapitel, weil sie eine Vielzahl von Besonderheiten aufweisen, die sich bei Filmen ergeben.

**Vorschau** Im Folgenden werden die verwandten Schutzrechte von den Urheberrechten abgegrenzt (Abschn. 5.5.1) und einige für die Online-Nutzung besonders relevante Leistungsschutzrechte erläutert (Abschn. 5.5.2).

### 5.5.1 Abgrenzung von Urheberrechten

Die in den §§ 70 ff. UrhG geschützten Leistungsergebnisse (als verwandte Schutzrechte) unterscheiden sich von den durch das Urheberrecht erfassten Leistungsergebnissen dadurch, dass bei ihnen nicht das Niveau einer persönlich-geistigen Schöpfung im Sinne des § 2 II UrhG erreicht wird.

Durch die verwandten Schutzrechte werden **sehr unterschiedliche Leistungsergebnisse** geschützt, wie z. B. die unternehmerische Leistung auf organisatorisch-technischem Gebiet beim Schutz von Veranstaltern, Tonträgerherstellern, Sendeunternehmen und Filmherstellern, aber auch die persönliche Leistung des Interpreten beim Schutz der ausübenden Künstler.

Alle verwandten Schutzrechten in den §§ 70 ff. UrhG haben **gemeinsame Besonderheiten**: Sie bestehen unabhängig voneinander, und zwar insbesondere auch unabhängig vom Urheberrecht; Sie können, mit Ausnahme des Schutzes wissenschaftlicher Ausgaben (§ 70 UrhG) und von Lichtbildern (§ 72 UrhG), frei übertragen werden; Gegenüber dem Schutz urheberrechtsfähiger Werke sind die verwandten Schutzrechte im Umfang und in der Dauer beschränkt. Dies ergibt sich jeweils aus den speziellen Regeln für die einzelnen verwandten Schutzrechte.

### 5.5.2 Einzelne verwandte Schutzrechte

Die verwandten Schutzrechte sind bei Multimedia-Produktionen im Internet genauso zu berücksichtigen wie die Urheberrechte. Auch in diesem Bereich können dem Inhaber verwandter Schutzrechte Ausschließlichkeitsrechte zustehen.

#### 5.5.2.1 Schutz ausübender Künstler

Der Schutz ausübender Künstler ist aufgrund der Umsetzung der Harmonisierungsrichtlinie in den §§ 73–83 UrhG geregelt.

In § 73 UrhG wird als **ausübender Künstler** definiert, wer

- ein Werk oder eine Ausdrucksform der Volkskunst aufführt, singt, spielt oder
- auf eine andere Weise darbietet oder
- an einer solchen Darbietung künstlerisch mitwirkt.

**Geschützt sind** demnach zum einen die unmittelbare persönliche Darbietung (Aufführen, Singen, Spielen, auf andere Weise Darbieten) eines Werkes durch Schauspieler, Tänzer, Sänger oder Musiker (Interpreten des Werkes) und zum anderen an einer solchen Darbietung mittelbar künstlerisch Mitwirkende (wie Dirigenten und Bühnenregisseure). Diese sind von den nicht geschützten, nur „technischen" Mitwirkenden zu unterscheiden, z. B. Souffleuren, Statisten oder Beleuchtungstechnikern.

Die ausübenden Künstler im Sinne des § 73 UrhG erhalten einen besonderen gesetzlichen Schutz in den §§ 77 ff. UrhG. Danach sind sowohl die unmittelbare wie auch die mittelbare Wiedergabe ihrer Darbietungen geschützt.

Bei der **unmittelbaren Wiedergabe** stehen dem ausübenden Künstler folgende Ausschließlichkeitsrechte zu:

– Bildschirm- und Lautsprecherübertragungsrecht (§ 78 I Nr. 3 UrhG);
– Aufnahme-, Vervielfältigungs- und Verbreitungsrecht (§ 77 I, II UrhG);
– Senderecht (§ 78 I Nr. 2 UrhG);
– Recht der öffentlichen Zugänglichmachung (§ 78 I Nr. 1 UrhG).

Von der Einräumung der entsprechenden Nutzungsrechte durch den ausübenden Künstler hängen also die Übertragung in einen anderen als den Aufführungsraum, die Fixierung der Darbietung auf einen Bild- oder Tonträger und dessen Vervielfältigung und Verbreitung, die Funksendung der Darbietung und das öffentliche Zugänglichmachen der Darbietung ab.

Die **mittelbare Wiedergabe** ihrer Darbietung, d. h. deren Zweitverwertung,[46] kann ohne Einräumung von Nutzungsrechten durch den ausübenden Künstler stattfinden. Dieser hat allerdings einen gesetzlichen Vergütungsanspruch (§ 78 II UrhG).

Den ausübenden Künstlern stehen **Zweitverwertungsrechte** zu, wenn:

– die bereits auf den Bild- oder Tonträger aufgenommenen Darbietungen erlaubterweise gesendet werden (§ 78 II Nr. 1 UrhG),
– die Darbietung mittels Bild- oder Tonträger öffentlich wahrnehmbar gemacht wird (§ 78 II Nr. 2 UrhG),
– die Sendung der Darbietung öffentlich wahrnehmbar gemacht wird (§ 78 II Nr. 3, 1. Alt. UrhG) oder
– die auf öffentlicher Zugänglichmachung beruhende Wiedergabe öffentlich wahrnehmbar gemacht wird (§ 78 II Nr. 3, 2. Alt. UrhG).

Unter § 78 II Nr. 2 UrhG fällt z. B. das Abspielen einer rechtmäßig aufgenommenen CD in einer Diskothek, unter § 78 II Nr. 3, 1. Alt. UrhG u. a. die Wiedergabe einer Fernsehsendung in einem öffentlichen Lokal und unter § 78 II Nr. 3, 2. Act. UrhG die Wiedergabe eines Internetauftritts mittels Bildschirm in einem Schaufenster.

Durch die Umsetzung der Harmonisierungsrichtlinie in deutsches Recht wurde die den ausübenden Künstlern eingeräumte **Rechtsstellung wesentlich verbessert** und der Rechtsstellung der Urheber angeglichen. Bedeutsam sind dabei vor allem drei Punkte:

---

[46] Die Zweitverwertung entspricht den unter Abschn. 5.2.2.2 erläuterten Zweitverwertungsrechten der §§ 21, 22 UrhG.

1. An die Stelle der bisherigen „Einwilligungsrechte" traten, wie bei den Urhebern in den
   §§ 15–23 UrhG, **umfassende Ausschließlichkeitsrechte** des ausübenden Künstlers.

   Dadurch änderten sich zwar weniger seine Befugnisse, aber er hat nun die
   Möglichkeit, Dritten vertraglich auch die Befugnisse zur Verwertung der Darbietung
   einzuräumen.

   Der § 79 UrhG sieht demgemäß die Möglichkeit vor, Dritten ein Nutzungsrecht an
   der Darbietung zu gewähren. Durch ein – auch einfaches – Nutzungsrecht wird ein
   dingliches Recht begründet, jedenfalls nach der vorherrschenden Meinung in der
   Literatur[47] und der Regelung in § 79 II UrhG.

2. Die bisher in § 83 UrhG nur in Bezug auf den Integritätsschutz geregelten persönlichkeitsrechtlichen Befugnisse des ausübenden Künstlers wurden inhaltlich erweitert und
   als §§ 74–76 UrhG an den Beginn des Abschnitts gestellt.

   § 74 UrhG schützt nun erstmals auch das **Authentizitätsinteresse** des ausübenden
   Künstlers. Nach § 74 I UrhG hat er das Recht, in Bezug auf seine Darbietung als
   solcher anerkannt zu werden. Er kann zudem bestimmen, ob und mit welchem Namen
   er genannt wird.

   § 74 I UrhG entspricht der für den Urheber geltenden Parallelvorschrift des § 13 UrhG.
   Hiermit wird deutlich gemacht, dass hinsichtlich der persönlichkeitsrechtlichen Befugnisse
   geistige und künstlerische Leistungen grundsätzlich gleich behandelt werden sollen.

3. Nach § 75 UrhG hat der ausübende Künstler das Recht, eine Entstellung oder eine
   andere Beeinträchtigung seiner Darbietung zu verbieten, die geeignet ist, sein Ansehen
   oder seinen Ruf als ausübender Künstler zu gefährden.

   Ein typischer Fall einer rechtswidrigen Beeinträchtigung ist eine Entstellung, die
   zum Beispiel durch eine Nachsynchronisation vorgenommen wird, bei der einem
   Schauspieler in der Originalsprache die Stimme eines anderen unterlegt wird.[48]

   Unabhängig von § 75 UrhG kann sich der ausübende Künstler zudem auf das allgemeine Persönlichkeitsrecht und den Bildnisschutz nach § 22 KUG berufen (vgl. oben
   Abschn. 5.2.1).

Der **Schutz gegen Entstellung** besteht grundsätzlich bis zum Tode des ausübenden
Künstlers, mindestens jedoch bis 50 Jahre nach der Darbietung, und endet nicht vor Ablauf
der für die Verwertungsrechte nach § 82 geltenden Frist (§ 76 UrhG). Anders als die
50-jährige Frist des § 76 UrhG, die mit der Darbietung beginnt, stellt § 82 UrhG auf den
Zeitpunkt des Erscheinens der Darbietung auf Bild- und Tonträger bzw. die erste erlaubte
Benutzung zur öffentlichen Wiedergabe ab. Das kann zu einem erheblich späteren
Fristbeginn führen. Die Schutzdauer der Verwertungsrechte beträgt 50 Jahre nach
Erscheinen des Bild- oder Tonträgers bzw. nach der Darbietung (§ 82 UrhG). Davon

---

[47] Vgl. Dreier et al., UrhG, 4. Aufl. 2013, § 79 Rn. 1.

[48] Als Beeinträchtigung einer Live-Darbietung ist z.B. die unautorisierte Veränderung einer
Bühneninszenierung gesehen worden; vgl. OLG Dresden, ZUM 2000, 955.

abgesehen unterliegt der ausübende Künstler gem. §84 UrhG den für das Urheberrecht geltenden inhaltlichen Schranken der §§45 ff. UrhG (zu den inhaltlichen Schranken vgl. oben Abschn. 5.3.2).

> Im **Ausgangsfall** muss die A-GmbH darauf achten, dass ihr von den verschiedenen ausübenden Künstlern, die bei den für den digitalen Stadtführer relevanten Werken mitwirken, die Nutzungsrechte an den entsprechenden Werken für das Internet eingeräumt werden.

### 5.5.2.2 Schutz der Lichtbilder

Der Schutz des Lichtbildes ist in §72 UrhG geregelt. Er erfolgt in entsprechender Anwendung der für Lichtbildwerke (§2 I Nr. 5 UrhG) geltenden urheberrechtlichen Vorschriften.

Dieser Schutz ist vorgesehen für **Fotografien**, die nicht die Schwelle zum urheberrechtsfähigen Werk überschritten haben, d. h. keine persönlich-geistige Schöpfung im Sinne eines Lichtbildwerkes nach §2 I Nr. 5 UrhG darstellen.

Unter §72 UrhG fällt jede Tätigkeit eines Lichtbildners mit Ausnahme von **rein mechanischen Reproduktionen**, z. B. im Wege des Abfotografierens eines Lichtbildes,[49] oder die bloße technische Reproduktion einer bestehenden und urheberrechtlich nicht geschützten Grafik.[50]

Geschützt ist sowohl die Hobby-Fotografie (z. B. gewöhnliche Urlaubsfotos) als auch die routinemäßige, gewerbliche Fotografie (z. B. das Foto einer Motorsäge in einer Bedienungsanleitung[51]). Besondere technische Leistungen oder besondere persönliche Fähigkeiten eines Fotografen werden also für den Lichtbildschutz nicht vorausgesetzt.

Der **Umfang des Lichtbildschutzes** unterscheidet sich – trotz des Verweises in §72 UrhG auf die entsprechende Anwendung der für die Lichtbildwerke geltenden Vorschriften – in gewissem Maße vom gesetzlichen Schutz eines Lichtbildwerkes. Dadurch wird der geringeren Eigenart von Lichtbildern Rechnung getragen.

Dies betrifft insbesondere die urheberpersönlichkeitsrechtlichen Befugnisse, die beim Lichtbild stärker im Hintergrund stehen. Die Möglichkeiten, Entstellungen (§14 UrhG) und Änderungen (§39 UrhG) zu verbieten, existieren in geringerem Maße als bei einem Lichtbildwerk.

Von besonderer praktischer Bedeutung ist das in §§72 I, 16 UrhG geregelte **Vervielfältigungsrecht**. Dieses umfasst die vollständige und unveränderte Übernahme eines Lichtbildes ebenso wie die Übernahme charakteristischer Teile, z. B. wenn ein Bild digital verändert wird. Die reine Übernahme eines Fotomotives ist hingegen nicht urheberrechtlich relevant.

---

[49] BGH, GRUR 1990, 669 (674).

[50] Vgl. BGH, ZUM-RD 2001, 325 – Telefonkarte.

[51] BGH, GRUR 1993, 34 (35) – Bedienungsanleitung.

> **Beispiel nach Faschings-Hochzeitsfall[52]**
>
> D erteilt E den Auftrag, ein Gruppenfoto einer aus ca. 250 – 300 Personen bestehenden
> Faschings-Hochzeitsgesellschaft herzustellen. Zur Vorbereitung der Fotografie haben
> Mitarbeiter von E eine Gruppentribüne mit einem entsprechenden Gerüst aufgebaut. E
> hat das von D in Auftrag gegeben Gruppenfoto hergestellt und anschließend gewerb-
> lich vertrieben. F, der ebenfalls Fotograf und Vertreiber von Fotoartikeln ist und im
> Wettbewerb zu E steht, hatte auf der Tribüne von E ein Foto derselben Faschings-
> Hochzeitsgesellschaft hergestellt und anschließend vertrieben. Die beiden Gruppenfotos
> unterscheiden sich voneinander nur in unwesentlichen Details.
>
> Ein Lichtbildschutz nach § 72 UrhG scheidet hier aus, da F nicht ein Bild von
> E verwertet, sondern lediglich ein gleiches Motiv. Eine andere Frage ist hingegen,
> ob das Handeln des E als wettbewerbswidrig anzusehen ist. Die besonderen
> Umstände, die hier dafür sprechen, sind die Vorleistungen des E (Aufbau bzw.
> Stellung des Gerüstes für die bis zu 300 Personen), die F ohne eigene Vorkosten
> für seinen eigenen Wettbewerb mit E ausnutzt.[53]

Der Lichtbildschutz unterliegt nach §§ 72 I, 44a ff. UrhG denselben **inhaltlichen
Schranken** wie die Urheberrechte. Die Schutzfrist für Lichtbilder beträgt nach § 72
III UrhG 50 Jahre seit dem Erscheinen bzw. unter Umständen 50 Jahre nach der
Herstellung (z. B. wenn das Lichtbild nicht erschienen ist).

### 5.5.2.3 Schutz der Laufbilder

Die Laufbilder sind in § 95 UrhG geschützt. Im Unterschied zu den Lichtbildern, die
Einzelbilder betreffen, geht es bei den Laufbildern um Bildfolgen, die nicht die Qualität
einer persönlich-geistigen Schöpfung im Sinne des § 2 II UrhG erreichen und insofern von
den Filmwerken im Sinne des § 2 I Nr. 6 UrhG abzugrenzen sind.

Reine Laufbilder sind z. B. Urlaubsfilme von Hobby-Fotografen, Aufzeichnungen
von Sport- oder politischen Veranstaltungen, von Talkshows oder von Theater- oder
Konzertaufführungen.

Der Laufbildschutz unterliegt nach §§ 95, 94 IV UrhG ebenfalls den inhaltlichen Schranken
der §§ 44a–63 UrhG. Der Leistungsschutz des Laufbildherstellers endet nach 50 Jahren.

### 5.5.2.4 Schutz des Datenbankherstellers

Der in den §§ 87a-e UrhG geregelte Schutz des Datenbankherstellers erfasst Datenbanken,
die nicht den für Datenbankwerke erforderlichen individuellen Gestaltungsspielraum zur
Anordnung der Daten enthalten (vgl. oben Abschn. 5.1.1.1). Es geht hier um einen Schutz
eigener Art (Schutzrechte *sui generis*) für Datenbanken.

---

[52] OLG München, ZUM 1991, 431 f.

[53] Zu dem wettbewerbsrechtlichen Aspekt der unmittelbaren Leistungsübernahme vgl. unten 6.1.2.3.

Eine **Datenbank** im Sinne des § 87a I UrhG ist eine Sammlung von Werken, Daten oder anderen unabhängigen Elementen, deren Beschaffung, Überprüfung oder Darstellung eine nach Art und Umfang wesentliche Investition erfordern, wie z. B. bei Telefonbüchern, umfangreichen Link-Sammlungen und sonstigen Zusammenstellungen von Informationen auf Web-Seiten.

Es gilt der **weite Datenbankbegriff**, wonach unabhängig von formalen, technischen oder materiellen Aspekten grundsätzlich nahezu jede geordnete Sammlung potenziell für einen *sui-generis*-Schutz in Frage kommt. Allerdings hat der EuGH den weiten definitorischen Anwendungsbereich des *sui-generis*-Schutzes durch eine streng teleologische Auslegung des Kriteriums der wesentlichen Investition anhand der Richtlinienziele wieder erheblich eingeschränkt. Dadurch sind letztlich eine Vielzahl auf den ersten Blick potentiell schutzfähiger „Datenbanken", deren Investitionsschwerpunkt auf der Datenerzeugung liegt, vom *sui-generis*-Schutz insgesamt ausgeschlossen.[54]

**Geschützter Datenbankhersteller** ist nach § 87a V UrhG, wer die Investitionen vorgenommen hat. Der Datenbankhersteller hat nach § 87b UrhG das ausschließliche Recht, die Datenbank insgesamt oder einen nach Art und Umfang wesentlichen Teil der Datenbank zu vervielfältigen, zu verbreiten und öffentlich wiederzugeben. Die Nutzung unwesentlicher Teile der Datenbank bleibt damit grundsätzlich zulässig, wobei die Umgehungsklausel in § 87b I S. 2 UrhG diesbezüglich eine Grenze bildet.[55]

Das Recht entsteht, sobald die Herstellung der Datenbank abgeschlossen ist. Es ist nach § 87d UrhG auf 15 Jahre befristet.

### 5.5.2.5 Schutz von Tonträgerherstellern, Sendeunternehmen und Filmherstellern

Die Tonträgerhersteller, Sendeunternehmer und Filmhersteller werden im Urheberrechtsgesetz hinsichtlich ihrer organisatorischen, technischen und wirtschaftlichen Leistung geschützt.

Der **Tonträgerhersteller** hat nach § 85 UrhG das ausschließliche Recht zur Vervielfältigung, Verbreitung und öffentlichen Zugänglichmachung an dem von ihm hergestellten Tonträger.

§ 87 UrhG gewährt dem **Sendeunternehmer** das ausschließliche Recht, seine Sendung weiterzusenden und öffentlich zugänglich zu machen (Nr. 1), sie aufzuzeichnen sowie die Bild- oder Tonträger oder Lichtbilder zu vervielfältigen und zu verbreiten (Nr. 2) und seine Sendung an Stellen, die der Öffentlichkeit nur gegen Zahlung eines Eintrittsgeldes zugänglich sind, öffentlich wahrnehmbar zu machen (Nr. 3).

Der **Filmhersteller** hat nach § 94 UrhG das ausschließliche Recht, den Film zu vervielfältigen, zu verbreiten, zur öffentlichen Vorführung oder Sendung oder öffentlichen Zugänglichmachung zu benutzen.

---

[54] Sog. funktionaler Datenbankbegriff, vgl. EuGH, GRUR 2005, 254, 255 Rn. 27 – Fixtures-Fußballspielpläne; vgl. weitere Ausführungen bei Wandtke et al., UrhG, 4. Aufl. 2014, § 87a Rn. 7ff.
[55] Vgl. EuGH, GRUR 2005, 244 ff. BHB-Pferdewetten; EuGH, GRUR 2009, 572 f. Apis/Lakorda.

Die genannten Rechte bestehen unabhängig von den Urheberrechten und den verwandten Schutzrechten derjenigen, deren Leistungen durch die Sendung ausgestrahlt oder in dem Film oder auf dem Tonträger festgehalten oder öffentlich zugänglich gemacht werden.

Die Rechte erlöschen 50 Jahre nach dem Erscheinen bzw. der Sendung (§§ 85 III, 87 III, 94 III UrhG).

Die verwandten Schutzrechte der Tonträgerhersteller (§ 85 IV UrhG), der Sendeunternehmer (§ 87 IV UrhG) und der Filmehersteller (§ 94 IV UrhG) unterliegen mit gewissen Einschränkungen den für das Urheberrecht geltenden inhaltlichen Schranken der §§ 44a ff. UrhG.

## 5.6   Rechtsposition des Urhebers und des Inhabers von Nutzungsrechten und verwandten Schutzrechten

**Vorschau** In diesem Kapitel werden die sich aus den einzelnen Rechten des Urhebers, des Inhabers von exklusiven Nutzungsrechten und des Inhabers von exklusiven verwandten Schutzrechten ergebenden Rechtspositionen dargestellt (Abschn. 5.6.1) und die Rechtsfolgen von diesbezüglichen Verletzungshandlungen erläutert (Abschn. 5.6.2).

### 5.6.1   Ausschließlichkeits- und Nutzungsrechte

Als umfassendste Rechtsposition haben sich die **Ausschließlichkeitsrechte** herausgestellt. Dabei handelt es sich um

— das Urheberrecht mit den daraus entstehenden Befugnissen (§§ 16–23 UrhG; mit Ausnahme der sonstigen Rechte in §§ 25–27 UrhG),
— das vom Urheber eingeräumte exklusive Nutzungsrecht und
— die verwandten Schutzrechte, insoweit sie Ausschließlichkeitsrechte gewähren.

Der Inhaber dieser Ausschließlichkeitsrechte kann jeden insoweit von der Nutzung ausschließen oder die Nutzung unter bestimmten Bedingungen vertraglich gestatten. Regelmäßig geht es um die Zahlung eines Lizenzbetrages.

Neben dieser vertraglich vereinbarten Vergütung gibt es **gesetzliche Vergütungsansprüche** (gesetzliche Lizenzen[56]). Für den Urheber sind sie in den §§ 20b II, 26, 27 I S. 1, II, 45a II, 46 IV, 47 II S. 2, 49 I S. 2, 52 I S. 2, II S. 2, 52a IV, 54, 54a–54c UrhG geregelt. Im Bereich der verwandten Schutzrechte gibt es gesetzliche Vergütungsansprüche

---

[56] Diese sind abzugrenzen von der nur zugunsten von Tonträgerherstellern in § 42a UrhG geregelten Zwangslizenz.

für ausübende Künstler in § 78 II UrhG, für Tonträgerhersteller in § 85 IV UrhG und für Filmhersteller in § 94 IV UrhG. Auf die gesetzlichen Vergütungsansprüche können aufgrund des § 63a UrhG Urheber und ausübende Künstler grundsätzlich nicht im Voraus verzichten. Diese gesetzlichen Vergütungsansprüche können im Voraus allerdings an eine Verwertungsgesellschaft abgetreten werden.

Der Urheber und der Inhaber der verwandten Schutzrechte können insoweit wegen der Sozialbindung des Urheberrechtes (Art. 14 II GG) die Nutzungshandlung nicht verbieten, haben allerdings einen Anspruch auf eine angemessene Vergütung.

Der Inhaber von Ausschließlichkeitsrechten kann die Wahrnehmung seiner Rechte auch einer **Verwertungsgesellschaft** übertragen, sodass der Verwerter die benötigten Nutzungsrechte von einer Verwertungsgesellschaft erwerben muss.

Während die Rechte an Sprach- und Bildwerken, noch weitgehend über die Urheber eingeräumt werden, geschieht dies für Musik- und Filmwerke über Verwertungsgesellschaften. Diese sind tätig aufgrund des Gesetzes über die Wahrnehmung von Urheberrechten und verwandten Schutzrechten (UrhWahrnG).[57] Neben den dreizehn in Deutschland tätigen Verwertungsgesellschaften, wie z.B. die GEMA (http://www.gema.de) für Komponisten, Textdichter und Musikverleger, die VG-Wort (http://www.vgwort.de) für Wortautoren und Verleger oder die VG Bild-Kunst (http://www.bildkunst.de) für Urheber der in § 2 I Nr. 4–7 UrhG genannten Werkarten, gibt es von diesen gegründete gemeinsame Vereinigungen zum Einzug von Vergütungen und deren Verteilung an die Berechtigten, wie z.B. die Zentralstelle Bibliothekstantiemen (ZBT) für die Vergütung aus § 27 II UrhG, die u.a. zwischen VG Wort, VG Bild-Kunst und GEMA aufgeteilt wird. Für die Durchsetzung des Rechteerwerbs für Multimedia-Produzenten ist die seit Herbst 1998 arbeitende „Clearing-Stelle Multimedia" der Verwertungsgesellschaften für Urheber- und Leistungsschutzrechte GmbH (CMMV) gegründet worden (http://www.cmmv.de).

Der **Vorteil** bei einer Wahrnehmung der Rechte des Urhebers oder Inhabers von verwandten Schutzrechten durch eine Verwertungsgesellschaft ist für den Verwerter die Pflicht der Verwertungsgesellschaft, ihm Nutzungsrechte einzuräumen, soweit sie diese für den Berechtigten wahrnimmt. Neben diesem Abschlusszwang gegenüber dem Verwerter (§ 11 I UrhWahrnG), jedem auf Verlangen zu angemessenen Bedingungen Nutzungsrechte einzuräumen, besteht auch ein Wahrnehmungszwang gegenüber dem Berechtigten (§ 6 I UrhWahrnG), d.h. alle Wahrnehmungsberechtigten können verlangen, dass ihre Rechte und Ansprüche zu angemessenen Bedingungen von den Verwertungsgesellschaften wahrgenommen werden.

Wie bei den Ausschließlichkeitsrechten des Urhebers und des Inhabers verwandter Schutzrechte bedarf auch bei der Wahrnehmung dieser Rechte durch eine Verwertungsgesellschaft deren Nutzung einer **vertraglichen Vereinbarung** mit der Verwertungsgesellschaft.

---

[57] Siehe http://www.gesetze-im-internet.de/urhwahrng/index.html.

Unabhängig davon, ob der Inhaber der Ausschließlichkeitsrechte diese selbst wahrnimmt oder durch eine Verwertungsgesellschaft wahrnehmen lässt, liegt bei einer Verwertung ohne eine entsprechende vertragliche Vereinbarung ein Rechtsverstoß vor.

## 5.6.2   Rechtsfolgen von Rechtsverletzungen

Die folgenden Ausführungen gelten in vollem Umfang für den Content-Provider (Inhalte-Lieferanten); beim Service- und Access-Provider sind deren bereits oben erörterte Privilegierungen (siehe Abschn. 3.1) zu beachten.

Die Verletzung eines nach dem Urheberrechtsgesetz geschützten Rechtes kann zivil- (§§ 97–105 UrhG), straf- und ordnungsrechtliche Folgen (§§ 106–111a UrhG) haben.

Ansprüche aus anderen gesetzlichen Vorschriften bleiben nach § 102a UrhG unberührt. Dasselbe gilt für vertragliche Ansprüche, speziell Ansprüche aus der Verletzung von Nutzungsverträgen und andere gesetzliche Ansprüche aus Delikts- (§§ 823 ff. BGB) und Wettbewerbsrecht (§§ 1 ff. UWG), aus Geschäftsführung ohne Auftrag (§§ 687 II, 681, 667 BGB) und ungerechtfertigter Bereicherung (§§ 812 ff. BGB).

### 5.6.2.1   Zivilrechtliche Folgen (§§ 97–105 UrhG)

Nach § 97 UrhG kann der Verletzer eines nach dem Urheberrechtsgesetz geschützten Rechtes vom Verletzten in Anspruch genommen werden auf

- Unterlassung weiterer Rechtsverletzungen,
- Beseitigung der Beeinträchtigung,
- Ersatz des materiellen Schadens und
- unter Umständen auf Ersatz des immateriellen Schadens.

Der verschuldensunabhängige **Unterlassungsanspruch** richtet sich gegen drohende künftige (rechtswidrige) Verletzungen. Er setzt eine Wiederholungsgefahr voraus, die regelmäßig bereits aus einer erstmaligen Rechtsverletzung herzuleiten ist. Dies ist z. B. der Fall, wenn urheberrechtlich geschützte Werke ohne die erforderliche Zustimmung online angeboten werden.

Wenn eine solche Rechtsverletzung erstmals droht, kann der Betroffene seinen Unterlassungsanspruch im Wege einer vorbeugenden Unterlassungsklage geltend machen, § 97 I S. 2 UrhG. Die erforderliche **Erstbegehungsgefahr** ist gegeben, wenn ernsthafte und greifbare tatsächliche Anhaltspunkte für eine in naher Zukunft konkret drohende Rechtsverletzung bestehen, z. B. wenn eine Person bereits ein Werk illegal genutzt hat, dies im Prozess als rechtmäßig verteidigt und die Verletzung anderer Werke aus derselben Serie (z. B. Schmuckserie) nach den Umständen nahe liegt.[58] Dies kann z. B. auch für eine Bildserie im Internet gelten.

---

[58] Fromm et al., Kommentar zum Urheberrechtsgesetz, 11. Aufl. 2014, § 97 Rn. 39.

Der ebenfalls verschuldensunabhängige **Beseitigungsanspruch** ist auf die Beendigung einer fortdauernden rechtswidrigen Störung gerichtet, die z.B. in einer urheberrechtsverletzenden Web-Seite oder urheberrechtsverletzenden Daten aus Datenbanken bestehen kann. Die Beseitigung besteht dann in der Abänderung der urheberrechtsverletzenden Web-Seite oder in der Entfernung der urheberrechtsverletzenden Daten aus der Datenbank.

In diesem Zusammenhang ist die weltweit erste Entscheidung über die **Wirksamkeit freier Softwarelizenzen** des LG München[59] zu erwähnen. In diesem Rechtsstreit machte der Antragsteller als Mitglied eines Open-Source-Projekts einen Unterlassungsanspruch gegen einen Unternehmer geltend, der auf seiner Web-Seite Software zum kostenlosen Download bereithielt. In dieser Software war Software des Open-Source-Projekts enthalten. Entgegen den Bestimmungen der GNU General Public License (GPL) hatte der Unternehmer jedoch weder auf Open-Source-Software hingewiesen und die GPL mit veröffentlicht noch hatte er den Source-Code zugänglich gemacht. Das Gericht stellte klar, dass die Entwickler von Open-Source-Software nicht auf ihre Urheberrechte verzichten, sondern lediglich Nutzungsberechtigungen einräumen.

Da es für den Unterlassungs- und den Beseitigungsanspruch nicht auf ein Verschulden und damit nicht darauf ankommt, ob der Verletzter hätte wissen müssen, dass er eine Urheberrechtsverletzung begeht, können sogar den gutgläubigen Nutzer erhebliche wirtschaftliche Risiken treffen. Denn unabhängig von dem mit der Multimedia-Produktion verbundenen wirtschaftlichen Aufwand ist der Verletzer grundsätzlich zum Unterlassen oder zu Beseitigung verpflichtet.

Wenn im **Ausgangsfall** die A-GmbH z.B. nicht alle Nutzungsrechte an der Hintergrundmusik des digitalen Stadtführers hat, wird sie diese urheberrechtswidrige Nutzungen nicht beseitigen können, ohne den gesamten Stadtführer aus dem Online-Angebot zu nehmen. Es kann von ihr nach § 98 UrhG[60] sogar unter Umständen verlangt werden, dass sie ihren urheberrechtswidrig auch auf DVD angebotenen digitalen Stadtführer in allen rechtswidrigen Exemplaren vernichtet.

Ausnahmsweise kann der Verletzer nach § 100 UrhG. zur **Abwendung solcher Ansprüche** den Verletzten in Geld entschädigen, wenn ihm weder Vorsatz noch Fahrlässigkeit anzulasten ist, ihn also kein Verschulden trifft. Weiterhin ist erforderlich, dass dem Verletzter durch die Erfüllung der Ansprüche ein unverhältnismäßig großer Schaden entstehen würde und dem Verletzten die Abfindung in Geld zuzumuten ist. Wenn im Einzelfall diese Voraussetzungen vorliegen, dann gilt nach § 100 S. 3 UrhG mit der Zahlung der Entschädigung die Einwilligung des Verletzten zur Verwertung im üblichen Umfang als erteilt.

---

[59] LG München, Urteil vom 19.05.2004 – 21 O 6123/04 – Wirksamkeit einer GPL-Lizenz.
[60] Für Computerprogramme gelten §§ 69a f. UrhG.

Der **Schadensersatzanspruch** aus § 97 UrhG verlangt hingegen zusätzlich zum rechtswidrigen Eingriff ein Verschulden, d. h. ein vorsätzliches oder ein fahrlässiges Verhalten des Verletzers.

Ein Verschulden kann auch dann vorliegen, wenn der Verletzer in Unkenntnis der Urheberrechtslage handelt. In einem solchen Fall ist zwar der Vorsatz ausgeschlossen, mangels Kenntnis der Urheberrechtslage, nicht aber in jedem Fall die Fahrlässigkeit, für die das **Kennenmüssen der Urheberrechtsverletzung** ausreicht. Zu der im Verkehr erforderlichen Sorgfalt gehört es, bei der Nutzung fremder Werke in Zweifelsfällen Rechtsrat einzuholen.[61] Bestehen bei einer zweifelhaften Rechtslage Anhaltspunkte dafür, dass der Verletzer mit einer für ihn ungünstigen Entscheidung rechnen muss, handelt er fahrlässig, weil er sich erkennbar im Grenzbereich des rechtlich Zulässigen bewegt.[62]

Für die **Berechnung des Schadens** stehen drei Methoden zur Verfügung. Der Verletzte hat Anspruch auf Ersatz des konkreten Schadens nach §§ 249 ff. BGB einschließlich des entgangenen Gewinns. Statt des konkreten, selten nachweisbaren Schadens kann bei der Schadensberechnung auch der Betrag angesetzt werden, den der Verletzter als angemessene Vergütung hätte entrichten müssen, wenn er die Erlaubnis zur Nutzung des verletzten Rechts eingeholt hätte (97 II S. 3 UrhG). Da der Verletzte bei dieser Berechnungsmethode nicht den konkret erlittenen Schaden nachweisen muss, ist sie in der Praxis die am häufigsten gewählte Schadensberechnungsart. Bei der Bemessung des Schadensersatzes kann auch der Gewinn, der durch die Verletzung des Rechts erzielt wurde, berücksichtigt werden (§ 97 II S. 2 UrhG).

Zur Vorbereitung eines Schadensersatzanspruches kann der Verletzte vom Verletzer **Auskunft und Rechnungslegung** verlangen, wobei die Einschränkungen des § 101 UrhG zu beachten sind (z. B. Urheberrechtsverletzung im gewerblichen Ausmaß). Zudem hat der BGH unter Bezugnahme auf § 101 II, IX UrhG entschieden, dass einem Rechteinhaber bei illegalem Filesharing auch dann ein Auskunftsanspruch gegen den Provider zustehe, wenn der Schädiger selbst nicht "in gewerblichem Ausmaß" gehandelt hat. [63]

Der in § 97 II S. 4 UrhG geregelte **Schmerzensgeldanspruch** für Urheber, Verfasser wissenschaftlicher Ausgaben (§ 70), Lichtbildner (§ 72) und ausübende Künstler (§ 73) schützt nicht wirtschaftliche Interessen, sondern betrifft die Verletzung immaterieller Interessen. Der wesentliche Anwendungsbereich ist deshalb das Urheberpersönlichkeitsrecht in den §§ 12–14 UrhG, das Zugangsrecht zu Werkstücken (§ 25 UrhG) und das Rückrufsrecht wegen gewandelter Überzeugung (§ 42 UrhG).

---

[61] OLG Köln, ZUM 2009, 961f.

[62] BGH, GRUR 2010, 623. Fromm et al., Kommentar zum Urheberrechtsgesetz, 11. Aufl. 2014, § 97 Rn. 65.

[63] BGH, Beschluss vom 19.04.2012, Az. I ZB 80/11.

### 5.6.2.2 Straf- und ordnungsrechtliche Folgen (§§ 106–111 a UrhG)

Die einschlägigen Straftatbestände sind in den §§ 106–108b UrhG geregelt.

Für alle Straftatbestände gilt das **Analogieverbot** (Art. 103 II GG, § 1 StGB). Danach kann eine Tat nur bestraft werden, wenn die Strafbarkeit gesetzlich bestimmt war, bevor die Tat begangen wurde. Dies war gerade im Blick auf die Anwendung der genannten Strafvorschriften auf das Internet in der Vergangenheit von Bedeutung, da es vielfach an ausdrücklichen gesetzlichen Regelungen fehlte und Internettatbestände durch Rechtsfortbildung entwickelt wurden.

Die für das Urheberstrafrecht **zentrale Vorschrift des § 106 UrhG** betrifft die unerlaubte Verwertung urheberrechtlich geschützter Werke. Danach wird mit Freiheitsstrafe bis zu 3 Jahren oder mit Geldstrafe bestraft, wer in anderen als den gesetzlich zugelassenen Fällen ohne Einwilligung des Berechtigten ein Werk vervielfältigt (§ 16 UrhG), verbreitet (§ 17 UrhG) oder öffentlich wiedergibt (§§ 15 II, 19–22 UrhG). Geschützt sind die Verwertungsrechte des Urhebers oder des Inhabers eines exklusiven Nutzungsrechtes.

Unter § 106 UrhG fällt z. B. der Betreiber von Rechnern, der in frei zugänglichen FTP-Bereichen Softwareprogramme, die vom Urheber nicht ausdrücklich zur Verbreitung freigegeben worden sind (z. B. als Share- oder Freeware), also Raubkopien, zum Herunterladen bereithält.

Ebenfalls erfasst wird das so genannte **Filesharing**. Das Upload in Tauschbörsen wird als Zugänglichmachen im Sinne des § 19a UrhG und damit als ein Fall der öffentlichen Wiedergabe angesehen. Wenn keine Berechtigung und keine Einwilligung des Urhebers vorliegen, dann ergibt sich die Strafbarkeit aus § 106 I UrhG.

**Nicht erfasst** werden Verletzungen des Urheberpersönlichkeitsrechtes, wie die Entstellung eines Werkes (z. B. durch Einordnung in einen sinnentstellenden Zusammenhang) oder die Anmaßung einer Urheberschaft (z. B. durch Anbringen einer unzutreffenden Urheberbezeichnung). In gewissem Umfang sind persönlichkeitsrechtliche Interessen des Urhebers durch § 107 I Nr. 1 UrhG geschützt. Das dort geregelte unzulässige Anbringen von Urheberbezeichnungen betrifft allerdings nur den Bereich der bildenden Künste (z. B. Plastiken, Grafiken und Malerei). Außerdem erfasst er das unbefugte Anbringen der zutreffenden und nicht der unzutreffenden Urheberbezeichnungen auf dem Original des Werkes. Im Internet wird zurzeit lediglich eine Vervielfältigung des Originals möglich sein, sodass diese Vorschrift hier keine Rolle spielt.

§ 108 UrhG schützt vor dem **unerlaubten Eingriff in verwandte Schutzrechte**. Wer in anderen als den gesetzlich zugelassenen Fällen ohne Einwilligung des Inhabers von verwandten Schutzrechten z. B. ein Lichtbild (§ 72 UrhG) vervielfältigt (§ 108 I Nr. 3 UrhG) oder die Darbietung eines ausübenden Künstlers entgegen §§ 77 I, II S. 1, 78 I UrhG verwertet (§ 108 I Nr. 4 UrhG) oder eine Datenbank entgegen § 87b I UrhG verwertet (§ 108 I Nr. 8 UrhG), wird mit Freiheitsstrafe bis zu 3 Jahre oder mit Geldstrafe bestraft.

Die Vervielfältigung des Lichtbildes geschieht z. B. beim Heraufladen des Bildes; die Darbietung des ausübenden Künstlers wird entgegen § 77 I, II UrhG verwertet, wenn sie z. B. ohne seine Einwilligung auf CD aufgenommen wird; die Verwertung einer Datenbank entgegen § 87b I UrhG erfolgt, wenn ein nach Art und Umfang wesentlicher Teil der Datenbank von einem nicht Berechtigten heraufgeladen wird.

Auch für Inhaber von verwandten Schutzrechten werden persönlichkeitsrechtliche Befugnisse, wie z. B. der Schutz gegen Entstellung für ausübende Künstler nach § 75 UrhG, strafrechtlich geschützt.

Für die §§ 106–108 UrhG ist weiter zu beachten: Handelt der Täter gewerbsmäßig, so ist die Strafe Freiheitsstrafe bis zu 5 Jahren oder Geldstrafe (§ 108a UrhG); bereits der Versuch ist strafbar; nach § 109 UrhG wird die Tat regelmäßig nur auf Antrag verfolgt.

Durch die **Umsetzung der Harmonisierungsrichtlinie** wurden der Straftatbestand § 108b UrhG und der Ordnungswidrigkeitstatbestand § 111a UrhG eingeführt. Sie ermöglichen eine Sanktionierung von Verstößen gegen §§ 95a, 95b und 95d. Ziel ist es, einen angemessenen Rechtsschutz gegen die Umgehung wirksamer technischer Maßnahmen und gegen die Entfernung oder Änderung elektronischer Informationen für die Rechtewahrnehmung zu schaffen.

In der **Strafvorschrift des § 108b UrhG** werden die Umgehung von Schutzmaßnahmen und bestimmte Vorbereitungshandlungen der Umgehung, die Entfernung oder Veränderung von elektronischen Informationen sowie die Einfuhr und Verwertung von Werken, bei denen elektronische Informationen entfernt oder verändert werden, unter Strafe gestellt.

Von der Strafbarkeit ausgenommen sind diejenigen Verstöße, die ausschließlich zum eigenen Gebrauch des Handelnden oder mit ihm persönlich verbundenen Personen erfolgen bzw. sich auf einen derartigen Gebrauch beziehen (§ 108b I UrhG). Eine entsprechende Regelung findet sich in § 111a I Nr. 1a UrhG.

In § 111a I Nr. 1a und b UrhG ist für die **weniger schwerwiegenden Fälle** des bloßen Besitzes zu gewerblichen Zwecken, der Werbung und der Erbringung von Dienstleistungen sowie der – nicht gewerbsmäßigen – Verbreitung, des Verkaufs oder der Vermietung eine Regelung getroffen.

Durch die Umsetzung der Harmonisierungsrichtlinie finden das Recht der öffentlichen Zugänglichmachung in § 19a UrhG und das Recht der Wiedergabe von öffentlicher Zugänglichmachung in § 22 UrhG (siehe dazu Abschn. 5.2.2.2) ihren ausdrücklichen Niederschlag im Gesetz. Diese Rechte fallen nach § 15 II UrhG unter die „öffentliche Wiedergabe" und sind somit über § 106 I UrhG, der den Begriff der öffentlichen Wiedergabe benutzt, strafrechtlich sanktioniert.


### 5.6.3  Außergerichtliche und gerichtliche Rechtsverfolgung

Durch das Gesetz gegen unseriöse Geschäftspraktiken vom 01. Oktober 2013 wurde zum einen der § 97a UrhG eingefügt. Dieser regelt Einzelheiten zu Abmahnungen bei Urheberrechtsverstößen als Instrument der außergerichtlichen Rechtsverfolgung. Zum anderen regelt § 104a UrhG den örtlichen Gerichtsstand bei privaten Urheberrechtsverletzungen, womit die Frage nach dem „Fliegenden Gerichtsstand" geklärt ist.

### 5.6.3.1 Abmahnungen

Die Regelung des Gesetzes gegen unseriöse Geschäftspraktiken vom 01. Oktober 2013 statuiert eine Obliegenheit zur Abmahnung (vor gerichtlicher Inanspruchnahme) und beinhaltet u. a. einer „Deckelung" des Anspruchs auf Erstattung der anwaltlichen Vergütung für Abmahnungen, soweit diese Beschränkungen im Einzelfall nicht unbillig sind. Zudem konkretisiert die Regelung **Mindestwirksamkeitsanforderungen** an Abmahnungen. Die Regelung dient in erster Linie dem Schutz des Abgemahnten.[64]

Eine **Abmahnung** (umgangssprachlich auch Abmahnschreiben) ist die formale Aufforderung einer Person an eine andere Person, eine bestimmte Handlung oder ein bestimmtes Verhalten zu unterlassen.[65] Die Abmahnung ist häufig einer Unterlassungsklage vorgeschaltet, durch die die Unterlassung einer bestimmten Handlung gerichtlich durchgesetzt wird. Der Empfänger einer Abmahnung hat die Gelegenheit, durch Abgabe einer strafbewehrten Unterlassungserklärung die Grundlage für eine Unterlassungsklage zu beseitigen und damit ein Gerichtsverfahren zu vermeiden.

Stellt also z. B. der Urheber eines Werkes fest, dass sein Werk von Dritten urheberrechtswidrig verwendet bzw. verwertet wird (z. B. indem ein Nutzer eine Musikdatei von einer illegalen Tauschbörse herunterlädt), kann er den betreffenden Nutzer abmahnen lassen. Einzelheiten zu Form und Inhalt einer derartigen Abmahnung ergeben sich insbesondere, wie oben erwähnt, aus § 97a UrhG.

Der Abgemahnte kann nun prüfen, ob aus seiner Sicht ein ihm zurechenbarer (urheberrechtlicher) Verstoß vorliegt bzw. droht, der die Rechte des Abmahnenden verletzt und eine Wiederholungsgefahr in sich trägt (regelmäßig indiziert).

Gibt der Abgemahnte daraufhin die **strafbewehrte Unterlassungserklärung** ab, so beseitigt er hiermit die Wiederholungsgefahr. Der Abmahnende kann nun regelmäßig nicht mehr die gerichtliche Unterlassung der jeweils abgemahnten Handlung durchsetzen.

Allerdings hat sich der Abgemahnte mit der Abgabe der Unterlassungserklärung verpflichtet, die jeweilige Handlung nicht mehr vorzunehmen (also insbesondere das konkrete Werk nicht mehr in der Tauschbörse zum Download anzubieten). Diese Verpflichtung ist strafbewehrt, d. h. bei Verletzung der Verpflichtung fällt die in der Unterlassungserklärung geregelte Vertragsstrafe an.

**Verweigert der Nutzer die Abgabe der Unterlassungserklärung**, kann der Abmahnende die Unterlassung gerichtlich durchsetzen. Im Gerichtsverfahren wird dann insbesondere geprüft, ob der Unterlassungsanspruch und damit die Verletzung der geltend gemachten (urheberrechtlichen) Rechte vorliegt.

### 5.6.3.2 Fliegender Gerichtsstand

**Vor in Kraft treten des Gesetzes** gegen unseriöse Geschäftspraktiken vom 01. Oktober 2013, in dem u. a. der § 104a UrhG eingeführt wurde, war insbesondere für Urheberrechtsverletzungen im Internet der sog. „Fliegenden Gerichtstand" anerkannt.

---

[64] Fromm et al., Kommentar zum Urheberrechtsgesetz, 11. Aufl. 2014, § 97a Rn. 1.

[65] Wikipedia, https://de.wikipedia.org/wiki/Abmahnung.

Dahinter verbirgt sich eine lange bestehende Rechtsprechung, wonach der Gerichtsstand unabhängig vom Wohnsitz des Beklagten oder Klägers frei wählbar ist, weil das urheberrechtlich geschützte Werk im Netz und damit „überall" abgerufen und somit auch verletzt werden kann.

Dies führte zu der Situation, dass der jeweilige Kläger sich insbesondere solche Gerichtsstandorte auswählen konnte, deren Entscheidungspraxis dem Kläger entgegen kam. Zudem ergaben sich für den Abgemahnten teilweise erhebliche Reisekosten, die die Entscheidung für oder gegen einen Rechtsstreit beeinflussen konnten.

**Nach Einführung des § 104a UrhG** gilt dies in dieser Form nicht mehr. Für Klagen wegen Urheberrechtsstreitsachen gegen eine natürliche Person, die geschützte Werke nicht für ihre gewerbliche oder selbständige berufliche Tätigkeit verwendet hat, ist nunmehr das Gericht (örtlicher Gerichtsstand) ausschließlich zuständig, in dessen Bezirk diese Person zur Zeit der Klageerhebung ihren Wohnsitz bzw. gewöhnlichen Aufenthalt hat.

Mit Einführung des § 104a UrhG hat der Gesetzgeber damit den fliegenden Gerichtsstand weitestgehend, nämlich für nicht nachweislich gewerblich oder selbstständig beruflich Handelnde mit Wohnsitz oder gewöhnlichem Aufenthalt in Deutschland, abgeschafft.[66]

---

[66] Wandtke et al., Praxiskomentar zum Urheberrecht, 4. Aufl. 2014, § 104a Rn. 2.

Die A-GmbH möchte **im Ausgangsfall** ihr Internet-Angebot „erweitern", indem sie über Links in Form des Framing/Inline-Framing/Inline-Linking Inhalte des bereits seit langem auf dem gleichen Geschäftsfeld erfolgreich tätigen Konkurrenten K auf ihren Web-Seiten anbietet. Zumindest möchte die A-GmbH einen „einfachen" Link auf die Web-Seiten des Konkurrenten K in der Form erstellen, dass sie dessen Namen unterstreicht und dahinter einen Link legt, sodass man durch Anklicken des Wortes auf die Web-Seiten des K kommt.

Außerdem überlegt die A-GmbH, ob sie bei der Eingabe von Suchbegriffen für die Suchmaschinen (so genannte Meta-Tags) neben vielen anderen Begriffen auch den Markennamen des K eingibt. Der Markenname soll weder im Domain-Namen der A-GmbH noch auf ihren sichtbaren Web-Seiten mit Ausnahme des genannten „einfachen" Links zu finden sein.

Die A-GmbH hat weiterhin vor, Reise- und Hotelqualitätsberichte von den von ihr angebotenen Reisen und Hotels in den redaktionellen Teil ihrer digitalen Zeitung mit aufzunehmen.

Schließlich entwickelt die A-GmbH ein Hilfsprogramm, das zu der bestehenden Software des Konkurrenten K passt und als Zubehör zu dieser Software dienen soll.

Der Geschäftsführer G der A-GmbH möchte wissen, wie die geschilderten Vorgehensweisen unter wettbewerbsrechtlichen Gesichtspunkten zu beurteilen sind.

Das für Internet und E-Commerce relevante Wettbewerbsrecht ist im Gesetz gegen den Unlauteren Wettbewerb (UWG) geregelt. Nach modernem Verständnis kodifiziert das UWG Marktverhaltensrecht, gibt also die Spielregeln für die Akteure auf dem Markt vor. Für Internet und E-Commerce sind davon insbesondere die §§3 und 5 UWG von Bedeutung.

© Springer-Verlag Berlin Heidelberg 2016       181
B. Eichhorn et al., *Internetrecht im E-Commerce*, Xpert.press,
DOI 10.1007/978-3-662-45308-7_6

## 6.1    Unlautere geschäftliche Handlungen

Die **Generalklausel** des § 3 UWG enthält nach der UWG-Novelle 2008 jetzt drei Verbotsregelungen, nämlich die allgemeine Generalklausel in § 3 I UWG, die Verbraucher-Generalklausel des § 3 II und die diesbezüglich vorgehende Spezialregelung in § 3 III UWG.

Die Generalklauseln verbieten über die Beispielfälle des § 4 Nr. 1–11 UWG und die Spezialtatbestände der §§ 5–7 UWG hinaus generell jedes unlautere wettbewerbliche Verhalten.[1] Für die Beurteilung, ob eine Handlung unlauter ist, kann neben der Aufzählung in § 4 UWG z. B. auch die Regelung in § 5 UWG herangezogen werden. Danach handelt unlauter, wer eine irreführende geschäftliche Handlung vornimmt. Dies ist der Fall bei unwahren Angaben oder sonstigen zur Täuschung geeigneten Angaben über die in § 5 UWG genannten Umstände.

Zusätzlich zu den in § 4 UWG genannten Beispielen für unlautere geschäftliche Handlungen hat die Rechtsprechung verschiedene Fallgruppen herausgebildet. Zu den in § 4 UWG genannten und nachfolgend unter 6.1.2 erläuterten Fallgruppen zählen u. a.

- unangemessene Beeinflussung,
- Behinderung,
- Ausbeutung,
- Rechtsbruch und
- Marktstörung.

**Vorschau**   In diesem Kapitel werden zunächst die allgemeinen Tatbestandsvoraussetzungen des § 3 UWG erläutert (6.1.1 bis 6.1.1.3).Sodann erfolgt eine Erläuterung der Fallgruppen des § 4 UWG, mit Ausnahme der „Marktstörung". Zu den Fallgruppen sind wiederum zahlreiche Untergruppen anerkannt.

### 6.1.1    Allgemeine Voraussetzungen des § 3 I UWG

Die Voraussetzungen für ein Verstoß nach § 3 I UWG sind:

- Geschäftliche Handlung,
- Unlauterkeit,
- Geeignetheit, Interessen von Marktteilnehmern spürbar zu beeinträchtigen.

---

[1] Ohly et al., UWG Kommentar, 6. Aufl. 2014, § 4 Rn. 1/54.

### 6.1.1.1 Geschäftliche Handlung

Mit dem Tatbestandsmerkmal bestimmt das UWG den objektiven Anwendungsbereich des Wettbewerbsrechts und beschränkt ihn auf Handlungen im wirtschaftlichen bzw. geschäftlichen Bereich. geschäftliche Handlung ist grundsätzlich alles, was mit der Erwerbstätigkeit oder der Berufsausübung eines Einzelnen zusammenhängt. Erfasst sind alle (unternehmerischen) Maßnahmen, die auf die Förderung eines beliebigen – auch fremden – Geschäftszwecks gerichtet sind, d. h. jede selbstständige, der **Verfolgung eines wirtschaftlichen Geschäftszwecks dienende Maßnahme**, mit der ein marktgerichtetes Tätigwerden irgendwie zum Ausdruck gelangt.[2] Geschäftliche Handlungen sind somit abzugrenzen vom rein privaten Bereich,[3] rein hoheitlichen Bereich[4] oder dem Handeln von Organisationen, die keine Unternehmenseigenschaften besitzen.[5]

Das Wettbewerbsrecht erfasst nicht nur Kaufleute, sondern auch Künstler, Wissenschaftler und Angehörige der freien Berufe, wie Ärzte und Rechtsanwälte.

Das Tatbestandsmerkmal „geschäftliches Handeln" wird insgesamt **weit ausgelegt**.

Die Anwendung des Merkmals „geschäftliches Handeln" lässt sich ohne Schwierigkeiten **auf das Internet übertragen**. Dies gilt sowohl für Handlungen, bei denen lediglich bereits bestehende geschäftliche Aktivitäten in das Internet verlagert werden, als auch für internetspezifische Tätigkeiten.

Eine **Verlagerung** von geschäftlichen Aktivitäten liegt vor, wenn z. B. ein Rechtsanwalt seine Selbstdarstellung auf einer Homepage im Internet vornimmt oder eine Firma auf ihrer Homepage für ihre Produkte wirbt.

Da in beiden Fällen durch die Homepage ein Geschäftszweck gefördert wird, liegt ein geschäftliches Handeln vor. Das Verhalten unterscheidet sich rechtlich also nicht von der sonstigen Selbstdarstellung, z. B. eines Anwaltes in Form eines Praxisschildes mit Angaben der Tätigkeitsschwerpunkte oder bei einer Firma durch Produktwerbung in Form der sonst üblichen Zeitungsbeilage.

**Internetspezifischen Handlungen** betreffen z. B. den Service-Provider, der dem Rechtsanwalt oder dem Unternehmen den Speicherplatz für die Homepage zur Verfügung stellt und die gelieferten Informationen zum Abruf bereithält. Dasselbe gilt für den Access-Provider, der den Nutzern den Zugang zu den gelieferten Informationen vermittelt.

Die Tätigkeit der Provider ist ein Handeln im geschäftlichen Verkehr, worunter sämtliche technische Ausführungshandlungen gegenüber den angeschlossenen Internet-Nutzern fallen.

---

[2] Ebd., UWG, Aufl., 2014, § 2 Rn. 8.

[3] Z. B. behauptet B in der Kneipe, dass der Wagen X bei schlechtem Wetter sicherer ist als der Wagen Y; behauptet dies hingegen der Autohersteller des X, dann geschieht dies im geschäftlichen Verkehr. Handelt ein Verbraucher im Eigeninteresse, liegt ebenfalls keine geschäftliche Handlung vor (z. B. Privatkäufe /-verkäufe auf Ebay; vgl. Köhler/Bornkamm, UWG Kommentar 2014, § 2, Rn. 18).

[4] Z. B. behauptet die Stadt A, sie habe bessere öffentliche Freizeitanlagen als die Stadt B.

[5] Z. B. Idealvereine, Stiftungen oder religiöse Körperschaften; (vgl. Köhler/Bornkamm, UWG Kommentar, 2014 § 2, Rn. 18).

Wettbewerbsrechtlich irrelevant ist aber z. B. die private E-Mail-Kommunikation, da sie nicht in den wirtschaftlichen Bereich fällt.

### 6.1.1.2 Unlauterkeit

Der unbestimmte Rechtsbegriff „Unlauterkeit" wurde durch den Gesetzgeber nur insofern konkretisiert, als alle Handlungen erfasst sein sollen, die den anständigen Gepflogenheiten in Handel, Gewerbe, Handwerk oder selbständiger beruflicher Tätigkeit zuwiderlaufen.[6] Die Rechtsprechung hat zur Konkretisierung des Begriffs Fallgruppen gebildet, die unter Abschn. 6.1.2 näher erläutert werden.

### 6.1.1.3 Geeignetheit, die Interessen von Marktteilnehmern spürbar zu beeinträchtigen

Die unlautere geschäftliche Handlung muss nunmehr – im Gegensatz zur früher geltenden Regelung – nicht mehr auf eine Beeinträchtigung des Wettbewerbs zum Nachteil von Marktteilnehmern abzielen sondern auf eine Beeinträchtigung ihrer **Interessen**.[7]

Durch das Tatbestandsmerkmal der **Geeignetheit** wurde zudem klargestellt, dass es auf eine tatsächliche, effektive Beeinträchtigung nicht ankommt. Allerdings können nur konkrete Umstände die Eignung belegen.[8]

Über das Merkmal der **Spürbarkeit** wurde eine Bagatellklausel in die gesetzliche Regelung aufgenommen, womit Handlungen ausgenommen werden sollen, die sich praktisch nicht auswirken. Als Kriterien kommen die Anzahl der nachteilig berührten Marktteilnehmer in Betracht, die Größe des erzielten Wettbewerbsvorteils, die Marktstärke eines Unternehmens oder die Häufigkeit und Dauer einer Handlung.[9]

Subjektiv besteht kein Erfordernis der Kenntnis von Tatumständen. Abzustellen ist auf objektive Umstände.

**Für das Internet** dürften sich hinsichtlich dieser Tatbestandsmerkmale keine Anwendungsprobleme ergeben, zumal die Generalklausel weit auszulegenden ist.

Wenn das herkömmliche Verhalten des Wettbewerbers lediglich auf das neue Medium Internet verlagert wird, z. B. durch Werbung eines Unternehmens auf einer Homepage, dann können die Tatbestandsmerkmale der Generalklausel ohne weiteres tangiert sein.

Für **internetspezifische Aktivitäten**, d. h. Handlungen, bei denen das Internet selbst der Geschäftsgegenstand ist (z. B. Abschluss von Verträgen zur Netznutzung mit Cloud-, Access-, Service-, Content-Providern und Nutzern) oder sonstigen Aktivitäten im Netz (z. B. Tätigkeit des Moderators von Communities, Blogs, Chatlines oder Newsgroups[10]), ist zwischen allen Teilnehmern auf allen Stufen ein Wettbewerbsverhältnis möglich.

---

[6] BT-Drucksache 15/1487.

[7] Ohly et al., UWG, 6. Aufl., 2014, § 3 Rn. 45.

[8] BGH, GRUR 2005, 443f.

[9] Ohly et al., UWG, 6. Aufl., 2014, § 3 Rn. 57.

[10] Wenn ein Moderator im Zusammenhang mit einem Geschäftsbetrieb Schmähreden („Flames") verbreitet, so können diese u. U. eine wettbewerbswidrige Belästigung des Kunden darstellen.

### 6.1.1.4 Verhältnis zu § 3 II UWG

Das Verhältnis zwischen der Regelung in § 3 II UWG – die eine eigenständige Konkretisierung für unlautere geschäftliche Handlungen gegenüber Verbrauchern vorsieht – und der Generalklausel in § 3 I UWG ist durch Rechtsprechung und Literatur noch **nicht eindeutig geklärt**. Das in § 3 II geregelte Tatbestandsmerkmal der beruflichen bzw. fachlichen Sorgfalt dürfte aber zumindest mit dem Unlauterkeitsbegriff des § 3 I UWG deckungsgleich sein.[11]

§ 3 III UWG verweist auf einen Anhang zum Gesetz mit einer Liste von geschäftlichen Handlungen gegenüber Verbrauchern, die ohne Rücksicht auf die nach der lauterkeitsrechtlichen Generalklausel sonst maßgeblichen Erheblichkeitsschwelle stets unzulässig sind (so genannte Blacklist, also Verbote ohne Wertungsvorbehalte).[12]

### 6.1.2   Fallgruppen unlauterer geschäftlicher Handlungen

**Vorschau:** Im Folgenden werden die Fallgruppen der früher als „Kundenfang" bezeichneten Handlungen (6.1.2.1), der Behinderung (6.1.2.2), der Ausbeutung (6.1.2.3) und des Rechtsbruches (6.1.2.4) in ihren Grundzügen dargestellt und an einigen internetrelevanten Beispielen erläutert.

### 6.1.2.1 So genannter „Kundenfang"

Die Beeinflussung des Kunden gehört zum Wesen des Wettbewerbs und ist deshalb als solche nicht wettbewerbswidrig. Erst wenn die Wettbewerbsmethoden die Entscheidungsfreiheit des Umworbenen beeinträchtigen, überschreiten sie die u. a. in den §§ 4–7 UWG manifestierten Grenzen.

Zu den wichtigsten Untergruppen zum Kundenfang zählen:

– Irreführung, § 5 UWG;
– Zwang, § 4 Nr. 2 UWG;
– Belästigung, § 7 UWG;
– Anlocken durch Werbegeschenke § 4 Nr. 1 UWG.

### Irreführung

Eine Irreführung ist gegeben, wenn die geschäftliche Handlung unwahre Angaben enthält oder sonstige zur Täuschung geeignete Angaben über die in § 5 UWG genannten Umstände enthält. Dies ist insbesondere der Fall, wenn beim Verbraucher eine falsche, der Wirklichkeit nicht entsprechende Vorstellung hervorgerufen wird. In § 5 UWG wird somit der

---

[11] Ohly et al., UWG, 6. Aufl., 2014, § 3 Rn. 65.
[12] Ebd., § 3 Rn. 99.

das gesamte Wettbewerbsrecht beherrschende **Wahrheitsgrundsatz** statuiert. Eine Aussage ist nicht nur irreführend, wenn sie objektiv falsch ist, sondern auch, wenn bei einer nicht unerheblichen Zahl der angesprochenen Verbraucher bzw. der anvisierten Verkehrkreise die objektiv zutreffende Aussage eine falsche Vorstellung hervorruft.

§ 5 UWG normiert selbst allerdings keinen Verbotstatbestand, sondern knüpft an § 3 UWG an. Irreführende geschäftliche Handlungen müssen deshalb geeignet sein, entweder die Interessen der Marktteilnehmer oder die Entscheidungsfähigkeit des Verbrauches spürbar zu beeinträchtigen.[13] Beide Bestimmungen können im Übrigen nebeneinander Anwendung finden.

**Für das Internet** ist zu befürchten, dass die Möglichkeiten der Irreführung in zweierlei Hinsicht zunehmen. Zum einen ist es dem Verbraucher nicht mehr möglich, wie bisher zumindest nach dem äußeren Anschein eines Produktes und seiner Präsentation (z. B. Möglichkeit des Anfassens, Haptik) zu urteilen. Digitale Inhalte lassen sich sehr leicht verändern. Die Flüchtigkeit des Mediums zusammen mit der leichten Manipulierbarkeit von digitalen Inhalten setzt die Schwelle zur relevanten Irreführung erheblich herunter. Zum anderen verschwimmt die rechtliche Grenzziehung zwischen realer und virtueller Welt mit der Folge, dass reale und virtuelle Inhalte nicht mehr eindeutig zu trennen sind. Neue Technologien (z. B. Google Glas und Microsoft Hololense) erweitern die Realität mit digitalen Inhalten (Augmented Reality). Eine neue Form der Wahrnehmung entsteht.

Um den Gefahren solcher erleichterten Irreführungsmöglichkeiten im Internet zu begegnen, legt die Rechtsprechung mit zunehmender Kommerzialisierung des Mediums – entsprechend der in der Gesetzgebung anhaltenden Tendenz der Stärkung des Verbraucherschutzes – **strenge Maßstäbe zugunsten der Verbraucher** an. Weitere Ausführungen zur Irreführung folgen unter Abschn. 6.2.2.

## Belästigung

Belästigende Handlungen dienen regelmäßig dazu, den Kunden dazu zu bringen, ein Geschäft abzuschließen, z. B. um den aufdringlichen Anbieter loszuwerden, oder die Aufmerksamkeit für die Ware zu erhöhen. Beispielhaft können hier Spam- bzw. Werbe-Mails genannt werden, wobei die Werbung neben der Übertragung per E-Mail auch über Instant-Messaging-Tools, in Chat-Foren oder über sonstige Apps an die User gerichtet werden kann. In gewissem Maße sind sie zulässig, da sie eine Ausprägung der Werbung darstellen können. Allerdings muss im Einzelfall geprüft werden, ob das Vorgehen des Werbers zulässig ist.

**In Bezug auf das Internet** ist die unzumutbare Belästigung durch unaufgeforderte Zusendung werbender E-Mails von besonderer Bedeutung. Sie ist insbesondere in § 7 II Nr. 3, 4, III UWG geregelt.

Das massenhafte Versenden von Werbe-E-Mails, das so genannte **Spamming**, kann zu erheblichen Beeinträchtigungen führen: Beim Provider werden die Mail-Server-Kapazitäten überlastet und der Nutzer muss mit erheblichem Aufwand seine E-Mail-Box

---

[13] Ohly et al., UWG, 6. Aufl., 2014, § 5 Rn. 10.

von unerwünschter Werbung befreien. Die Schutzmöglichkeiten hiergegen (z.B. Filterprogramme, schwarze Listen und die Freitag-Liste[14]) helfen nur begrenzt weiter, weil es zahlreiche Umgehungsmöglichkeiten gibt. Bei Freeconomics-Angeboten, (z.B. webbasierte E-Mail-Programmen) werden die für den Nutzer kostenlosen Anwendungen durch Werbung finanziert. Sofern der User bereit ist, die Anwendung oder App zu kaufen oder zu mieten, wird keine Werbung mehr angezeigt (z.B. WhatsApp).

Unabhängig von dem Inhalt und der Art der Werbung untersagt § 7 II UWG die Werbung unter Verwendung mit E-Mail oder Faxgerät, wenn nicht vorab die **ausdrückliche Einwilligung** des Adressaten vorliegt.

Die in § 7 III UWG geregelten Ausnahmen von diesem Grundsatz beziehen sich lediglich auf Unternehmen als Adressaten der Werbung. Danach ist Werbung per Fax oder E-Mail auch ohne Einwilligung des unternehmerischen Adressaten unter den dort genannten Voraussetzungen zulässig.

Erforderlich dafür ist, dass ein Unternehmer im Zusammenhang mit dem Verkauf einer Ware oder Dienstleistung von dem Kunden dessen elektronische Postadresse erhalten hat, der Unternehmer die Adresse zur Direktwerbung für eigene ähnliche Waren oder Dienstleistungen verwendet, der Kunde der Verwendung nicht widersprochen hat und bei Erhebung der Adresse und bei jeder Verwendung klar und deutlich darauf hingewiesen wird, dass der Kunde der Verwendung jederzeit widersprechen kann, ohne dass hierfür andere als die Übermittlungskosten nach den Basistarifen entstehen.

Neben der gesetzlichen Regelung in § 7 UWG ergibt sich eine weitere Stärkung des Rechtsschutzes aus § 16 I TMG. Danach stellt die **Verschleierung** der klaren Absendererkennung und der klaren Werbekennzeichnung bei Werbe-E-Mails einen Ordnungswidrigkeitstatbestand dar, der mit einer Geldbuße geahndet werden kann.

### Anlocken durch Werbegeschenk

Das Anlocken eines Kunden ist im Grundsatz nicht wettbewerbswidrig, denn es gehört zum Wesen der Werbung, Kunden anzulocken.

Ein solches Verhalten stellt erst dann einen Verstoß insbesondere gegen § 4 Nr. 1 UWG dar, wenn die Wettbewerbshandlung darauf abzielt, die Entschließungsfreiheit des Kunden durch sachfremde Erwägung zu beeinflussen.

Hier öffnet sich das weite Feld der **Wertreklame**, worunter eine mit Sachwerten verbundene Werbung zu verstehen ist.

Zu dieser Wertreklame gehört auch die **Warenprobe**, das heißt die unentgeltliche Zurverfügungstellung von Waren oder Dienstleistungen zum Zwecke der Erprobung (z.B. ein Probeabonnement einer Wochenzeitschrift).[15]

---

[14] Die Freitag-Liste dient in erster Linie Internet-Nutzern zum Schutz vor einer übergroßen Flut von Werbe-Mails. Durch Eintrag auf die Freitag-Liste erklären die Nutzer, dass sie keine Werbe-Mails zugesendet bekommen möchten.

[15] Ohly et al., UWG § 4 Rn. 1/63.

Der Kunde erhält ein solches Abonnement also nicht nur als Zugabe zu einer Hauptleistung, sondern auch zu Erprobungszwecken. Eine derartige Handlung liegt grundsätzlich im berechtigten Interesse des Werbenden; Auch entspricht es den Prinzipien des Leistungswettbewerbs, sodass ein solches Vorgehen grundsätzlich nicht unlauter ist.

Die Unlauterkeit bemisst sich vielmehr insbesondere danach, ob die Werbung bei einem verständigen Durchschnittsverbraucher die Rationalität seiner Entschließung vollständig in den Hintergrund treten lässt oder ob sie dessen Entscheidungsfreiheit erheblich beeinträchtigt.[16] Allerdings hat sich der diesbezügliche Bewertungsrahmen der Rechtsprechung mit den Jahren verschoben:

Früher wurde das **Verschenken von Originalware** lauterkeitsrechtlich als problematisch angesehen, wenn die Abgabe von Ware zu Probezwecken zur Bedarfsdeckung mutiert oder nur vorgeschoben wird (z. B. bei der Verteilung großer, für den Erprobungszweck nicht erforderlicher Mengen oder bei der Abgabe an Personenkreise in einem für den Testzweck nicht gebotenen Umfang[17]).

Diese Grundsätze sind angesichts des modernen Verbraucherleitbildes und nach Aufhebung von ZugabeVO und RabattG jedoch teilweise revidiert worden, so dass in Umkehrung des früheren Regel-Ausnahme-Verhältnisses nunmehr von der grundsätzlichen **Zulässigkeit von Zugaben** auszugehen ist.[18]

**Im Internet** entspricht diese Art der Werbung einer kostenlosen Zugangsberechtigung zum Ausprobieren verschiedener Dienste des Providers. Wenn der Provider dem Kunden diese Möglichkeit anbietet, muss er darauf achten, dass die kostenlose Leistungserbringung dem Probezweck dient und in einem angemessenen Verhältnis zum zukünftigen Vertragsumfang steht. Ansonsten könnte sein Verhalten als Ablenkung vom eigentlichen Angebot gewertet werden, das den Kunden aus sachfremden Erwägungen zu einer Entscheidung „drängt" und somit wettbewerbswidrig sein könnte. Problematisch kann daher z. B. das Verschenken von Originalware (z. B. eines Web-Browsers) in einem ersten Schritt sein, dem ein zweiter, entgeltlicher, in Form von Komplementärleistungen (z. B. Upgrades oder leistungsfähigere Programme) folgt.

### 6.1.2.2 Behinderung

Die Fallgruppe der Behinderung – § 4 Nr. 7, 8, 10 UWG – richtet sich in erster Linie gegen die Interessen des Mitbewerbers. Das Wettbewerbsrecht geht zwar vom freien Leistungswettbewerb aus, weswegen der Einsatz der besseren Leistung grundsätzlich als wettbewerbsgemäß anzusehen ist, auch wenn er zur Behinderung oder sogar zur Verdrängung des Wettbewerbers führt. Eine wettbewerbswidrige Behinderung liegt aber vor, wenn der **Wettbewerber nicht durch Leistung, sondern durch andere Mittel** die Konkurrenz aussticht.

---

[16] Ebd., UWG § 4 Rn. 1/54.

[17] Ebd., UWG § 4 Rn. 1/54ff.

[18] Götting/Nordemann, UWG Kommentar, 2. Aufl., 2013, § 4 Rn. 1.38; Ohly et al., UWG, § 4 Rn. 1/62.

Dies ist zum einen dann der Fall, wenn eine Maßnahme (subjektiv) in erster Linie den Zweck verfolgt, den Mitbewerbern im Rahmen des Leistungswettbewerbs einen Schaden zuzufügen.[19]

Eine wettbewerbswidrige Behinderung kann zum anderen dann vorliegen, wenn der an sich lautere Leistungswettbewerb aufgrund der konkreten (objektiven) Umstände die ernstliche Gefahr begründet, dass er in Bezug auf die fragliche Warenart in nicht unerheblichem Umfang ausgeschaltet wird.[20] Als Untergruppen insofern bedeutsam sind die Absatzbehinderung und die Werbebehinderung.

## Absatzbehinderung

Die Absatzbehinderung ist eine typische Fallgestaltung des Behinderungswettbewerbs. Das Eindringen in einen fremden Kundenkreis und das „**Ausspannen von Kunden**" ist als Wesenszug des Wettbewerbs grundsätzlich zulässig, solange keine die Unlauterkeit begründenden Umstände hinzutreten.[21] Soweit auf Kunden, die einem Mitbewerber bereits zugerechnet werden können, unangemessen eingewirkt wird, um sie zu gewinnen, liegt hierin eine unlautere Behinderung.[22]

Kein unlauteres Abfangen von Kunden stellt es beispielsweise dar, wenn ein Unternehmen mit **Ad-Word-Anzeigen** (z. B. Google Ad-Words) in Internet-Suchmaschinen wirbt und als Schlüsselwort (keyword) ein fremdes Kennzeichen benutzt, sofern die Werbung erkennbar von den Trefferanzeigen abgegrenzt ist.[23] Allerdings sind im Einzelfall jeweils etwaige Kennzeichenrechtsverletzungen zu prüfen.

Unlauter ist es aber zum Beispiel, mittels einer so genannten „**Tippfehler-Domain**" Kunden, die eine bestimmte Internetadresse in das Adressfeld eines Internetbrowsers eingeben, durch das Ausnutzen typischer und deshalb vorhersehbarer Versehen bei der Adresseingabe auf das eigene Angebot zu leiten.[24] Ausnahmen können allerdings bestehen, wenn der Nutzer auf der aufgerufenen Internetseite sogleich und unübersehbar darauf hingewiesen wird, dass er sich nicht auf der eigentlich gesuchten Internetseite befindet.[25]

## Werbebehinderung

Eine unlautere Werbebehinderung kann insbesondere durch Beeinträchtigung, durch Nachahmen oder Ausnutzen fremder Werbung sowie durch Gegenwerbung erfolgen. Hierzu zählt unter anderem die gezielte Ausschaltung fremder Werbung, z. B. durch Abreißen und Überkleben des Plakates eines Mitbewerbers.

---

[19] Grundlegend RGZ 134, 342 (350 ff.) – Benzinkampf.

[20] BGHZ 43, 278 (285) – Cleanex.

[21] Köhler/Bornkamm, UWG Kommentar, 33. Aufl. 2015, § 4 Rn. 10.24; BGHZ 110, 156 ff.

[22] BGH, GRUR 2009, 500.

[23] BGH, WRP 2011, 1160 – Bananabay II.

[24] BGH, WRP 2014, 424 Rn. 34 ff. – wetteronline.de; Köhler/Bornkamm, UWG Kommentar, 33. Aufl., 2015, § 4 Rn. 10.27.

[25] Köhler/Bornkamm, UWG Kommentar, 33. Aufl. 2015, § 4 Rn. 10.24.

**Im Internet** kann eine unzulässige Werbebehinderung z. B. dann angenommen werden, wenn der Zugang zu einer Webseite eines Mitbewerbers vereitelt oder erschwert (z. B. verzögert) wird.[26]

Dagegen ist das Anbieten von **Webwasher-Programmen** (Programme, die es dem Internet-Nutzer ermöglichen, sich Pop-Up Werbung zu entziehen) keine unzulässige Werbebehinderung, da der Nutzer über den Einsatz dieser Programme letztlich frei entscheiden kann.[27]

Entsprechendes gilt für den Einsatz von **Werbeblockern** (die z. B. bei Erscheinen von Fernsehwerbung auf einen anderen Sender umschalten[28] bzw. die auf Webseiten angezeigte Werbung ausblenden).

### 6.1.2.3 Ausbeutung

In der Fallgruppe der Ausbeutung – § 4 Nr. 9 UWG – richtet sich die unlautere Handlung in erster Linie gegen die Mitwettbewerber und nutzt die Leistung eines Konkurrenten für eigene Zwecke unlauter aus.

Zwei Arten der Ausnutzung fremder Waren oder Dienstleistung werden unterschieden: die Nachahmung und die unmittelbare Leistungsübernahme. Beide unterscheiden sich in der Methode, wie die fremde Leistung vom Wettbewerber benutzt wird.

Durch eine **unmittelbare Leistungsübernahme** wird das fremde Leistungsergebnis ohne ins Gewicht fallende zusätzliche eigene Leistung mühelos ausgebeutet, und zwar meistens durch einfache technische Vervielfältigungsverfahren.

Für die **Nachahmung** wird eine hersteller- und eine produktbezogene Komponente vorausgesetzt: Soweit dem Hersteller das Original zum Herstellungszeitpunkt bekannt war, muss das Produkt mit dem Originalprodukt übereinstimmen oder zumindest eine Ähnlichkeit aufweisen, die eine Wiedererkennung ermöglicht.[29]

Bevor jedoch die Grenzziehung zwischen lauterer zu unlauterer Ausnutzung fremder Leistungen näher erläutert werden kann, bedarf es einiger grundlegender Überlegungen zu der hier in Rede stehenden **Ausnutzung fremder Leistungen.**

Grundsätzlich steht es jedem Menschen frei, Leistungen, die ein anderer vor ihm erbracht hat, für seine eigene gewerbliche Tätigkeit auszunutzen. Es gehört zu den Grundlagen unserer Gesellschaftsordnung, dass der Lernende versucht, für sein eigenes Fortkommen die Leistungen des Lehrenden nachzuahmen, so wie sich z. B. der Ingenieur für seine eigene Leistung nach dem Stand der Technik richtet. Ideen und Leistungen sind deshalb grundsätzlich gemeinfrei.

Es kann aber dennoch im Interesse der Gesellschaft liegen, bestimmte Leistungen zu schützen, weil ansonsten für den Einzelnen der Anreiz entfällt, solche Leistungen zu erbringen, und dadurch menschlicher und gesellschaftlicher Weiterentwicklung eher Schaden zugefügt wird. Außerdem ist es möglich, dass durch die Leistung eine besonders

---

[26] Ebd., § 4 Rn. 10.73.

[27] Ebd., a. a. O.

[28] BGH, GRUR 2004, 877 f. – Werbeblocker.

[29] Köhler/Bornkamm, UWG Kommentar, 33. Aufl. 2015, § 4 Rn. 9.34.

schützenswerte Beziehung des Schaffenden zu seinem Leistungsergebnis entsteht, wie z. B. im künstlerischen Bereich bei der Beziehung des Autors zu seinem Bühnenstück. Schließlich besteht in einem Gemeinwesen auch das Bedürfnis, gewisse Waren oder Dienstleistungen – um einen geordneten Rechts- und Geschäftsverkehr zu ermöglichen – auf bestimmte Weise eindeutig zu kennzeichnen (z. B. durch eine Marke nach dem Markengesetz).

Aus diesem Grunde wird das Prinzip der Gemeinfreiheit von Leistungen vom Gesetzgeber durch **Sondergesetze zum Schutz von Leistungen** eingeschränkt, die so genannte Schutzrechte gewähren können.

Diese Sondergesetze beabsichtigen unter anderem um den Schutz von:

- Erfindungen, die neu sind, auf einer erfinderischen Tätigkeit (bei Patenten[30]) bzw. auf einem erfinderischen Schritt (bei Gebrauchsmustern) beruhen und gewerblich anwendbar sind (Patentgesetz zum Patent und Gebrauchsmustergesetz zum Gebrauchsmuster),
- gewerblichen Mustern oder Modellen (Designgesetz),
- Schriftzeichen, die neu und typografisch eigenartig sind[31] (Designgesetz),
- Werken der Literatur, Wissenschaft und Kunst (Urheberrechtsgesetz),[32]
- Kennzeichen, wie z. B. Marken, geschäftliche Bezeichnungen und Titel (Markengesetz).

In den genannten sondergesetzlichen Fällen ist die (neue oder schöpferische) Leistung geschützt und darf folglich nicht nachgeahmt werden. Ohne das Vorliegen dieses Sonderrechtschutzes ging die Rechtsprechung früher davon aus, dass die Nachahmung in solchen Fällen grundsätzlich erlaubt sei, das heißt, sie sollte nicht unlauter im Sinne der Wettbewerbsrecht sein, es sei denn, besondere, über die bloße Nachahmung hinausgehende Umstände begründen die Unlauterkeit.[33]

Diese so genannte Vorrangthese, wonach der Sonderrechtsschutz grundsätzlich **Vorrang vor dem ergänzenden wettbewerbsrechtlichen Leistungsschutz** hat, wurde zwischenzeitlich immer mehr eingeschränkt und ist insbesondere nicht mehr anwendbar für das Markenrecht, das Urheberrecht und den Designschutz.[34] Daher können – unabhängig vom Bestehen von Ansprüchen aus einem Schutzrecht – Ansprüche aus wettbewerbsrechtlichem Leistungsschutz gegeben sein, wenn besondere Begleitumstände vorliegen, die außerhalb des sondergesetzlichen Tatbestands liegen.[35]

---

[30] Der Grundsatz, dass Computerprogramme nicht patentfähig sind, gilt nicht mehr uneingeschränkt. Sie fallen zwar regelmäßig unter den Urheberrechtsschutz, doch bestehen in Deutschland und Europa insofern  zunehmend Patentierungsmöglichkeiten; vgl. Mes, Patentgesetz – Gebrauchsmustergesetz, 4. Aufl. 2015, § 1 Rn. 132 ff.

[31] Geschmacksmuster/Design für Schriftzeichen, § 61 DesignG.

[32] Im Einzelnen dazu unter Abschn. 5.

[33] Allerdings ist dieser Grundsatz der Nachahmungsfreiheit (BGH GRUR 2007, 795 f.) insbesondere in der Literatur nicht unumstritten, vgl. Köhler/Bornkamm, UWG Kommentar, 33. Aufl. 2015, § 4 Rn. 9.3.

[34] Köhler/Bornkamm, UWG Kommentar, 33. Aufl., 2015, § 4 Rn. 9.6.

[35] BGH, WRP 2013, 1189, Rn. 20.

Das UWG führt einige dieser Begleitumstände an. Darüber hinaus liegen sie insbesondere bei folgenden Fallgestaltungen vor:

## Vermeidbare Herkunftstäuschung

Eine Herkunftstäuschung im Sinne des § 4 Nr. 9 UWG liegt vor, wenn das Anbieten eines Nachahmungsprodukts zu einer vermeidbaren Täuschung der Abnehmer über die betriebliche Herkunft des Produktes führt.[36]

Maßgeblich dafür ist die **Sicht des Abnehmers**. Neben einer gewissen Bekanntheit des Originals und der Vermeidbarkeit der Täuschung ist also erforderlich, dass die angesprochenen Verkehrskreise den Eindruck gewinnen können, die Nachahmung stamme vom Hersteller des Originals oder einem verbundenen Unternehmen[37] (Verwechselungsgefahr).

**Im Internet** ist an die Nachahmung von leistungsrechtlich nicht geschützten Homepages oder Icons zu denken, die vom Konkurrenten nachgeahmt werden und dazu geeignet sind, über den betrieblichen Ursprung der Homepage oder des Icons zu täuschen.

Die erforderliche **Bekanntheit des Originals** dient zur Abgrenzung von so genannter Massen- oder Dutzendware, bei der die Herkunft nicht von Bedeutung ist. Die Bekanntheit verlangt, dass das Erzeugnis bei nicht unerheblichen Teilen der angesprochenen Verkehrskreise eine solche Bekanntheit erreicht hat, dass sich bei Nachahmungen die Gefahr der Herkunftstäuschung in relevantem Umfang ergeben kann.[38] Soweit dies der Fall ist, kann grundsätzlich jede Form der Darstellung im Internet wettbewerbsrechtlich geschützt werden.

Die vom Nachahmer verlangten **zumutbaren Vermeidungsmaßnahmen** orientieren sich – unabhängig ob im Offline-Bereich (z. B. CD) oder im Online-Bereich (Internet) – an der Bekanntheit der Leistung des Erstherstellers. Je größer die wettbewerbliche Eigenart und die Bekanntheit der Leistung sind, desto stärker muss sich die nachahmende Leistung von ihr unterscheiden. Insgesamt ist zu berücksichtigen, in welchem Bereich eine Nachahmung vorgenommen wird. In technischem Bereich hinsichtlich des Nachbaus technisch-funktionaler Elemente darf der Wettbewerber nicht auf das Risiko verwiesen werden, es mit anderen Lösungen zu versuchen, statt gemeinfreie technische Lösungen zu übernehmen.[39]

## Ausnutzung des guten Rufes

Wenn sich der Nachahmer den guten Ruf, also die Wertschätzung einer Leistung oder eines Wettbewerbers, zunutze macht und damit die Vorstellung von der Güte oder Qualität auf seine Nachahmung überträgt, liegt eine Ausnutzung der Wertschätzung oder auch Rufausnutzung vor.[40]

---

[36] Köhler/Bornkamm, UWG Kommentar, 33. Aufl. 2015, § 4 Rn. 9.41.

[37] Ebd., § 4 Rn. 9.42.

[38] BGH, GRUR 2007, 339 Rn. 39. Eine Verkehrsgeltung im Sinne des § 4 Nr. 2 MarkenG ist dagegen nicht erforderlich, vgl. Köhler/Bornkamm, UWG Kommentar, 33. Aufl. 2015, § 4 Rn. 9.41a.

[39] BGH, GRUR 2002, 86f.

[40] BGH, GRUR 2010, 1125 Rn. 42.

**Im ästhetischen Bereich** muss vom Nachahmer verlangt werden, dass er einen erkennbaren Abstand vom Originalprodukt hält. Denn hier bestehen größere Gestaltungsspielräume für den Nachahmer, sodass eine nahezu identische Nachahmung selten gerechtfertigt sein dürfte.

> Im **Ausgangsfall** ist der A-GmbH von der Verwendung der Meta-Tags abzuraten. Es würde eine unzulässige Ausbeutung des guten Rufes des Konkurrenten K vorliegen, wenn die A-GmbH als Meta-Tag dessen Marke benutzt. Es spielt insoweit keine Rolle, dass sie den Markennamen nicht auf ihrer eigenen Homepage oder im Domain-Namen verwenden würde. Entscheidend ist, dass durch die Verwendung des Markennamens die Homepage der A-GmbH häufiger in den Suchmaschinen angezeigt und folglich auch häufiger angewählt werden würde. Der Einsatz von Meta-Tags ist anders zu beurteilen als die Schaltung eines Schlüsselworts für Adwords-Anzeigen, welche unter „Absatzbehinderung" behandelt wird.[41]

## Planmäßige Nachahmung

Die besonderen Umstände, welche zur Unlauterkeit gemäß §§ 3, 4 Nr. 9 UWG führen, erfordern insbesondere nicht, dass der gute Ruf des Erstherstellers durch planmäßige Nachahmung ausgenutzt wird, zum Beispiel durch Übernahme einer ganzen Produktlinie[42] oder durch eine Täuschung der Erwerber. Ausreichend ist es, wenn es aufgrund sonstiger Umstände zu einer Rufübertragung kommt.

Unlauter kann das Nachahmen sein, bei dem der Nachahmer den vom Ersthersteller von vornherein angestrebten **Fortsetzungsbedarf** des Ausgangsproduktes ausbeutet, z. B. Klemmbausteine vertreibt, die mit „Lego" kompatibel sind.[43] Hiervon zu unterscheiden ist allerdings die Herstellung und der Vertrieb von **Ersatz- und Zubehörteilen**, die zum Produkt des Erstherstellers passen, denn es ist grundsätzlich zulässig, die Nachfrage auszunutzen, die ein Konkurrent geschaffen hat.

> Wenn die A-GmbH im **Ausgangsfall** ein Hilfsprogramm, das zur bestehenden Software des Konkurrenten K passt, entwickelt, ist anhand der konkreten Einzelfallumstände insbesondere der eigenen Leistung der A-GmbH zu ermitteln, ob es sich um einen unzulässigen Fortsetzungsbedarf zu einem bestehenden Ausgangsprodukt des K handelt oder um ein zulässiges Zubehör zum Produkt des K.[44]

---

[41] Zu solchen Fallgestaltungen vgl. BGH, WRP 2011, 1160–1164.

[42] BGHZ 5, 1 (11) – Himmelfiguren.

[43] BGH, GRUR 1964, 621 ff. – Klemmbausteine I; BGH, GRUR 1992, 619 ff. – Klemmbausteine II.

[44] Nach überwiegender Auffassung ist allerdings selbst das Ausnutzen eines Ergänzungs- oder Fortsetzungsbedarfs regelmäßig wettbewerbskonform, vgl. Ullmann, jurisPK-UWG, 3. Aufl. 2013, § 4 Nr. 9 Rn. 37.

Zu beachten ist allerdings, dass die neuere Rechtsprechung eine zeitliche Begrenzung des lauterkeitsrechtlichen Nachahmungsschutzes eingeführt hat, so dass sich die Schutzdauer an den Fristen der Sondergesetze (insbesondere Patent- und Gebrauchsmusterrecht) zu orientieren hat.[45]

## Unmittelbare Leistungsübernahme

Ein Verstoß gegen §4 Nr. 9 UWG kommt bei einer identischen Leistungsübernahme in Betracht, wenn das fremde Arbeitsergebnis unmittelbar übernommen wird. Dies ist der Fall, wenn der Betrachter zwangsläufig davon ausgehen muss, dass die jeweiligen Produkte von demselben Hersteller stammen.[46] Dann übernimmt der Wettbewerber nämlich mittels technischer Vervielfältigungsverfahren (wie des oben bereits erwähnten technischen Nachdruck)[47] oder durch digitale Kopie einer Original-DVD)[48] unmittelbar die Originalleistung, was bei ihm eigene Aufwendungen erspart.[49]

> Wenn im **Ausgangsfall** die A-GmbH die Web-Seiten des Konkurrenten K, deren Inhalt eine wettbewerbsrechtliche Eigenart aufweist, einfach auf ihr Internet-Angebot im Wege des Framing/Inline-Framing/Inline-Linking „übernimmt", und die A-GmbH dadurch beim Nutzer den Eindruck erweckt, die Inhalte seien Bestandteil ihrer Web-Seiten, kann darin eine unmittelbare Leistungsübernahme liegen.
>
> Anders sieht es aus, wenn die A-GmbH lediglich mit einem „einfachen" Link auf die Web-Seite des Konkurrenten K verweist und den Link setzt durch Unterstreichen des Wortes im Text auf ihrer Web-Seite und anschließende Aktivierung des Wortes. Grundsätzlich kann davon ausgegangen werden, dass der Inhaber der verlinkten Web-Seite eine konkludente Zustimmung zum Linksetzen gibt. Dies ist jedoch nicht der Fall für die Übernahme mittels der Framing-Inline-Framing-/Inline-Linking-Methode. Hier ergeben sich über das Wettbewerbsrecht hinaus Überlegungen für ein Zueigenmachen fremder Inhalte durch die Verlinkung und der Haftung dafür durch die A-GmbH. (Hierzu näher unter Abschn. 3.1.2.2).

Bei dem Schutz vor einer unmittelbaren Leistungsübernahme geht es auch darum, ob und in welchem Umfang der Ersthersteller aufgrund der von ihm geleisteten Arbeit und getätigten Aufwendungen zur Erreichung des Arbeitsergebnisses einen Wettbewerbsvorsprung in Anspruch nehmen darf.

---

[45] Köhler/Bornkamm, UWG Kommentar, 33. Aufl. 2015, § 4 Rn. 9.56; BGH, GRUR 2005, 349.
[46] BGB, GRUR 2009, 1073.
[47] BGHZ 51, 41 ff. – Reprint.
[48] OLG Karlsruhe, CR 1997, 149 – D-Info 2.0.
[49] BGHZ 51, 41 (45) – Reprint.

Für **kurzlebige Produkte**, die aus tatsächlichen oder rechtlichen Gründen unter keine der oben genannten Sonderrechtsbestimmungen fallen (z.B. Modeneuheiten innerhalb einer Saison[50]), ist ein wettbewerbsrechtlicher Konkurrenzschutz anerkannt. Im Modebereich setzt die Herkunftstäuschung allerdings voraus, dass das Produkt eine besonders originelle Gestaltung aufweist, was nur ausnahmsweise anzunehmen ist.[51]

Fraglich ist, wie weit ein solcher wettbewerbsrechtlicher Leistungsschutz ausgedehnt werden kann, ohne dass im Ergebnis nicht mehr – gemäß dem Wettbewerbsrecht – vor unlauteren Wettbewerbspraktiken Schutz gewährt, sondern letztlich das Ergebnis der **Leistung selbst geschützt** wird (z.B. analog dem Urheberrechtsschutz). Durch eine extensive Handhabung würde das Wettbewerbsrecht unzulässiger Weise in den Bereich der oben genannten Sonderschutzrechte eingreifen. Diese Abgrenzung ist insbesondere für das Internet zu berücksichtigen.

Das **Wettbewerbsrecht schützt also nicht das Leistungsergebnis** (z.B.Computerprogramme oder Web-Seiten), das unter Umständen als Werk über das Urheberrecht und damit sondergesetzlich geschützt ist. Es schützt vielmehr vor bestimmten Formen der Benutzung fremder Leistungen, wenn diese im oben genannten Sinne unlauter sind. Insoweit sind auch z.B. Apps, Computerprogramme, gemeinfreie Algorithmen, Programmoberflächen, Multimedia-Produkte, Web-Seiten und sonstige Elemente des Internet geschützt.

### 6.1.2.4 Rechtsbruch

Beim Rechtsbruch – §§ 3, 4 Nr. 11 UWG – verschafft sich der Wettbewerber dadurch einen Vorsprung, dass er die (durch Gesetze oder Verträge) festgelegten Bedingungen missachtet, an die sich seine Mitbewerber halten. Dies gilt selbstverständlich auch für Rechtsbrüche im Online-Bereich. Die §§ 3, 4 Nr. 11 UWG verschaffen als Transformationsnorm außerwettbewerbsrechtlichen Vorschriften lauterkeitsrechtliche Wirkung, sofern sie eine Regelung des **Marktverhaltens** bezwecken.[52]

Ein Vorsprung durch einen derartigen Rechtsbruch verstößt gegen das im UWG geregelte Leitbild des Leistungswettbewerbs. Dabei kann der Rechtsbruch im vertraglichen oder im außervertraglichen Bereich (Verstoß gegen Gesetze) stattfinden.

Ein **Vertragsbruch**, das heißt die Nichteinhaltung vertraglicher Bindungen, ist grundsätzlich nicht wettbewerbswidrig. Die Unlauterkeit kann aber durch weitere besondere Umstände begründet werden. Dies ist z.B. regelmäßig der Fall, wenn jemand zu Zwecken des Wettbewerbs zum Vertragsbruch verleitet wird.

Im **außervertraglichen Bereich** ist ein Gesetzesverstoß nur dann im Sinne des § 4 Nr. 11 UWG wettbewerbsrechtlich relevant, wenn gegen eine (außerwettbewerbsrechtliche) Primärnorm verstoßen wurde und diese zumindest auch dazu bestimmt ist, im Interesse der Marktteilnehmer das Marktverhalten zu regeln.[53]

---

[50] BGH, NJW 1973, 800 – Modeneuheiten.

[51] Köhler/Bornkamm, UWG, Kommentar, 33. Aufl. 2015, § 4 Rn. 9.43d.

[52] Ohly et al., UWG § 4 Rn. 4.11–11/1.

[53] Ebd., § 4 Rn. 11/2.

Die in der früheren Rechtsprechung praktizierte Zweiteilung zwischen wertbezogenen und wertneutralen Normen ist spätestens mit der Einführung des § 4 Nr. 11 UWG obsolet.[54]

Gleichwohl ist nicht jede geschäftliche Handlung, die gegen eine gesetzliche Vorschrift verstößt und Auswirkungen auf den Wettbewerb haben kann, unlauter. Erforderlich ist hierfür eine **Verletzung von Marktverhaltensregelungen**, deren Ziel es ist, Verstöße gegen außerwettbewerbsrechtliche Marktverhaltensregelungen auch lauterkeitsrechtlich zu sanktionieren.[55] Die Regelung in § 4 Nr. 11 UWG soll jedoch gerade keine Marktzutrittsregelungen erfassen.

Für den Anwendungsbereich des § 4 Nr. 11 UWG ist folglich zu differenzieren zwischen Marktverhaltens- und Marktzutrittsregelungen.[56] Entsprechend sind **drei Kategorien von Vorschriften** zu unterscheiden[57]:

1. **Regelungen ohne Marktbezug**

   Zu den Regelungen ohne Marktbezug – und damit ohne Relevanz für § 4 Nr. 11 UWG – gehören:
   - Produktionsvorschriften (z. B. Umwelt- und Tierschutz);
   - Arbeitnehmerschutzvorschriften (z. B. Tariflohnvereinbarungen);
   - Steuervorschriften;
   - Verkehrsvorschriften;
   - Datenschutzrecht;
   - Vorschriften zum Schutz des Eigentums.

2. **Marktzutrittsregelungen**

   Hierbei handelt es sich um solche Normen, die Personen den Marktzutritt aus Gründen verwehren, die nichts ihrem Marktverhalten zu tun haben.[58] Sie fallen, wie bereits gesagt, ebenfalls **nicht in den Anwendungsbereich** von § 4 Nr. 11 UWG. Hierzu zählen insbesondere:
   - Einzelne kommunalrechtliche Vorschriften, die die erwerbswirtschaftliche Betätigung von Gemeinden und kommunalen Unternehmen begrenzen;
   - Einzelne handels- und gesellschaftsrechtliche Vorschriften, die Wettbewerbsverbote vorsehen;
   - Einzelne bürgerrechtliche Vorschriften, insbesondere Regelungen des Vereinsrechts.

3. **Marktzutritts- und Marktverhaltensregelungen**

   - Sofern die Vorschrift eine Doppelfunktion inne hat und sowohl Marktzutritts- als auch Marktverhaltensregelungen beinhaltet, ist dies **ausreichend für eine Qualifizierung** unter § 4 Nr. 11 UWG.
   - Hierzu zählen u. a. Zulassungsregelungen für freie Berufe (z. B. Rechtsanwälte, Ärzte, Steuerberater).

---

[54] Köhler/Bornkamm, UWG Kommentar, 33. Aufl. 2015, § 4 Nr. 11 Rn. 11.2 f.

[55] Ebd., § 4 Rn. 11.6.

[56] Ebd., a. a. O.

[57] Ebd., § 4 Rn. 11.36 f.

[58] Ebd., § 4 Rn. 11.44.

## 6.2   Irreführende geschäftliche Handlungen

Gemäß § 5 I S. 1 UWG handelt unlauter, wer eine irreführende geschäftliche Handlung vornimmt. Der Wettbewerber soll u. a. daran gehindert werden, in sachlich nicht gerechtfertigter Weise für seine Leistungen zu werben. Die Vorschrift schützt – entsprechend der allgemeinen Schutzfunktion des UWG – den Konkurrenten, den Abnehmer und die Allgemeinheit.

§ 5 UWG ist neben § 3 UWG eine wichtige Schutznorm des Wettbewerbsrechts. Bei § 3 UWG kommt es insbesondere darauf an, ob eine Irreführung objektiv vorliegt und ob sie auf Angaben über geschäftliche Verhältnisse bezogen ist. **§ 5 UWG ist insoweit enger** gefasst, weswegen eine wettbewerbswidrige Irreführung zunächst über § 5 UWG und dann erst über § 3 UWG geprüft wird.

Ergänzend ist darauf hinzuweisen, dass auch ein **Verschweigen** von Tatsachen unter den Voraussetzungen des § 5a UWG eine Irreführung darstellen kann.

Der § 5 UWG **gilt ohne weiteres auch für das Internet.** Er betrifft zum einen den Wettbewerber, der seine bisherige Vermarktung auf das Internet ausdehnt und dieses neue Medium für seine herkömmlichen Werbemaßnahmen benutzt. Zum anderen erfasst er die internetspezifischen Verhaltensweisen.

Vorliegend ist es ausreichend, nur die allgemeinen Voraussetzungen des § 5 I S. 1 UWG – die geschäftliche Handlung und die Irreführung – näher zu betrachten.

### 6.2.1   Geschäftliche Handlungen

Der Begriff der geschäftlichen Handlung in § 5 UWG deckt sich mit dem in § 3 UWG. Insofern kann auf das oben unter Abschn. 6.1.1 Gesagte verwiesen werden.

Nachdem das vormals bestehende Tatbestandsmerkmal der Wettbewerbshandlung weggefallen ist bzw. durch das der geschäftlichen Handlung ersetzt wurde, ist die Beschränkung auf die werbende und damit auf eine auf den Geschäftsabschluss gerichtete Angabe entfallen. Folglich werden auch Handlungen vor und nach einem Geschäftsabschluss erfasst, soweit und sofern sie einen Unternehmens- und Marktbezug aufweisen.[59]

### 6.2.2   Irreführung

Unter „irreführenden Angaben" über geschäftliche Verhältnisse versteht man Aussagen, die objektiv falsch sind (unwahre Werbung), oder – obwohl sie objektiv richtig sind – von einem nicht unerheblichen Teil der beteiligten Verkehrskreise falsch verstanden werden[60] (missverständliche Werbung).

---

[59] Ebd., UWG § 5 Rn. 2.22.
[60] BGHZ 13, 244 (253); Köhler/Bornkamm, UWG Kommentar 2015, § 5 Rn. 2.67–2.68.

Für die Unlauterkeit kommt es also entscheidend auf die Sichtweise der durch die Geschäftshandlung angesprochenen Verkehrskreise an, wobei es ausreicht, dass die Angaben geeignet sind, beim Adressaten eine irrige Vorstellung hervorzurufen. Die **bloße Gefahr einer Irreführung** ist somit schon ausreichend. Adressaten der Geschäftshandlung können das breite Publikum, ein Fachpublikum oder beide zugleich sein.

Die Frage, wann von einem nicht unerheblichen **Teil des angesprochenen Verkehrskreises** auszugehen ist, kann weder pauschal noch anhand fester Prozentsätze beantwortet werden. Während die frühere Rechtsprechung regelmäßig von einer Quote zwischen 5 % der Getäuschten – z. B. im Gesundheitswesen wegen Gesundheitsgefährdung – und 15 % bei anders gelagerten Fallkonstellationen ausging, hat sich dieser Maßstab in der neueren Rechtsprechung verschoben. So ist z. B. durch den BGH für die Werbung für Kapitalanlagen entschieden worden, dass von einer Irreführung nicht schon auszugehen sei, wenn die Handlung zu einer Irreführung von 15–20 % der angesprochenen Anlageinteressenten geeignet wäre.[61]

Bei der Prüfung ist jeweils von der **Durchschnittsauffassung** des angesprochenen Verkehrskreises auszugehen.

In § 5 I S. 2 UWG werden in sieben Ziffern Umstände aufgezählt, eine geschäftliche Handlung als irreführend qualifizieren.

Die nicht körperliche, teilweise flüchtige und schnelllebige Kommunikation **im Internet** erfordert noch mehr als die alltägliche, körperliche Kommunikation eine Berücksichtigung des Empfängerhorizontes der Zielgruppe. In der Sache ergeben sich für eine Irreführung im Internet letztlich dieselben Spielräume wie im Offline-Bereich. Deshalb genügen nachfolgend einige Beispiele zur Veranschaulichung.

## Zielgruppe

Bei der Werbung im Internet wird mit zunehmender Nutzung dieses Mediums durch weite Verbraucherkreise zwischen dem Fachpublikum und dem breitem Publikum zu differenzieren sein. Werbung im Internet kann mithilfe von Suchmaschinen und Social-Media-Plattformen sehr fokussiert auf die Zielgruppe ausgerichtet werden. Werbung kann sehr gezielt Regionen, Altersgruppen und Vorlieben in den Blick nehmen.

Bei der **Zielgruppe des breiten Publikums**, das hauptsächlich von Konsumgüterwerbung betroffen ist, wird die Durchschnittsauffassung geprägt von dem flüchtigen und unbefangenen Konsumenten, der angesichts der Fülle von Werbung diese lediglich oberflächlich und unkritisch aufnimmt.

Bei der **Zielgruppe der Fachleute** wird von einem Fachkundigen ausgegangen, der in dem jeweiligen Bereich der Investitionsgüterwerbung sorgfältig, kritisch und detailliert

---

[61] Vgl. BGH, GRUR 2004, 162, 163 – Mindestverzinsung; Köhler/Bornkamm, UWG Kommentar 2015, § 5 Rn. 2, 106.

die geschäftlichen Angaben abwägt.[62] Gleichwohl ist die Differenzierung nach Zielgruppen durchaus auf Kritik gestoßen. Denn neben dem konkreten Inhalt der Werbung kann auch die Form bzw. die Art der Werbung dazu führen, dass die vorgenannte sorgfältige Abwägung der Angaben durch Fachleute nicht in dem erforderlichen Umfang erfolgt, insbesondere wenn der Fachmann aus kaufmännischer bzw. rechtlicher Sicht den Umfang der Angaben nicht überblicken kann.

## Irreführende Verhaltensweisen

Irreführende Verhaltensweisen im Internet können in folgenden Formen auftreten:

- Die Irreführung über den objektiven Informationswert eines redaktionellen Textes, der in Wirklichkeit eine redaktionell gestaltete Werbung darstellt. Allerdings kommen für die redaktionelle Werbung als verschleierndes Wettbewerbshandeln noch weitere Regelungen in Betracht, z. B. § 4 Nr. 3 UWG.[63]
- Irreführende Angaben über die Leistungsfähigkeit eines Unternehmens durch Verwendung eines Domain-Namens, der vom Inhalt her irreführend ist (z. B. verwendet eine nur in Deutschland arbeitende Transportfirma den Domain-Namen „Internationale-Transporte.de“).
- Irreführende Werbung eines Unternehmens auf seinen Web-Seiten für Waren zum persönlichen Gebrauch (z. B. Software), die entgegen der Verbrauchererwartung zu dem im Internet angegebenen Zeitpunkt bei dem Unternehmen überhaupt nicht vorrätig sind.
- Irreführende Internet-Adressen, durch welche beim Verbraucher z. B. der Eindruck entsteht, dass der Verwender der einzige Vertreter einer Branche ist (z. B. Verwendung der Gattungsbezeichnung „Mitwohnzentrale“ als Sub-Level-Domain durch einen Verband von Mitwohnzentralen[64]).
- Irreführende Meta-Tags einer Firma, die Roben für Rechtsanwälte, Richter und Staatsanwälte über das Internet vertreibt und dabei im HTML-Code ihrer Internetseite im Meta-Tag „keyword“ die Begriffe und Zeichen „Bestattungsunternehmen, NJW, Repetitorium, StVO, ZPO“ u. a. verwendet, wenn auf den entsprechenden Seiten keine Information oder Inhalte zu den Begriffen und Zeichen bereitgehalten werden.[65]

---

[62] Vgl. Ohly et al., UWG 2014, § 5 Rn. 115–124.

[63] Ebd., UWG § 5 Rn. 109.

[64] Zum Ausschluss der Irreführungsgefahr durch ergänzende Hinweise BGH, Urteil vom 17. Mai 2001 – I ZR 216/99 – „mitwohnzentrale.de II“; Harte-Bavendamm et al., UWG 3. Aufl., 2013, C. § 5 Abs. 1 S. 2 Nr. 1 Rn. 121.

[65] OLG Düsseldorf, Urteil vom 27.03. 2002–12 O 48/02.

Im **Ausgangsfall** stellt das Vorhaben der A-GmbH, Werbe-Informationen in dem redaktionellen Teil ihrer digitalen Zeitung unterzubringen, einen Verstoß gegen das Trennungsgebot der Werbung von redaktionellen Beiträgen dar. Neben § 3 UWG i. V. m. § 4 Nr. 3 UWG liegt hier ein Fall der Irreführung nach § 5 UWG vor, weil der Nutzer eventuell nicht erkennt, dass er statt eines objektiven Informationswertes lediglich redaktionell gestaltete Werbung über geschäftliche Verhältnisse – hier die Qualität der von ihr angebotenen Reisen und Hotels – erhält. Mit Rücksicht auf § 5 UWG ist der A-GmbH deshalb zu empfehlen, auf die genannten irreführenden Angaben, die alle geeignet sind, den Kaufentschluss der Nutzer zu beeinflussen, zu verzichten.

## 6.3    Interessante Online-Sachverhalte

### 6.3.1    Ausdrückliche Einwilligung

#### Newsletter

Bei dem Newsletter reicht es für den Beweis der **ausdrücklichen Einwilligung** des Empfängers gemäß § 7 II UWG nicht aus, dass bei der Bestellung eines Newsletters die Eingabe einer E-Mail-Adresse in ein entsprechendes Formularfeld auf der Webseite des Versenders vorgenommen wird, denn die E-Mail-Adresse könnte auch von einem Dritten eingegeben worden sein. Der Werbende kann die Einwilligung des Empfängers am besten beweisen, wenn sich für die Bestellung ein E-Mail-Fenster öffnet und der Kunde an den Newsletter-Versender eine (vorformulierte) E-Mail unter Verwendung seiner eigenen E-Mail-Adresse absenden muss.[66]

Bedeutsam ist in diesem Zusammenhang das so genannte **Double-Opt-In Verfahren** (vgl. dazu auch Abschn. 4.4, Social Plug-ins). Nachdem der User in ein Eingabefeld des Anbieters seine E-Mail-Adresse eingegeben und bestätigt hat, erhält er eine Bestätigungs-E-Mail vom Anbieter. Erst wenn der User den in dieser Mail enthaltenen Bestätigungslink anklickt, wird der User nebst E-Mail-Adresse in das News-Letter-Verzeichnis aufgenommen.[67]

Für den Download von Apps hat die Artikel-29-Datenschutzgruppe[68] in einer Empfehlung bezüglich Downloads/Nutzung von Apps und der damit regelmäßig erfolgenden Datenverarbeitung insbesondere auf folgende Punkte hingewiesen:

---

[66] Siehe BGH, Urteil vom 11.03.2004 – E-Mail-Spamming, NJW 2004, 1655 ff.

[67] Spindler/Schuster/Micklitz/Schirmbacher, Recht der elekrischen Medien, 3. Aufl. 2015, UWG § 7 Rn. 114.

[68] Forum zum Meinungsaustausch der europäischen Datenschutzbehörden; Opinion 2/2013 on Apps on smart devices; http://ec.europa.eu/justice/data-protection/article-29/documentation/opinion-recommendation/files/2013/wp202_en.pdf.

– Es muss eine freiwillige Einwilligung des Users vorliegen, d.h. der Download muss z.B.
  abbrechbar sein. Eine bloße Information über die Datenverarbeitung reicht nicht aus.
– Die Einwilligung kann nur erfolgen, wenn der Anbieter zudem hinsichtlich seiner
  Identität und der Art sowie des konkreten Zwecks der Datenverarbeitung
  informiert hat.

## 6.3.2  Einflussnahme auf Suchmaschinenranking

Suchmaschinen durchsuchen ständig das Internet nach neuen und/oder veränderten
Inhalten und listen diese auf. Die Nennung in den Ergebnislisten von Suchmaschinen ist
von erheblicher Bedeutung für den Anstieg der Zugriffszahlen (traffic) für die eigene
Web-Seite.

Der Web-Seiten-Inhaber ist folglich daran interessiert, in der Ergebnisreihenfolge bei
der Eingabe seines Suchwortes möglichst weit oben aufgelistet zu werden. Ausschlaggebend
hierfür können die Häufigkeit des gesuchten Wortes im Text oder Titel, die Zahl und
Qualität der Links, die auf andere Seiten verweisen, oder andere Kriterien sein.

Von den Suchmaschinen sind allerdings die so genannten **Such-Kataloge** zu unterscheiden, bei denen die einzelnen Webseiten redaktionell vorsortiert werden.

### Suchmaschinenoptimierung

Verschiedene Dienstleister haben sich darauf spezialisiert, Web-Seiten ihrer Kunden für
Suchmaschinen zu optimieren. Im Einzelnen geht es dabei um Folgendes:

Suchmaschinen (z.B. Google) erstellen in regelmäßigen Abständen ein Schlagwort-
verzeichnis (Index) über die Inhalte einer Website. Werden Suchbegriffe eingegeben, die
diesem Index entsprechen, wird die Seite in der generischen Ergebnisliste angezeigt. Je
relevanter der Index für die entsprechende Suche ist, desto höher wird die Seite als
Ergebnis gelistet. Hier stehen z.B. Unternehmens-Webseiten in direkter Konkurrenz mit
allen Webseiten, die über verwandte Inhalte verfügen. Damit eine Webseite optimal in
Suchmaschinen platziert wird, gilt es, die Inhalte mit relevanten Schlagwörtern (Keywords)
in einem wohldefinierten Umfang auszustatten. Diesen Prozess nennt man Search Engine
Optimization (SEO). Neben der Auswahl und Kombination der Keywords wird deren
Häufigkeit bestimmt.

Für die Webseite z.B. eines Unternehmens ist daher eine **permanente Optimierung**
möglich, sodass sie bei den Suchanfragen der spezifischen Zielgruppe optimal platziert
und gefunden wird. Dazu wird auch das Online-Suchverhalten der Zielgruppe analysiert. Zudem kann der Homepage-Betreiber entscheiden, welche Keywords in welchem
Umfang und an welcher Stelle in den Webseiten-Inhalten platziert werden. Zeitgleich
können negative Keywords, die die Relevanz für die Suchanfragen der Zielgruppe
reduzieren, eliminiert werden. Unternehmen können dadurch einen Einblick in das

Online-Suchverhalten der jeweiligen Zielgruppen und eine Orientierung für die Zahlungsbereitschaft der Wettbewerber für relevante Keywords erhalten.

Google AdWords-Anzeigen werden oberhalb und seitlich der Suchergebnisliste bei der Eingabe von Keywords im Suchfeld angezeigt. Der Suchanfrage entsprechend werden jene Anzeigen aufgeführt, für welche die entsprechenden Schlagwörter (Keywords) hinterlegt wurden. Das Schalten solcher Anzeigen bezeichnet man als **Search Engine Marketing** (SEM). Im Vergleich zur Zeitungsanzeige können Unternehmen nicht nur die Leserschaft wesentlich präziser eingrenzen, sondern die Unternehmen bezahlen nur dann, wenn Interessierte auf die Anzeige klicken. Unter anderem kann identifiziert werden, mit welchen Keywords die jeweiligen Zielgruppen suchen und welche zu vermeiden sind.

Mit diesen Verfahren ist es möglich, dass das **Ranking der Suchmaschinen-Einträge** nicht allein vom Inhalt der aufgeführten Seiten sondern auch vom finanziellen Aufwand für die Gestaltung der Seite nebst Texten, für die Analyse und Umsetzung einer bestimmten Keyword-Dichte usw. abhängt, woraus eine bessere Platzierung der Seite resultieren kann. Dennoch dürfte hier die **Grenze des wettbewerbsrechtlich Zulässigen** nur schwer auszumachen sein, da der durchschnittlich informierte und verständige Nutzer sich dieser Tatsache bewusst ist. Eine Irreführung durch Suchmaschineneinträge hinsichtlich des Werbecharakters der aufgelisteten Web-Seiten kann damit weitestgehend ausgeschlossen werden.

## Meta-Tags

Hierbei handelt es sich um regelmäßig **nicht sichtbare Stichwörter** im Quelltext einer Web-Seite, die von Suchmaschinen gelesen werden, um die betreffende Web-Seite aufführen zu können („Trefferlisten").

Die Verwendung von eigenen Namen oder Marken in den Meta-Tags ist ebenso erlaubt wie die Nutzung von Gattungsbegriffen, die in Zusammenhang mit der angebotenen Leistung stehen.

Werden die Meta-Tags aber dazu eingesetzt, **Mitbewerber gezielt zu behindern**, kann darin ein Verstoß gegen § 4 Nr. 10 UWG liegen, wenn den Wettbewerbern der Weg zu den potenziellen Kunden versperrt werden soll. Gelingt es z.B. einem Wettbewerber, das Suchergebnis im Rahmen des iPhone App Stores in einer Weise zu beeinflussen, dass bei Eingabe des Zeichens des Wettbewerbers stets das eigene Zeichen in der Reihenfolge vor dem des Wettbewerbers angezeigt wird, liegt eine gezielte Behinderung der Markeninhaberin vor.

Eine **wettbewerbswidrige Irreführung** kann weiterhin dann vorliegen, wenn sich Meta-Tags auf fremde Marken oder Geschäftsbezeichnungen beziehen und die angesprochenen Verkehrskreise davon ausgehen müssen, dass eine wirtschaftliche bzw. gesellschaftsrechtliche Beziehung zu dem Konkurrenten besteht. Unzulässig kann zudem die Verwendung fremder Kennzeichen im (nicht sichtbaren) Quelltext sein, da dies eine kennzeichenrechtliche Benutzung darstellt.[69]

---

[69] BGH, GRUR 2007, 65 (66 f.) – Impuls.

Die Nutzung beschreibender Meta-Tags ist lauterkeitsrechtlich regelmäßig selbst dann nicht zu beanstanden, wenn sachfremde Meta-Tags eingesetzt werden.[70]

Die Verwendung sachfremder Gattungsbegriffe im Quelltext wird regelmäßig auch nicht als übertriebenes Anlocken, gezielter Kundenfang oder als Belästigung im Sinne des § 7 I UWG gesehen werden können.[71] Allerdings kann ein unlauteres Abfangen von Kunden dann vorliegen, wenn dem Nutzer die Möglichkeit eines sachlichen Leistungsvergleichs genommen wird.[72]

## Hidden-Content

Bei dieser Technik wird im normalen Text die Farbe der Schrift dem Hintergrund angepasst, so dass die Schrift für den Nutzer unsichtbar bleibt. Für sie gelten die gleichen lauterkeitsrechtlichen Begrenzungen wie für Meta-Tags.[73]

## Doorway-Pages / Backlinking

So genannte Doorway-Pages sind Web-Seiten, deren wesentliche Funktion es ist, einen (Back-)Link auf andere Seiten zu setzen. Durch dieses gezielte Backlinking lässt sich z. B. das Suchmaschinenranking verbessern, indem die Relevanz bei Suchmaschinen erhöhen, die als Kriterium die Anzahl und Qualität der Verlinkungen auf andere Seiten nutzen. Eine wettbewerbsrechtlich relevante Irreführung über die „Relevanz" einer Web-Seite dürfte regelmäßig nicht nachzuvollziehen sein.[74]

### 6.3.3  Sonstige Formen des Online-Marketing

Bevor die wettbewerbsrechtliche Relevanz bestimmter, im Online-Marketing eingesetzter Techniken betrachtet wird, soll das hierfür häufig relevante **Trennungsgebot** vorab mit Bezug zur Pressetätigkeit dargestellt werden.

Das medienrechtliche Schleichwerbeverbot, welches für alle Formen der Werbung Anwendung findet, ist nunmehr im **Regelbeispiel des § 4 Nr. 3 UWG** normiert. Die Bestimmung verlangt bei Veröffentlichungen zu Zwecken des Wettbewerbs in Presse,

---

[70] Ohly et al., UWG, 6. Ausg. 2014, § 4., Rn. 10/53a.

[71] OLG Düsseldorf vom 01.10.2002; für Gattungsbezeichnungen als Domainnamen BGH, GRUR 2001, 1061f. – Mitwohnzentrale.de.

[72] Ohly et al., UWG, 6. Ausg. 2014, § 4, Rn. 10/53a. E; entsprechendes gilt beim „Index-Spamming", also dem gezielt übermäßigen Gebrauch von Metatags /Schlüsselwörtern.

[73] Spindler/Schuster/Micklitz/Schirmbacher, UWG 3. Aufl., 2015 § 4 Rn. 303; BGH, GRUR 2007, 784 (785 f.) – AIDOL.

[74] Spindler/Schuster/Micklitz/Schirmbacher, Recht der elektronischen Medien, 3. Aufl. 2015, § 4, Rn. 304.

Fernsehen, Rundfunk oder Internet eine Trennung zwischen redaktionellen Inhalten einer Web-Seite und der Werbung.[75]

Das Trennungsgebot ergibt sich aber auch aus den **Vorschriften des Presserechtes**, dessen Anwendbarkeit auf periodisch erscheinende Online-Publikationen zu berücksichtigen ist. Wie im Offline-Bereich gibt es auch im Online-Bereich die Einbindung von Werbung in redaktionelle Beiträge. Auch hier wird der Umworbene über die Objektivität bzw. Unabhängigkeit einer publizistischen Empfehlung irregeführt.

## Linksetzen

Beim Linksetzen ist das Trennungsgebot zwar grundsätzlich nicht verletzt, wenn die sachliche Unterrichtung der Nutzer im Vordergrund steht und die mit der Verweisung auf ein bestimmtes Unternehmen unvermeidlich verbundene Werbewirkung nur als eine in Kauf zu nehmende Nebenfolge erscheint.[76] Allerdings ist es wettbewerbswidrig, auf Internetseiten einen Link zu setzen, der aus einem redaktionellen Zusammenhang auf eine Web-Seite führt, ohne dass dem Nutzer deutlich und unmissverständlich erkennbar ist, dass er auf eine Werbeseite verwiesen wird.[77]

Erst recht ist ein Verstoß gegen das Trennungsgebot anzunehmen, wenn durch Inline-Linking/Framing eingefügte Web-Seiten in ein bestehendes Angebot so integriert werden, dass eine Trennung der Inhalte nicht mehr möglich erscheint.

## Bannerwerbung

Wettbewerbsrechtliche Bedenken dürften gegen die Bannerwerbung dann nicht bestehen, wenn sie auf Grund ihrer äußeren Gestaltung als **selbständiger Bestandteil** der Web-Seite erkennbar ist. Dies könnte nur dann anders sein, wenn das Banner, anders als es tatsächlich der Fall ist, weitere fachliche Informationen zu dem im Bezug zum Banner stehenden Artikel verspricht.

Da der Nutzer an Bannerwerbung gewöhnt und es für ihn selbstverständlich ist, dass die Bannerwerbung kostenlose Internetangebote oft erst ermöglicht, liegt keine **getarnte Werbung** im Sinne § 4 Nr. 3 UWG vor.[78] Andererseits hat das OLG Köln entschieden, dass in den Spielecontent eingebettete Bannerwerbung auf den Unterseiten „Kinderspiele" bzw. „Mädchenspiele" eines Spieleportals verschleierte Werbung darstellen kann, wenn die Bannerwerbung auch nach der farblichen und inhaltlichen Ausgestaltung ihren Werbecharakter nicht erkennen lässt, sondern aus Sicht der neun- bis zehnjährigen Nutzer als besonderes Spieleangebot erscheint.[79]

---

[75] Ohly et al., UWG § 4 Rn. 3/8.

[76] BGHZ 50, 1 – Pelzversand; BGH, GRUR 1968, 382 ff. – Favorit II.

[77] LG München I, Urteil vom 17.03.2009 – 33 O 2958/08.

[78] KG, Beschluss vom 24.01.2012 – 5 W 10/12, (BeckRS 2012, 09835).

[79] OLG Köln, MMR 2014, 51.

**Pop-Ups, Exit-Pop-Ups, Pop-Unders**

Bei **Pop-Up-Fenstern** handelt es sich um während des Surfens automatisch aufgehende Werbefenster. Eine noch lästigere Variante ist die der **Exit-Pop-Up-Fenster**, die sich erst beim Schließen des geöffneten Browserfensters öffnen.

Der Nutzer ist hieran, wie bei der Bannerwerbung, in gewissem Umfang gewöhnt, so dass die Fenster nicht generell wettbewerbswidrig sind. Außerdem ist es technisch möglich, das Öffnen von Pop-Up-Fenstern durch so genannte Pop-Up-Blocker zu verhindern.[80] Ab einem gewissen Umfang dieser Art Werbung kann sich aber eine andere Betrachtungsweise ergeben. § 7 I, II Nr. 1 UWG nimmt eine **unzumutbare Belästigung** an, wenn geworben wird, obwohl erkennbar ist, dass der Empfänger diese Werbung nicht wünscht.

Belästigend in diesem Sinne ist eine geschäftliche Handlung, die aufgedrängt wird und die bereits wegen ihrer Art und Weise unabhängig von ihrem Inhalt als störend empfunden wird.[81]

Zu prüfen ist in diesem Zusammenhang regelmäßig, ob die **Grenze der Unzumutbarkeit** überschritten wird. Unzumutbar ist die Belästigung, wenn sie eine solche Intensität erreicht, dass sie von einem großen Teil der Verbraucher als unerträglich empfunden wird, wobei der Maßstab des durchschnittlich empfindlichen Adressaten zu Grunde zu legen ist. Dabei kommt es nicht einseitig auf die Perspektive des Adressaten der geschäftlichen Handlung an. Die Unzumutbarkeit ist vielmehr zu ermitteln durch eine Abwägung der verfassungsrechtlich geschützten Interessen des Adressaten, von der Werbung verschont zu bleiben, und denen des werbenden Unternehmers, der seine gewerblichen Leistungen durch Werbung zur Geltung bringen will.[82]

Bei den **Pop-Unders** wird die Werbung erst dann sichtbar, wenn das eigentliche Fenster durch den Nutzer geschlossen wird. Hier gelten die gleichen Grundsätze.

## 6.4 Internationale Aspekte des Wettbewerbsrechts

Die Frage nach dem anwendbaren Recht ist unabhängig von der Frage nach der internationalen Zuständigkeit. Bei Letzterer geht es um das zuständige Gericht (siehe oben Abschn. 2.5.2). Dieses ist z. B. für das Zivilrecht aus den deutschen Regelungen zum internationalen Zivilverfahrensrecht, dem EU-Recht oder dem Internationalen Recht zu entnehmen. Mit der sich daraus ergebenden Kenntnis des zuständigen Gerichtes ist nichts ausgesagt

---

[80] Spindler/Schuster/Schirmbacher/Micklitz, UWG, 3. Aufl. 2015; § 4 Rn. 310; zur Zulässigkeit von Fernseh-Werbeblockern: BGH, GRUR 2004, 877.

[81] KG, MMR 2014, 44: Verschwindet eine Pop-Up-Werbung nach wenigen Sekunden automatisch, liegt hierin auch auf einer Kinderwebseite keine belästigende Werbung; vgl. allg. BGH, GRUR 2011, 747.

[82] BGH, GRUR 2011, 747.

über das im Einzelfall anwendbare materielle Recht, was dem folgenden deliktsrechtlichen Fall zu entnehmen ist:

Im **Ausgangsfall** bietet die A-GmbH aus Berlin einen von ihr erstellten, neuen digitalen Stadtführer Paris als Mobile-App in französischer Sprache nur in Frankreich an. Der französische Konkurrent der A-GmbH, die K, reagiert auf ihrer Homepage mit einer nach französischem, aber nicht nach deutschem Recht zulässigen Werbung in französischer Sprache auf ihrem Server in Paris. Die A-GmbH bietet nun ihrerseits auf ihrem Server in Berlin als Reaktion auf die K eine entsprechende, d.h. in Frankreich zulässige, in Deutschland aber verbotene Werbung in französischer Sprache an. Fraglich ist hier, ob ein deutsches Gericht bei einem Rechtsstreit zwischen der A-GmbH und der K zur Anwendung von deutschem Wettbewerbsrecht kommen kann.

Nach der heutigen Rechtsprechung zum anwendbaren Recht bei grenzüberschreitenden Wettbewerbshandlungen kommt es entscheidend auf das Recht des Ortes an, an dem die wettbewerbliche Interessenkollision eintritt, d.h. es geht um den Ort, an welchem sich die beanstandete Wettbewerbshandlung auf die dortigen Wettbewerber auswirkt (sog. **Marktortprinzip**).[83] In beiden Fallvarianten ist deshalb für die Frage nach der Anwendbarkeit von deutschem Recht zunächst unerheblich, ob der Server in Frankreich oder in Deutschland steht, denn dies betrifft nicht die Auswirkungen der Wettbewerbshandlungen. Da das Produkt nicht in Deutschland vertrieben wird, führen auch die Internet-Web-Seiten der A-GmbH und der K nicht zur Anwendung von deutschem Recht. Durch die französische Sprache auf den Web-Seiten der beiden Konkurrenten und der französischen Sprache des digitalen Stadtführers Paris ist die objektive Zielrichtung der Wettbewerbshandlungen eindeutig der französische Verbraucher. Insgesamt liegt der Ort der wettbewerblichen Interessenkollision somit in Frankreich. Auch ein deutsches Gericht würde deshalb auf diesen Fall französisches Recht anwenden.

Etwas anderes ergibt sich auch nicht aus dem im §3 TMG geregelten Herkunftslandprinzips, wonach der Anbieter eines Telemediendienstes im EU-Ausland keinen strengeren Vorschriften unterliegen soll als in dem Staat seiner Niederlassung. Der EuGH hat mit Urteil vom 25.10.2011 (Az. C-509/09) diesbezüglich entschieden, dass das Herkunftslandprinzip nach dem TMG keinen kollisionsrechtlichen Charakter aufweist.

§3 TMG hat also keine kollisionsrechtliche Bedeutung, d.h. ist nicht für die Bestimmung des anwendbaren Rechts relevant, so dass es hier im Ergebnis bei der Anwendung von französischem Recht bleibt.

---

[83] Ständige Rechtsprechung des BGH, vgl. BGHZ 35, 329 (334) – Kindersaugflaschen; BGHZ 40, 391 (395) – Stahlexport; BGH, GRUR 1991, 463 (464) – Kauf im Ausland.

# Literatur


Ahlberg, H., & Götting, H.-P. (Hrsg.). (2014). *Beck'scher Online-Kommentar Urheberrecht* (3 Ausg.). München: C.H. Beck.

Alexander, T. (2006). *Elektronischer Knigge: Netiquette und Verhaltensregeln für die berufliche und private Tele- und Onlinekommunikation.* Berlin: Rhombos-Verlag.

Bamberger, H. G., & Roth, H. (Hrsg.). (2015). *Beck'scher Online-Kommentar BGB.* München: C.H. Beck.

Bornkamm, J., Jacobs, R., Mes, P., & Ohly, A. (Hrsg.). (2014). BPatG 08.04.2014 – 27 W (pat) 558/13 Unterscheidungskraft von Künstlernamen August-Macke-Haus (Ls.). *Gewerblicher Rechtsschutz und Urheberrecht, 8* (5), S. 784–790.

Bortloff, N. (1997). Neue Urteile betreffend die Frage der Verantwortlichkeit von Online-Diensten. *Zeitschrift für Urheber- und Medienrecht, 7,* S. 167–176.

Bullinger, W., & Czychowski, C. (2011). Digitale Inhalte: Werk und/oder Software? Ein Gedankenspiel am Beispiel von Computerspielen. *Gewerblicher Rechtsschutz und Urheberrecht, 1,* S. 19–26.

Dreier, T., & Schulze, G. (Hrsg.). (2013). *Urheberrechtsgesetz: UrhG. Urheberrechtswahrnehmungsgesetz, Kunsturhebergesetz* (3. Ausg.). München: C.H. Beck.

Eisenmann, H., & Jautz, U. (2012). *Grundriss gewerblicher Rechtsschutz und Urheberrecht: Mit 55 Fällen und Lösungen* (9. Ausg.). Heidelberg: C.F. Müller.

Ensthaler, J., & Heinemann, M. (2010). Zur Haftung des Hostproviders. Eine Betrachtung aus Anlass des aktuellen OECD Berichts zu den wirtschaftlichen Folgen von Marken- und Produktpiraterie. *Wettbewerb in Recht und Praxis, 3,* S. 309–316.

Fromm, Nordemann, A., & Nordemann, J. B. (Hrsg.). (2014). *Urheberrecht. Kommentar zum Urheberrechtsgesetz, zum Verlagsgesetz und zum Urheberrechtswahrnehmungsgesetz.* München: C.H Beck.

Gola, P., Klug, C., Körffer, B., & Schomerus, R. (2015). *BDSG: Bundesdatenschutzgesetz* (15. Ausg.). München: C.H. Beck.

Graevenreuth, G. (2000). LG München I, Urt.. v. 25.05.2000 – 4 HKO 6543/00; nicht rechtskräftig: Haftung für Links auf fremde Homepages. *MultiMedia und Recht, 9,* S. 566–568.

Härting, N. (2014). *Internetrecht* (5. Ausg.). Köln: Verlag Dr. Otto Schmidt.

Heckmann, D. (Hrsg.). (2014). *juris PraxisKommentar Internetrecht* (4 Ausg.). Saarbrücken: juris.



© Springer-Verlag Berlin Heidelberg 2016

B. Eichhorn et al., *Internetrecht im E-Commerce*, Xpert.press,

DOI 10.1007/978-3-662-45308-7

Heckmann, D. (2014). *juris PraxisKommentar Internetrecht: Telemediengesetz, E-Commerce, E-Government* (4. Ausg.). Saarbrücken: Juris - das Rechtsportal.

Hoeren, T. (2007). Das Telemediengesetz. *Neue Juristische Wochenschrift, 17*, S. 801–806.

Holznagel, B., & Ricke, T. (2015). In G. Spindler, & F. Schuster (Hrsg.), *Recht der elektronischen Medien* (3. Ausg.). München: C.H. Beck.

Hopf, K. (2008). Rechtliche Grundlagen des Jugendmedienschutz-Staatsvertrags und die Verantwortlichkeit von Chatbetreibern. *Zeitschrift für Urheber- und Medienrecht* (3), S. 207–216.

Hornung, G., & Müller-Terpitz, R. (Hrsg.). (2015). *Rechtshandbuch Social Media*. Berlin: Springer.

Ingerl, R., & Rohnke, C. (2010). *Markengesetz: Gesetz über den Schutz von Marken und sonstigen Kennzeichen* (3. Ausg.). München: C.H. Beck.

Jandt, S. (2015). Beweissicherung im elektronischen Rechtsverkehr. *Neue Juristische Wochenschrift, 17*, S. 1205–1211.

Kilian, W., & Heussen, B. (Hrsg.). (2013). *Computerrechts-Handbuch. Informationstechnologie in der Rechts- und Wirtschaftspraxis* (32. Ergänzungslieferung Ausg.). München: C.H. Beck.

Köhler, H., Bornkamm, J., Baumbach, A., & Hefermehl, W. (2015). *Gesetz gegen den unlauteren Wettbewerb: Preisangabenverordnung, Unterlassungsklagengesetz, Dienstleistungs-Informationspflichten-Verordnung* (33. Ausg.). München: C.H. Beck.

Kothe, W. (2008). AG Düsseldorf, Urt. v. 02.08.2006, Az.: 52 C 17756/05: Wirksamkeit von Klingeltönen mit Minderjährigen. *Verbraucher und Recht, 3*, S. 119.

Ladeur, K.-H. (2005). Der rechtliche Schutz der Fernsehwerbung gegen technische Blockierung die „Fernsehfee". Zur Entwicklung der Rundfunkfreiheit auf das Lauterkeitsrecht. *Gewerblicher Rechtsschutz und Urheberrecht, 7*, S. 559–564.

Loewenheim, U. (Hrsg.). (2010). *Handbuch des Urheberrechts* (2 Ausg.). München: C.H. Beck.

Mankowski, P., & Schreier, M. (2006). Klingeltöne auf dem Prüfstand. *Verbraucher und Recht, 6*, S. 207–218.

Mankowski, P., & Schreier, M. (kein Datum). Wirksamkeit von Klingeltönen mit Minderjährigen. *Verbraucherund Recht, 6*, S. 209–212.

Micklitz, H.-W. (2012). *Münchener Kommentar zum Bürgerlichen Gesetzbuch* (6. Ausg.). (F. J. Säcker, & R. Rixecker, Hrsg.) München: C.H. Beck.

Müller-Broich, J. D. (2012). *Telemediengesetz*. Baden-Baden: Nomos.

Nolte, N. (2014). Das Recht auf Vergessenwerden – mehr als nur ein Hype? *Neue Juristische Wochenschrift, 31* (2238).

Ohly, A., Sosnitza, O., Köhler, H., & Piper, H. (2014). *Gesetz gegen den unlauteren Wettbewerb: mit Preisangabenverordnung* (6. Ausg.). München: C.H. Beck.

Ohrtmann, J.-P., & Schwiering, S. (2014). Big Data und Datenschutz – Rechtliche Herausforderungen und Lösungsansätze. *Neue Juristische Wochenschrift, 41*, S. 2984–2989.

Pichler, R. (1998). Haftung des Host Providers für Persönlichkeitsrechtsverletzungen vor und nach dem TDG. *MultiMedia und Recht, 2*, S. 79–88.

Redeker, H. (2012). *IT-Recht* (5. Ausg.). München: C.H. Beck.

Rehbinder, M. (2013). Tauschbörsen, Sharehoster und UGC-Streamingdienste. Tatsächliche und rechtliche Aspekte zur Piraterie im Netz. *Zeitschrift für Urheber- und Medienrecht, 4*, S. 241–264.

Roßnagel, A. (2014). Neue Regeln für elektronische Transaktionen. *Neue Juristische Wochenschrift, 51*, S. 3686–3692.

Schack, H. (2007). Rechtsprobleme der Online-Übermittlung. *Gewerblicher Rechtsschutz und Urheberrecht, 8*, S. 639–645.

Scheja, G., & Haag, N. C. (2013). *Münchener Anwaltshandbuch IT-Recht*. (A. Leupold, & S. Glossner, Hrsg.) München: C.H. Beck.

Schirmbacher, M. (2004). LG Köln: Haftung des Providers für persönlichkeitsrechtsverletzende Portalinhalte. *Computer und Recht, 4*, S. 304–306.

Solmecke, C. (2015). *Handbuch Multimedia-Recht. Rechtsfragen des elektronischen Geschäftsverkehrs* (Bd. 41. Ergängzunglieferung). München: C.H. Beck.

Spindler, G., & Schuster, F. (Hrsg.). (2015). *Recht der elektronischen Medien* (3. Aufl.). München: C.H. Beck.

Striepling, I. (2010). *Verbraucherschutz bei Online-Auktionen.* Berlin: LIT.

Taeger, J. (2013). Die Entwicklung des IT-Rechts im Jahr 2012. *Neue Juristische Wochenschrift, 1–2* (19).

Tamm, G., & Günther, O. (2005). *Webbasierte Dienste: Technologien, Märkte und Geschäftsmodelle.* Heidelberg: Physica-Verlag Springer.

Tamm, G., & Tribowski, C. (2010). *Informatik im Fokus - RFID.* Heidelberg: Springer.

Ullmann, E., & Koch, T. (2013). *juris PraxisKommentar/juris Praxiskommentar UWG: Gesetz gegen den unlauteren Wettbewerb* (3. Ausg.). Saarbrücken: juris - Das Rechtsportal.

Unseld, F. (2011). Die Übertragbarkeit von Persönlichkeitsrechten. *Gewerblicher Rechtsschutz und Urheberrecht, 11,* S. 982–988.

Vassilaki, I. E. (1998). Computer- und internetspezifische Entscheidungen der Strafgerichte. Einfluß der Informations- und Telekommunikationstechnik auf die Strafrechtsfortbildung. *MultiMedia und Recht, 5,* S. 247–250.

Verheijden, J. (2015). *Rechtsverletzungen auf YouTube und Facebook. Eine Analyse der urheberrechtlichen und persönlichkeitsrechtlichen Probleme und möglicher Lösungen.* Hamburg: Verlag Dr. Kovač.

Verweyen, U. (2008). Pacta sunt servanda? Anmerkungen zu § 31 a UrhG n. F. *Zeitschrift für Medien- und Urheberrecht, 3,* S. 217–220.

Volkmann, C. (2005). Haftung für fremde Inhalte: Unterlassungs- und Beseitigungsansprüche gegen Hyperlinksetzer im Urheberrecht. *Gewerblicher Rechtsschutz und Urheberrecht, 3,* S. 200–206.

Wandtke, A.-A., & Bullinger, W. (Hrsg.). (2014). *Praxiskommentar zum Urheberrecht: UrhR* (4 Ausg.). München: C.H. Beck.

# Stichwortverzeichnis